市場と政府を越えて

経済活動におけるモラルの役割

厲 以寧 Li Yining

荒山裕行 監訳
丁 紅衛 訳

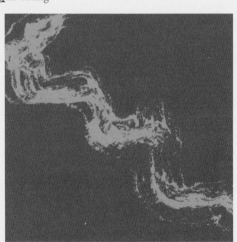

晃洋書房

Beyond Market
and Government
Influence of Moral Factors on Economy

Beyond Market and Government:
Influence of Moral Factors on Economy

Original Copyright © Li Yining
Japanese Translation Copyright © Foreign Language Teaching and Research
Publishing Co. Ltd.

The Japanese edition is sponsored by Chinese Fund for the Humanities and Social Sciences（本书获
中华社会科学基金资助）and published by arrangement with Foreign Language Teaching and
Research Publishing Co. Ltd. All rights reserved.

改訂版への前書き

　本書はモラルが経済の中でどのようにその役割を果たすかについて議論するものである.

　最近，ある学生が私に，「先生のご著書の中で，ご自身の学術的観点が最も反映されている作品を三つ挙げるならばどれでしょうか」と質問してきた．私の回答は以下の三冊である．一冊目は，「新中国経済に最も大きな影響を与えた十冊の経済学著書」に選出された『不均衡な中国経済』（経済日報出版社1990年版，広東経済出版社1998年版，中国大百科全書出版社2009年版）である．二冊目は，2003年に第五回国家図書賞にノミネートされた『市場と政府を越えて』（経済科学出版社1999年版）で，そして三冊目は，2007年に中国政府出版奨励図書に選出され，同年に中国出版グループ図書賞栄誉賞を受賞した『資本主義の起源』（商務印書館2003年版）である.

　『市場と政府を越えて』という書名には，「経済活動におけるモラルの役割」というサブタイトルがついている．1999年に初版が出されてから既に十年が経過したこともあり，若干修正・加筆した改訂版を現在準備している.

　「市場と政府を越えて」と命名したのは，本書において指摘することになる以下の四点を考慮したことによる.

　第一に，市場が形成されておらず，政府も存在していなかったときには，市場による調整も政府による調整も存在しなかったが，その間，慣習とモラルが唯一調整機能を果たすものであった．これは大昔の状況だけにあてはまるわけではなく，近代社会においても外部との接触のない，あるいは接触の少ない集落，山奥の農村，孤島，場合によっては発展途上地域の移民集団ですら市場や政府による調整は機能せず，慣習とモラルの二つのみが社会経済の中で機能する調整方式を提供している．このように，慣習とモラルが市場と政府を越えた調整機能としてみなされる根拠は十分にあるといえよう.

　第二に，市場や政府の力には限界があるため，市場や政府の調整はそれらが機能する範囲において役割を果たすが，この二つの作用が影響を及ぼすことができない領域があることに留意すべきである．当然，ある状況において，政府による調整は市場による調整を補うことがあり，また別の状況では，市場によ

る調整は政府による調整を補うことがある．しかし，政府による調整は完全には市場による調整を補うことができず，同様に市場による調整も完全に政府による調整を補うことができない場合もある．わかりやすい事例を一つ挙げるならば，人は「社会的存在」であり，必ずしも経済的利益のみを考慮して問題を解決したり，選択をしたりするわけではない．また，人は政府の規制に受動的に影響され，行動するわけではない．したがって，市場による調整や政府による調整のみで「社会的人間」としての個人にまで影響を与えることは難しく，市場による調整と政府による調整の力でカバーできない領域は慣習とモラルで埋めるしかない．このような意味で，慣習とモラルによる調整は市場と政府による調整を越えたものとなる．

　第三に，本書では社会生活は広範にわたるものであり，そのうちの一部分として取引活動があるが，残りの部分は非取引活動であると定義する．取引活動において，市場による調整は基本的役割を果たすが，政府による調整はより高いレベルでその役割を果たす．しかし，非取引活動においては，その状況は大きく異なる．これらの活動は取引の性質を持たないため，市場による調整を受けず，市場メカニズムは機能しない．政府による調整も非取引活動の範囲を定めるだけにとどまり，非取引活動の枠組みにまで入り込んで機能することはない．このように，非取引活動は市場による調整と政府による調整以外の制約によって調整されるしかない．

　第四に，市場と政府が形成された後，さまざまな原因により市場が失敗し，政府機能を正常に働かせなくなる可能性が出てくる．また，市場と政府による調整の両方が機能しない，あるいは限られた範囲でしか機能しないこともあり得る．しかし，このような状況でも慣習とモラルに基づく調節は存在し，通常どおりに機能している．これも，慣習とモラルに基づく調節が市場と政府による調整を越えるとした理由の一つである．

　以上の四点が，著者が本書を「市場と政府を越えて」と命名した根拠である．次に説明しなければならないのは慣習とモラルに基づく調整は，市場と政府による調整の間にあるということである．市場による調整は「見えざる手」，政府による調整は「見える手」と呼ばれ，慣習とモラルによる調整は「見えざる手」と「見える手」の間に存在する．慣習とモラルに基づく調整の拘束力が強いときには，政府による調整に近づくが，拘束力が弱い時には，市場による調整に近づく．では，なぜ慣習とモラルによる調整の拘束力に強弱があるのであ

ろうか．これは主に二つの要素によって決められる．

第一の要素は，慣習とモラルによる調整が，集団の各構成員から賛同を得て規則やルールとなっているかどうかという点である．集団構成員からの賛同を得て規則やルールとなっている場合には，その拘束力は強くなるが，そうではない場合は拘束力が弱くなる．例えば，村落の規則が集団全員の賛同，約束で作られたのであれば，構成員はその規則を必ず守らなければならない義務を負う．この場合，村落の規則の中にある慣習とモラルによる調整の拘束力は比較的強くなる．

第二の要素は，個々の構成員の集団に対する共感の程度である．もし，メンバーが集団に強い共感を抱いていれば，慣習とモラルに基づく調整の拘束力は強くなるが，逆の場合は弱くなる．同じ村落を例にすると，村落の規則は，村という集団に属するメンバーが制定したものであり，メンバーの集団に対する共感や賛同が強ければ，自律的にその規則に従うようになる．こうなれば，村の規則がメンバーに与える拘束力も強くなる．

無論，たとえ慣習とモラルによる調整を用いても，特定の場面ではその拘束力は小さくなることもあるが，これは，慣習とモラルによる調整が機能しないことを意味するわけではない．それに，いかなる状況においても，慣習とモラルによる調整の拘束力が強ければ強いほどよいというわけでもない．

これは，慣習とモラルによる調整の形が多様であることに起因する．例えば，村落の規則という形式では，一般的にその拘束力は比較的強くなるが，自律的な形の下では，慣習とモラルによる調整はそれほど拘束力を持たない．しかし，このような状況でも常に慣習とモラルはその機能を果たし，個人の行動に影響を与える．

社会発展の趨勢からみると，慣習とモラルによる調整が中心的な役割を果たす非取引活動の領域はますます増加すると思われる．これは注意すべき現象である．歴史上，生産力の発展水準が極めて低い時期には，たいてい取引活動の領域が存在せず，非取引活動がほぼすべての社会生活活動をカバーしていた．その後，生産力が発展するにつれて取引活動の領域が拡大したが，それに伴い，非取引活動の領域は小さくなった．しかし，生産力の発展水準が大きく伸びた後には，非取引活動の領域が生活に占める割合は再び大きくなった．つまり，経済が高度に発達した後は，一人当たりの所得が増加するにつれ，人々の欲求やニーズも低レベルから高レベルへと変化する．それに伴い，人々の利益に対

する考え方，職業に対する考え方，ライフスタイルや生活それ自体への考え方などを反映する価値観も変化する．また，家庭や子どもに対する認識，人間関係，物的な豊かさ，精神的な楽しみなどに対する考え方など，価値観は常に変化しつつある．したがって，国民所得と可処分所得が一定レベルまで上昇するにつれ，非取引活動も増加し，非取引活動の領域内のさまざまな活動も互いに影響しあい発展する．これは社会経済の発展がもたらす必然的な趨勢である．このように，慣習とモラルに基づく調整は非取引活動の領域においても主要な役割を果しているのであれば，非取引活動の領域が拡大しつづけるにつれて，慣習とモラルによる調整は影響力を増し，社会経済や生活の至るところで機能するようになる．

過去には，市場と政府を越えるモラルによる調整機能は，哲学，経済学，社会学の専門家が興味を持って討論を積み重ねてきたテーマであった．今後，一般の人々にも，慣習とモラルによる調整機能が市場と政府による調整機能を越える，ということを真剣に考えてもらいたい．

本書では，慣習とモラルが経済の中で果たす役割について，七章に分けて記述している．いままで，学術界の慣習とモラルによる調整に対する議論はかなり不足しており，社会経済（取引・非取引領域の両方を含む）においても，人々の慣習とモラルに対する意識もまだまだ欠けている．しかし，このような状況は今後改善されると確信している．私が本書を書いたことで，より多くの社会各界の方々がこの課題の重要性に気づき，皆でこの分野の研究に励み，慣習とモラルによる調整がその効果（効力）を十分に発揮できることを願っている．

v

目　　次

改訂版への前書き

第一章　慣習・モラルによる調整という問題提起 …………………… 1
　　第一節　歴史的回顧　（1）
　　第二節　非取引領域　（10）
　　第三節　「見えざる手」と「見える手」の間に存在する調整　（15）
　　第四節　道徳規範と人の包括的な発展　（21）

第二章　効率と協調 ……………………………………………… 31
　　第一節　効率の真の源泉　（31）
　　第二節　協調と適応　（40）
　　第三節　互助共済と効率向上　（50）
　　第四節　効率のモラル的基礎　（60）

第三章　公平と共感 ……………………………………………… 75
　　第一節　公平性に対するさらなる理解　（75）
　　第二節　共感の意味について　（81）
　　第三節　公平性と共感の関係　（89）
　　第四節　共感と相互理解と扶助　（97）

第四章　法律と自律 ……………………………………………… 103
　　第一節　市場，政府と法律　（103）
　　第二節　慣習，モラルと法律　（107）
　　第三節　自律に関するさらなる検証　（115）
　　第四節　モラルによるインセンティブ　（125）

第五章　第三次分配 ……………………………………………………… 131
　　第一節　第三次分配に関する概論　(131)
　　第二節　社会の協調的な発展における第三次分配の役割　(137)
　　第三節　第三次分配と世代関係　(144)
　　第四節　第三次分配のトレンド　(150)

第六章　社会経済の運営におけるモラルによる制約 ……………… 155
　　第一節　制約と監督のメカニズム　(155)
　　第二節　選択と競争　(162)
　　第三節　信仰と社会的チェックアンドバランスの維持　(168)
　　第四節　社会経済運営における安全弁　(176)

第七章　モラルの再構築と社会経済発展 ……………………………… 189
　　第一節　ウェーバー理論に関する思考　(189)
　　第二節　モラル再構築が喫緊の課題　(198)
　　第三節　モラル再構築の長期性　(204)
　　第四節　法治，民主制とモラルの再構築　(210)
　　第五節　社会信用の再構築　(217)

後　書　き
改訂版への後書き
訳者後書き

第一章
慣習・モラルによる調整という問題提起

第一節　歴史的回顧

一　慣習・モラルによる調整の意味

　歴史と現実生活における慣習とモラルによる調整機能の意味を議論するためには，資源配分の問題について提起しなければならない．

　人々は常に，「経済学とは結局何を研究しているのか」，「なぜ経済学を研究しなければならないのか」と問いかけるが，これらの問いに対する回答と結論は，学派によってそれぞれ異なる．しかし，いずれの答えも，経済学は資源配分について研究する学問であるという考えからは逸脱していない．経済学は限られた資源を合理的に使用することであり，そのことにより，社会全体の富を増加させ，少しずつ社会を豊かにしていくものである．一部の学者はさらに深く考察し，経済学とは，人々を満足させるメカニズムを探求し，資源の有効利用と効率的な配置により，社会の富を増加させ，富と収入の格差を是正するものであるとしている．この意味では，経済学は資源配分およびその科学的メカニズムを研究する学問である．

　従来の経済学では，資源配分のメカニズムに関する研究は二つの学派に分けられていた．一方は，市場メカニズムは十分に合理的で，効率的に資源配分を行えるとするものである．この学派では，資源配分は市場の経済に対する自発的な調整によるものとされている．もう一方は，市場メカニズムは資源配分の面において，限られた機能しか有しておらず，資源の利用率が低ければ，資源配分は非合理的となり，所得分配などにまで影響を及ぼすという考え方である．このため，政府による調整（規制・介入）が，市場メカニズムの代替である，もしくは，少なくとも市場のメカニズムで対応できない所には，政府による調整が必要であると考えられている．上で述べた内容はこの二つの学派の基本的な考え方の方向性であるが，他にも以下のような他の学派や考え方がある．①市場と政府による調整を同様に重視すべきであるという主張，②市場による調整

を軸に据えるべきであり，政府による調整はあくまで補助的な役割を果たすという主張，③政府による調整が中心的なものであり，市場による調整は補助的な役割を果たすという主張である．以上を踏まえ，経済学の中の資源配分メカニズムの研究状況からも分かるように，社会・経済・生活において，市場と政府による調整そのものの存在が認められていることは疑いようがない．問題は，学派によって市場のメカニズムまたは政府の介入による資源配分への影響力がどの程度あるのかということにある．

　市場と政府による調整は二つの異なる資源配分の方式を意味する．実際，市場と政府が誕生して以来，社会経済において，市場と政府による調整の一方のみに頼るという現象は存在しなかった．市場経済の下，市場による資源配分の調整は基礎的なものであり，政府による資源配分への介入はそれより高い次元のものであるというのが現状にふさわしい言い方である．市場による調整にせよ，政府による調整にせよ，いずれも社会経済活動のすべてに影響を与えることは疑いようがない．つまり，取引活動が存在する限り，市場メカニズムは常にあらゆる所で機能する．また，政府が存在している限り，自らが定められた目標が達成できるよう，そして，規定された範囲を越えないよう，政府はこれらの取引活動を直接的，あるいは間接的に管理や，指導などを行う．市場経済の中における市場による調整は基礎的なものであるため，第一次調整と呼ばれる．同様に，政府による規制・介入はより高次なものであるため，第二次調整と呼ばれる．

　ここで，以下のいくつかの問題について，議論を深めよう．①社会経済および人々の生活には，市場と政府による調整機能しか存在しないのか．②市場と政府による二つの調整以外に，第三の調整機能は存在しているのか．③社会経済における第三の調整機能が存在しているならば，それはどのようなものなのか．

　前述のとおり，市場と政府の調整は，それぞれのメカニズムに照らした資源配分をもたらすことは疑いようがない．社会経済がどのような資源配分の原則に基づいて運営されるべきかという問いであるが，考えなければならないのは，人類社会が生産活動を行うようになって何万年もの歴史がある中，市場ができたのは何千年か前のことであり，また政府の形成は市場の形成よりも遅く，数千年の歴史を持つにすぎない．市場がなければ，市場による調整も存在せず，政府がなければ政府による調整もない．このように，人類社会の歴史と比べれ

ば，市場の歴史は短く，政府の歴史はさらに短い．ならば，市場と政府による調整が形成されるまでの長い歴史の中で，社会経済はどのように運営されていたのであろうか．資源はどのように配置されていたのであろうか．はるか昔の時代，市場による調整もなければ（当時は市場は存在しなかった），政府による調整もなかった時（当時は政府も存在しなかった），資源配分という機能において，市場と政府による調整以外の第三の調整機能が存在していたのではなかろうか．でなければ，人類社会はどのように永続しえたのであろうか．

　具体的に見れば，物々交換は最初部落と部落の間で生じた．これは芽生えの状態における市場の自発的な調整機能といえよう．その時代に国家や政府は存在せず，政府による資源配分の管理や調整も存在していなかった．物々交換が出現する前の期間および物々交換が出現した後の部落の内部において，資源配分を支配していたのは，市場でもなければ，政府でもない．ならば何がこれらをコントロールしていたのであろうか．それは慣習とモラルである．慣習やモラルが一種の伝統文化を形成し，それが普遍的なアイデンティティーとなって皆に守られ，その伝統文化が人々の間の関係を調整し処理していた．人々の行動は慣習とモラルが形成する伝統文化の影響の下，次第に秩序立ち，規範化された．これは，たとえ太古の時代においても同様であったのか．例えば，太古の時代において，部落の人々はどのように生産活動を行っていたのか．各自どのような仕事を受け持ち，どのような義務を尽くし，そしてどのような権利を有していたのか．これらはすべて慣習とモラルに依存していたと考えられる．また，部落の内部や，人と人の間において，生活物資をどのように分配していたのであろうか．特に食物が不足していた状況でどのように食物の分配が行われたのであろうか．これらも，慣習とモラルによってのみ調整可能であったと考える．当時，人々が既に形成された伝統に背き，規則を守らず，資源の配置も乱れていると仮定すると，部落の内部は不安定な状態に陥り，すべての秩序が乱されてしまう結果，大きな災がもたらされていたであろう．

　このように，慣習とモラルによる調整は，市場と政府を越えた別の種類の調整機能を有するため，第三の調整機能ということができるであろう．生産要素は慣習に基づいているため，生産要素を用いることは，慣習にそって推し進められているということになる．生産の成果も慣習によって分配されるため，当然，これらは慣習による調整と呼べるであろう．慣習は，伝統や集団のアイデンティティーから生まれる．集団のアイデンティティーの基礎は，モラルや道

徳原則，モラルが支持する慣習の存在とその継続性に基づいている．そのため，慣習とモラルによる調整機能は不可分であり，切り離すことはできない．この二つを合わせて，慣習とモラルによる調整と呼ぶことができる．

　いまは亡きイギリスの有名な経済学者ジョン・ヒックス（John Hicks）は，その著書『経済史の理論』において，「慣習経済」というキーワードを使用しており，これが最も古い非市場経済モデルであると指摘した．彼は，新石器時代や中古時代初期の村社会経済，および近代の世界でいまだに多く残っている部落共同体経済は，すべて統治者（仮に統治者がいるとして）が組織したわけではなく，伝統という主体に基づいて構築され，個人の役割も伝統によって規定され続けてきたと指摘している．ヒックスの記述に基づくと，「慣習経済」における古くからの伝統方式は，それほど外部の力によって大きく妨害されることはなかった．なぜなら，この慣習経済が堅調に運営できたのは，すべての構成員メンバーが規定された役割を果たし，その範囲内で決定がくだされることから，「中心」的存在はすべてを凌駕する意思決定をする必要がほとんどなかったからである．この種の「慣習経済」は，自己調節（調整）ができ，均衡状態を維持することができた．ヒックスは，「一度システムが均衡状態に達すると，その状態は長期間継続し，再編を必要としない」と記している．つまり，組織的な要素を含む意思決定を必要としないということである．これは，緊急を要する状況においても，例えば飢饉のときや，敵が侵入してきたとき，新しい意思決定を必要とせず，伝統の中に規定されている規則で対応できるということだ．この均衡状態が維持されれば，最高権力機構ですら必要としないのかもしれない．ヒックスの著書からいえることは，彼が記した「慣習経済」は，慣習とモラルによる経済の調整機能のみに依存するということである．

　その後，市場が誕生し，政府も形成され，それぞれの役割を果たすようになった．これによって，慣習とモラルによる調整が機能しなくなったかといえば，事実上そうではない．市場と政府による調整は，長期間存在し続けた慣習とモラルによる調整を一定程度代替できるものであり，慣習とモラルによる調整機能の範囲を限定するものでもある．このように，社会経済に存在する慣習とモ

---

1 ）　John Hicks：『経済史理論』，商務印書館1987年，第15頁．
2 ）　同上，第14頁．
3 ）　同上，14-15頁．

ラルによる調整機能の範囲が縮小され，社会調整における重要性も低下するが，消えてなくなったことはない．市場と政府による調整が及ばない領域においては，慣習とモラルによる調整は依然として重要な役割を担っていた．例えば，辺鄙な山村，孤島，荒野などにも，まだ人が住み，生活や労働を続けている．しかし，市場による調整は勿論，政府による調整もそこまでは届かない．それにもかかわらず，人々はそこで生き残っただけでなく，子孫にも恵まれている．これこそまさに，慣習とモラルによる調整が，現地における生産と生活に持続的な影響を与えた例である．

　ここで，一つ初歩的な結論が得られよう．即ち，慣習とモラルによる調整は，市場と政府による調整が出現する以前に唯一機能していたものであり，市場と政府による調整が影響を及ぼすことのできない所で，唯一機能していた調整方式である．

二　市場による調整，政府による調整，慣習・モラルによる調整の併存

　市場と政府が誕生して以来，市場と政府による調整が機能するところでは，慣習とモラルによる調整も同時にその機能を発揮している可能性がある．したがって，市場による調整，政府による調整，慣習とモラルによる調整の三者が併存し，共にその調整機能を発揮する構造となっている．

　西欧の中世時代の都市における社会経済がその典型的な例の一つである．

　西欧は10世紀頃から，凋落していた都市が復興し始め，崩壊した旧都市の廃墟の上に新しい建物を建て，新しく居住地を形成した．また，旧都市の周辺に沿って新しい工業・商業地区ができ，次第に旧都市と一体をなした．最も重要なことは，新しい中世期の都市が現れたことである．復興した旧都市であれ，新しい都市であれ，これらの都市は，政治的な意味においても，経済的な意味においても，西欧の古代都市とは異なっていた．これらは農民奴隷制度と対立する制度としてスタートし，発展してきたものであり，逃亡した農民の避難所，そして身を寄せ合って生活する場所になったのである．これらの都市に集まった農民奴隷の多くは，手工業労働者になった．これらの都市手工業労働者の業界組織は同業者組合であり，そこに参加したのは各工房の主人，即ち親方や師匠と呼ばれる人たちであった．当時，手工業工房の商品は市場で販売され，その原材料も市場で調達されていたので，いずれも市場による調整の影響を受けていた．都市の管理部門である市政府が市場と手工業工房の生産・経営活動に

対して，製品価格，営業時間，融資金利など一連の規則を作成し，それに基づいて管理を行ったわけである．これはまさに政府による調整といえよう．但し同時に，同業組合自身による規則も多く見られた．具体的には以下のような例がある．ある業界組合では，職人と見習いの人数に制限を設け，少人数制の規則に違反した場合には取り締まりの対象とした．また別の同業者組合では，一人のメンバーにつき，一つの工房しかもてないという規定もあった．その他，工房内の設備数にまで制限を設けることもあった．例えば，製パン業では工房内の竈の数に，繊維業では工房内の織機の数に，制限をもうけることがあった．業界によって，正式な手工業業者しか認めず，設備を他人に貸したり，別の工房で密かに生産をしたりすることが禁止された．生産設備は自分が使用することのみ認め，貸付することは禁止されていた．工房で働ける親族について制限を設ける場合もあった．例えば，家族のメンバーは親方の子ども，兄弟，姪に限って工房で働くことができたが，それ以外の親族を工房で働かせることは形を変えた雇用にあたるとみなされ，認められなかった．これらの規制や規定は，西欧の中世期の都市の発展初期に始まり，業界自身の安定を維持することを目的とした．そのため，ある手工業業者の規模が他の手工業業者をつぶせるほど大きくならないように規制を行った．性質上，同業者組合の規定はメンバーが認める伝統に基づいており，市場のメカニズムによる調整によるものでもなく，政府による介入によるものでもない．慣習とモラルによる調整である．このように，中世紀西欧の一部の都市において，慣習とモラルによる調整は市場と政府による調整と同様に存在し，その機能を果たしていた．

　近代西洋国家における農民団体の活動は，市場による調整，政府による調整，慣習とモラルによる調整という三つの調整が併存しているもう一つの事例である．西洋の一部の国において，市場が発展し完備されるにつれ，農家は市場に合わせて生産を行い，どのような作物を育てるか，どのような家畜を飼育するか，いくらで販売するかなど，市場のメカニズムによる調整の影響を受けていた．農家の生産と経営は市場価格の変動に大きく左右されていた．一方，政府は農産品の価格変動や過剰生産（不足）の度合いに関心を払い，必要に応じて農産品市場に介入し，農家の収入の安定と農産物の価格が一定水準に保たれるようさまざまな施策を講じていた．この場合，政府による調整の機能を無視してはならない．しかし，市場と政府による調整が機能していたと同時に，農民も自ら各種団体を立ち上げていた．これらの団体は，農民の利益を保障し，市

場の変化による損失を減らしたり，政府の農家に対する不利な政策に対して抗議を行ったりしていた．農家はこれらの団体に加盟し，団体の規則を守る一方，団体は組合員の権利や利益を守らなければならなかった．このように，農民が団体の規則を守り，団体が組合員の行動を規制することは，慣習とモラルによる調整である．近代西洋国家の農民の社会経済活動は，まさに市場による調整，政府による調整，慣習とモラルによる調整の三つが同時に機能する環境の中で行われていた．

市場，政府，慣習とモラルによる三つの調整が同時に機能する場合は，慣習とモラルによる調整の強弱が，必ずしも市場による調整，政府による調整の強弱によって決まるとは限らない．この三つの調整機能の関係は複雑で，単純に一方が強く（弱く）なればもう一方が弱く（強く）なるというような関係性でまとめることは困難である．しかし，市場と政府による調整機能が弱い場合には，慣習とモラルによる調整機能は強くなり，市場と政府による調整を補うことは度々みられる．ここで二つの例を挙げることができる．

第一は，歴史上新たに開発された地域の移民社会で，市場による調整と政府による調整がその機能を十分に果たせない時期においては，資源配分などは主に移民たちの伝統，即ち慣習とモラルの調整に依存していた．北米における新教徒の早期の開拓活動においても，市場と政府による調整が行き届かない所を，慣習とモラルによる調整が補っていたのも事実である．これはまさに市場による調整，または政府による調整の弱いときに，慣習とモラルによる調整が強くなった例である．これと似たような事例は中国社会における発展の歴史からも多くみられる．南北朝時代，唐王朝の末期，五代十国時代の黄河の中流域，中原に住んでいた住民は，福建，広東などの南の地域に移住し，村落を形成した．南へと下った移民は独自の文化や伝統を継承し，新しい土地で新たな事業を始めた．市場と政府による調整機能は，これらの地域では十分にその機能を発揮できなかったため，慣習とモラルによる調整機能が移民の社会経済生活活動を左右し，慣習とモラルが形成した文化，伝統およびその強靭な生命力が継承されていた．移民たちは戦乱の時代に，市場と政府を越えた慣習とモラルの力により，多くの困難を乗り越え，一族をそろって南方へと移住し，新しい社会を構築・振興し，発展を成し遂げた．

第二は，歴史上，市場と政府が形成された後，異民族の侵入，農民の蜂起，諸侯の割拠，軍閥の混戦など多くの戦乱があった時代にみられる事例である．

その時，中国の「小さい騒乱の際には城（都市）に，大きな騒乱の際には郷（田舎）に住む」といった言葉が巷で流行っていた．そして，小さな騒乱の際には，田舎から多くの人が都市まで避難した．なぜかといえば，それは，一般的に都市は兵隊が守っており，治安が比較的に良く，政府の管理と調整が依然として機能しており，都市内部の社会・経済的秩序が維持されていたからである．では，なぜ大きな騒乱が発生した時には，都市の人々が相次いで田舎へ，しかも往々にして辺鄙な村や深い山奥へ避難しければならなかったのか．これは通常，都市が兵家の争う戦の地になることで，戦況が激しくなったり，時には兵に包囲されたりして，食料や水の補給が断たれ，都市から逃げ出し避難することが困難になるからである．これは，政府による調整が都市内の正常な秩序さえ維持できないため，人々は田舎へと避難するしかなく，都市から遠く離れれば離れるほどよいということを示している．このような大騒乱の際には，都市における市場の交換機能は停止し，市場の調整機能も全く機能しない．政府に至ってはその機能がマヒし調整機能は既に失われていたが，都市から遠く離れた辺鄙な山奥や小さな村においては，生産活動が行われ生活できていた．このような社会経済活動はどのように運営されていたのであろうか．資源はどのように配置されていたのであろうか．これこそがまさに，市場と政府以外の力による調整機能，即ち慣習とモラルによる調整に依存していたのである．慣習とモラルによる調整は，大騒乱時代において，社会経済の秩序を維持し，人々の生存の場を作り，子孫を繁栄させていた．この事例は，市場と政府による調整が弱まって以降,慣習とモラルによる調節が強まるようになったことを示している．

　しかしながら，前述のように，市場による調整，政府による調整，慣習とモラルによる調整の関係は複雑である.「一方が強くなれば，もう一方が弱くなる」場合があるだけでなく，「一方が弱く（強く）なれば，もう一方も弱く（強く）なる」状況も存在する．例えば，市場の状況が悪く，市場メカニズムが完備されておらず，資源の配置機能が制約されている場合があるとする．これは市場による調整機能が弱いことを意味している．一方，政府が社会経済秩序を維持していても，規制が不足している，あるいはその実施運用が徹底されずに，規則に違反した行動に無関心であるならば，資源配分における政府による調整機能には限りがあることを意味する．つまり，政府による調整機能が弱いということである．しかし，市場による調整機能と政府による調整機能の両方が弱い状況下では，慣習とモラルによる調整機能は弱くもなれば，強くもなる．これ

は一概にはいえず，具体的な状況を分析することにより明らかになる.

　ここで強調したいのは，慣習は大多数の人が尊重し守っているもので，モラルはある種の信念であり，対人処世の原則ということである．慣習とモラルによる調整が社会経済において重要な機能を果たすための前提は，大多数の人の慣習への賛同と尊重，そして特定の道徳信念と原則に対する信仰と堅持である．市場と政府による調整機能が弱い状況においては，社会における多数の人々が伝統から形成された慣習に賛同しない限り，それらは尊重されることもない．もし，多数の人の道徳信念が不足し，それを堅持しようとしなければ，慣習とモラルによる調整機能も不明瞭になってしまうので，市場による調整，政府による調整，慣習とモラルによる調整はすべて弱まってしまう状況になる．このような状況下では，社会秩序は極めて混乱した状態に陥り，資源配分は非効率・無秩序に，さらにはマイナスな効果に悪化してしまう恐れがある．これとは逆に，客観的にみれば，市場による調整が弱くなれば，政府による調整も弱くなるのだが，人々が伝統的に形成された慣習を守り，道徳信念と道徳原則を堅持すれば，慣習とモラルによる調整は社会経済において，果たすべき機能を発揮し，市場と政府による調整機能の不足や空白を埋め合わせることができる．前述の移民社会発展の歴史にみられるように，市場と政府による調整は弱かったが，慣習とモラルによる調整が強かったという事例がこれを裏付けている.

　これらの事例は，慣習とモラルによる調整機能の強弱が，市場と政府による調整機能と直接関係があるわけではなく，多くの場合，人々の主観的な努力や人々が何を重視するかということによって決まることを示している．これらの人々の態度により，慣習とモラルは積極的にその機能を発揮することができる.

　同じ理由で，市場による調整機能が十分に発揮されており，政府による調整機能も高いレベルで機能しているならば，慣習とモラルによる調整機能の程度，その役割が強いか弱いかは，具体的な状況により定まってくる．前段で既に述べたように，市場と政府が形成されて以降，その調整機能は働いてきたので，慣習とモラルによる調整の範囲は市場と政府が形成される前に比べて縮小し，本来慣習とモラルによる調整の範囲も，市場と政府による調整に代替されてきた．但し，ここで指摘したいのは，慣習とモラルによる調整の範囲の縮小とその強弱は必ずしも同じことではないということである．市場による調整と政府による調整がその機能を発揮している状況で，人々が慣習とモラルによる調整機能を重要視し，しかもそれに関心を払うならば，その効果がより顕著となる.

物事の成否は人にかかっていることは明白な事実である．この点については，本書の各章で詳しく述べていきたい．

第二節　非取引領域

一　非取引領域におけるさまざまな関係性

　第一節では，歴史的な視点から社会経済生活の中における市場と政府による調整以外の第三の調整，即ち慣習とモラルによる調整が存在していることを明らかにしてきた．慣習とモラルによる調整の強弱，その効果が顕著であるか否かは，人々がそれを重視するかどうか，またその役割を果たそうとするかどうかに関わっている．言い換えれば，人々が主観的に努力しようとするかどうかに関わる．

　この節では，非取引領域におけるさまざまな関係性について分析をしてみる．

　社会経済生活において，取引領域と非取引領域が併存している．取引領域においては，市場の規制が役割を果たし，市場メカニズムが資源配分を調整している．政府は市場を規制し，市場による調整の不足点を補い，その欠陥を是正する．取引領域においては，市場による調整は基本的な調整であり，政府による調整はより高いレベルで調整機能を果たしている．

　一方，非取引領域の状況は取引領域のそれと異なっている．この領域は非取引領域であるがゆえ，市場のルールが機能せず，調整もここまでには及ばないのである．また，市場による本来的な調整が存在しないため，政府による調整も取引領域とは異なるものになる．

　より正確に非取引領域の特徴を説明するため，まず，人々の需要，行為，人と人との間の関係について議論していきたい．現実生活における「人」とは「社会的人間」であり，コミュニティにおいて他人と生活をしている個人である．このような「人」は，それぞれのニーズ，目標や抱負，また喜怒哀楽などの感情がある．そして，この「人」は他人と接触し，行き来を交わす中で，自分の家族や親戚，友人や同僚などができる．また，社会的な往来の中で，さまざまな関係性を考慮し，その社会で形成された慣習と規則を守らなければならない．「人」は周囲の環境から影響されると同時に，周囲の「人」にも影響を及ぼす．そして，他人から説得されたり，他人を説得したりする．特に新しい経験が積まれるにつれ，「人」の感情はいうに及ばず，思考や発想も変化する．取引領

域に限らず，非取引領域においても，「社会的人間」とは，まさにこのような「人」を指す．このため，非取引領域における各種活動およびその関係性に関する研究は，ある意味で，無数の「社会的人間」，および彼らで構成されるさまざまな団体に関する研究でもある．

　非取引領域は単に存在しているだけでなく，社会経済生活の大部分を占めている．アメリカの経済学者ケネス・ボールディング（Kenneth Boulding）は，価格を中心とした交換経済は，人類社会の経済活動すべてを包括できず，交換経済以外にも，贈与経済，即ち交換ではなく贈与によって生じる経済活動があることを指摘した．ボールディングの解釈に基づくと，贈与経済は三つの要素から生まれる．即ち，「愛」，「恐怖」，「無知」である[4]．

　「愛」から生まれる贈与とは何か．これは，「人」と「人」との間に存在する親族関係や特別に親密な関係のため，贈与者の「愛」により，自発的に財産や収入の一部，あるいはすべてを他人に贈与することに起因する．この贈与経済は，価格を中心とする交換経済とは無関係である．

　「恐怖」から生まれる贈与とは何か．例えば，強盗に襲われ，財産を奪われたとき，被害者は命か財産かの二択に迫られるが，財産を差し出し，命を選択するであろう．これも一種の贈与ではあるが，「恐怖」から生まれた「贈与行為」である．

　「無知」から生まれる贈与とは何か．ボールディングは以下の例を挙げた．取引において不平等な交換が行われたとき，一方は自己の有利な立場を利用して場における便宜を図り，他方不利な立場の方はこれを知らずに不平等な交換を行い損失を被ってしまうことがある．この行為も一種の贈与に相当するが，不利な立場の方は「無知」であり，交換経済とは異なる状況であることは明らかである．

　ボールディングはこれらの理由で，「贈与経済」は交換経済と異なるとし，伝統的な経済学は交換経済の現象を分析できるが，「贈与経済」における現象を説明できないと考えた．

　ボールディングの上記の論述は的外れではなく，「贈与経済」の提示も示唆的である．しかし，非取引領域における「関係」と「活動」を，簡単に「贈与」

4） Boulding, et al., "The Grants Economy", in R. Fels and J. J. Siegfried [ed.]. *Recent Advances in Economics*, Illinois: Homewood, 1974: 183.

として結論付けることは難しいかと思われる．より正確に述べると，社会経済生活は取引領域と非取引領域とに区別することはできる．しかし，それを交換経済と贈与経済に分類しようとしても完全には分類しきれないのである．なぜなら，取引領域と交換経済とは一致するが，非取引領域の問題は贈与よりも複雑で，非取引領域の関係は「愛」，「恐怖」，「無知」が生み出す関係よりもかなり複雑だからである．非取引領域には，多くの関係と活動が存在している．例えば，家庭関係，家族関係，親戚関係，近所関係，同郷関係，同級関係，師弟関係，友人関係などは取引活動の関係に属さず，「愛」，「恐怖」，「無知」などでカバーできないものである．さらに，学術活動，社交活動，懇親会，公益活動などは，非取引的性質を持ち，「愛」，「恐怖」，「無知」から生じる活動の範囲内におさまるものでもない．このため，贈与という言葉を使うより，非取引領域における各種活動と関係で表現したほうがより正確であると考えられる．

　非取引的な関係と活動は，市場による調整には属さない．これらの活動と関係は，市場におけるルールに従わず，市場のメカニズムも非取引領域には存在しない．一方，政府による調整は，主に非取引領域における関係と活動の境界を定めるもので，これらの関係と活動が法律の定めた境界を越えることなく，法律に抵触することのないよう枠組みを固めるものである．法律を逸脱した行為は，違法行為であり，法的責任を追及される．非取引領域におけるこれらの活動はどのように行われ，これらの関係はどのように処理されるのか．政府は常に介入するわけではないので，ここでは慣習とモラルの果たす役割が主な機能として働いている．これが取引領域と非取引領域の重要な区別である．

二　非取引領域内における個人行動の合理性問題

　社会は無数の個人で構成されており，人と人の間では交流もあれば，ときには衝突することもある．そして，個人にはそれぞれ自分の目標がある．重要なのは，どのようにすればその個人の目標が，他人の目標と衝突しないかということである．例えば，他人に損害を与えなければ自分の目標を達成できないような状況が発生した場合，個人としての行動や各目標の合理性について見直さなければならない．この場合における行動と目標の合理性は経済活動のみではなく，社会活動も含まれるのである．これに限らず，ある個人の経済活動における行動や目標の合理性は，同時にその社会活動における行動や目標の合理性と一致する場合もあれば，社会活動の観点からみれば，経済的に合理的だった

第一章　慣習・モラルによる調整という問題提起　*13*

行動や目標が非合理的になり得る場合もある．したがって，「人」は「社会的人間」として，自分の行動と目標に合理性があるかどうかを，経済と社会の両面から同時に考えなければならない．非取引領域における関係と活動を議論するときこの問題を提起する必要があるのは，これが，市場と政府による調整に限界があることと，慣習とモラルによる調整がどの程度で効果的に働くかに関わっているからである．

　言うまでもなく，個人の行動と社会規範が一致し，個人の目標が社会発展目標と一致することが，社会的に望ましい．しかし，たとえ個人の行為が社会規範と一致しなくても，社会経済の正常な運営に悪影響，また社会発展の目標の実現に害を与えないならば，このような不一致は社会による調整を特に必要としない．同様に，個人目標が社会発展の目標と一致しないが，他人の利益や，他人の自己目標の実現に妨害を与えなければ，これも社会による調整を必要としない．個人の行動と目標が社会規範，社会発展の目標，他人の利益とは一致せず，しかも上述の限界を越えた場合，はじめて社会による調整が必要となる．取引領域においては，調整は比較的簡単で，市場による調整に加え，政府による調整があれば，多くの場合において，個人の行動と目標を社会規範と一致させることができるようになり，慣習とモラルによる調整はここで補完的な役割を果たす．しかし，非取引領域における調整はより複雑になる．既に述べたように，非取引領域における関係と活動は，市場メカニズムとは無関係である．この領域においては市場による調整は機能せず，政府による調整も，すべての関係と活動は法律が規定した範囲を超えないようにその境界を定めるだけにとどまり，非取引領域にまで深く介入し，さまざまな関係や活動に関与しないのである．これは，慣習とモラルによる調整に大きな余地を与えている．経済活動，社会活動に関わらず，個人の行動と目標が社会規範と一致せず上記の限界を越え，社会による調整が必要となる場合には，主に慣習とモラルによって調整される．人々にとって，このような調整は理解しやすく，受け入れられやすいやり方でもある．

　ここで難しい問題が一つ生じる．それは，非取引領域における個人の合理的な行動は合法であり得るが，合理的であることが合法であるとは限らないことである．同様に，個人の合法的な行動は合理的であり得るが，合法が合理的であるとは限らない．しかしなぜ，ここでは取引領域ではなく，非取引領域における個人行動の合理性と合法性を強調するのか．これは，取引領域では，市場

メカニズムが完備され，政府による調整も効果的で，法律も厳格に実行されているのであれば，個人行動の合理性と合法性は同調できるのが一般的である．改善の必要がある法律でも，その法律が改正されるまでは一定の効力があるので，取引活動は現行法律に基づいて行う場合に限り，当事者の利益が保護される．これは取引する双方の経済的利益に関わるため，取引活動の合理性は，合法であるという前提のもとではじめて確認できるものである．一方，取引活動や個人行動が合理的でも合法的でなければ，継続的な取引はできず，一回きりの取引関係で終了してしまうであろう．したがって，一般的に取引活動領域において，取引双方の経済的利益によって，合法性と合理性の一致性が決まる．

　しかし，非取引領域における状況は異なる．上記のように，法律は非取引領域における活動の境界を規定するのみであり，さまざまな活動はこの境界を越えてはならない．非取引活動内の関係と活動に至っては，慣習とモラルによる調整がその主な役割を果たす．したがって，合理的であるかどうかの区分は，慣習，モラル，信念および道徳的な原則の認められる範囲と直接関わっている．非取引領域においては，個人の合理的な行動は合法的であるとは限らず，非合法であるともいえない．法律が規定する範囲内では，さまざまな関係性については細かく規定されていないため，慣習とモラルによる調整や文化・伝統による調整に頼って扱っていくしかない．同様に，個人行動が合法であるからといっても，その行動が合理的であるとは限らない．無論これは，合法的な行動が必ずしも合理的ではないという意味ではない．このように，法律に非取引領域における関係性についての細かい規定がないことから，既存法律の条文に従い，この領域の関係を処理する場合は，合法であるが非合理的な状況が発生する可能性がある．

　取引活動領域とは異なり，非取引活動領域において，以下の二つの場合はいずれも正常状態といえる．即ち，個人の行動が合理的ではあるが，必ずしも合法であるとは言い難い場合と，合法ではあるが，合理的でない場合である．なぜなら，ここでいう合法・違法は，非取引領域における関係や活動が法律で規定された境界を越えているかどうかではなく，むしろ法律が規定した領域において，根拠となり得る細則の有無を指している．法律に細則が記載されていなければ，慣習とモラルによる調整が求められ，その重要性もますます増していく．個人行動と社会規範との間で協調性が必要とする場合ほど，慣習とモラルによる調整がより必要とされる．

人が「社会的人間」であることは，非取引領域においては明らかである．人は，「社会的人間」として市場と政府による調整を受ける場合，大きな限界に直面する．したがって，慣習とモラルによる調整は，非取引領域においてより広い適用範囲を保つ．人を「社会的人間」としてみてみると，このことがより深く理解できる．

第三節 「見えざる手」と「見える手」の間に存在する調整

一 慣習とモラルによる調整の性質

市場による調整は資源配分の一方法として通常「見えざる手」と呼ばれているが，政府による調整はそれと異なる資源配分の方法として「見える手」と呼ばれている．第三の資源配分の方式として，慣習とモラルによる調整は「見えざる手」と「見える手」のどちらになるだろうか．これは興味深い問題である．まずは資源配分方式の性質から分析を進めていきたい．

性質からみれば，慣習とモラルによる調整は「見えざる手」と「見える手」の間に存在しているのである．市場による調整は，市場の需要と供給メカニズムに依存しているため，「見えざる手」と呼ばれている．本質的には人の意思に左右されない自発的な調整であり，市場の供給と需要，およびそのバランスを繰り返した結果である．政府による調整が「見える手」と呼ばれるのは，法律と政策に従い，政府部門がさまざまな手段を用いて社会経済生活に介入しているからである．そしてそれは，人為的・意識的な調整であり，市場外部の行政力が経済に作用した結果である．慣習とモラルに基づく調整は，市場や政府による調整と似ている箇所もあれば，異なる箇所もある．このように性質からみれば，慣習とモラルによる調整は「見えざる手」と「見える手」の間にあり，無形のようで有形であったり，有形のようで無形であったりする．

慣習とモラルによる調整と市場による調整の類似点は，共に経済活動主体内部から生じたもの，つまり，経済活動者自身から生じたものであるということである．両者は自らのアイデンティティーから形成された文化伝統，道徳信念，道徳原則により，社会経済生活，資源の使用効率，資源配分に影響を与える．そしてそれは，政府による調整のように外部の行政力により社会経済生活などに影響を与える方式とは異なる．その一方それは，政府による調整がはじめから秩序を目指すのとは異なり，慣習とモラルによる調整は市場による調整と同

様に自発的に資源配分を行い，無秩序から秩序ある方向へと緩やかに進む．実際ここでいう秩序は政府が望ましいと考える秩序や計画中の秩序であるため，現実にある経済生活の秩序とは異なる．政府による調整の結果として，本当に秩序ある状態になることもあれば，無秩序のままもあり得る．状況によって，依然として無秩序のまま，あるいは本来秩序のある状態を無秩序の状態に変えていくこともあり得る．

　慣習とモラルによる調整と政府による調整は，人々の意思に左右されない市場による調整とは異なり，両者とも人々の自覚的な行動と密接に関わっており，社会経済生活や資源配分に対する人為的な誘導・調整・制約として現れる点で共通している．これらの人為的な誘導・調整・制約について論じるにあたっては，以下の違いに注意しなければならない．つまり，政府による調整は主体が政府であり，それは外部からの行政力として現れるが，慣習とモラルによる調整は，当事者自身が主体であり，共通認識に基づき参加している集団が行っている．言い換えれば，政府による調整は，外部からの行政力により社会経済生活と資源配分を人為的に誘導・調整・制約するのに対して，慣習とモラルによる調整は，社会構成員自身が自ら社会経済生活と資源配分を調整・制約している．

　このように，慣習とモラルによる調整は政府による調整と共通している部分もあれば，相違する部分もある．「見えざる手」に近いが，「見えざる手」ではない．「見える手」ではないが，「見える手」と似ているところもある．実際「見える手」と「見えざる手」の間に介在しているのだ．一端を「見えざる手」，もう一端を「見える手」とすれば，この両端に一定の間隔があるが，慣習とモラルによる調整はどの辺りに位置するのであろうか．

　慣習とモラルによる調整は，さまざまな形式があり，「見えざる手」の端に近い場合もあれば，「見える手」に近い場合もある．これは，慣習とモラルによる調整が自制もしくは相互制約という形で表現され，この制約は当事者自身，当事者が所属する組織への共感，ある文化・伝統への尊重と堅持などに由来する．また，この制約は場面に応じて変化する可能性があり，制約の強弱や形式の違いという形で「見えざる手」と「見える手」の間を移動し，どちらかに偏ったり，近づいたりする．例えば，村の規定やギルドの規定といった慣習とモラルの拘束力が強い場合は，比較的「見える手」に近づく．逆に，慣習とモラルによる調整の拘束力が弱い場合は，「見えざる手」に近づき，当事者の自制や

集団構成員への説得という形で現れる．ここで重要なことは，両端には近づくものの決して重ならず，等しくはならないことである．また一端に近づくことは，反対側から遠ざかることである．その制約力の強弱や形式に関わらず，慣習とモラルによる調整は，政府による調整（見える手）と市場による調整（見えざる手）の間に存在する．

　各民族の歴史・文化の視点からすると，慣習とモラルによる調整の多くは，ある種の歴史・文化的現象として現れる．例えば，ある民族では死者を火葬するが，別の民族では水葬，土葬，一部天葬（鳥葬ともいう）する慣習もある．これらそれぞれの民族は，自民族の方法は死者を尊重する方法であり，より優れていると考えがちで，他民族の方法を不思議に思い理解できない．しかし，どの葬儀方法が最も優れており，最も死者を尊重しているかという問題には，明確な答えがない．すべての民族に長年かけて形成された慣習風俗や道徳規範があるため，特定の方法が優れているとは言い難い．しかし，すべての民族の間で共通しているのは死者への尊重が必要であるという認識である．葬儀方法が異なっているのは死者への尊重の気持ちを表す形が異なるに過ぎない．

二　慣習とモラルによる規制形態としての企業文化

　ここで，企業文化についてさらに考察してみたい．

　企業文化が企業の生産性・経営・マネジメントに与える影響は研究者たちの関心を集めている．企業文化の構築が社会経済生活に与える影響は，市場による調整，政府による調整のどの領域にも属さない．企業文化は慣習とモラルによる調整の形態であり，その結果でもある．

　ミクロ的な視点からすれば，企業文化が資源配分に与えるものとして，まず従業員一人一人の精神への影響が挙げられる．企業リソースにおいて，従業員の人数だけでなく，その能力も含めて最も重要なのは人的資源である．その中には，人の能力や素質としての技術力，知識，体質，精神状態などが含まれている．人数が与件で一定だとすれば，これらの能力・素質が高いほど，人的資源の豊富さを意味している．企業の発展や経済発展にとって，一番大事な要素は何かとよく質問されるが，当然，資本，技術，情報はすべて重要な要素である．しかし，資本は人により調達され，技術は人により改善・運用され，情報は人により収集・加工される．そして，資本の調達と運用，技術の改善と運営，情報収集と加工など，すべてのプロセスにおいて，人の精神は特に重要な役割

を果たす．このため，企業発展・経済発展にとって最も重要な要素は，プラス思考で積極的な企業家精神を有する人である．社会の物的財産が破壊されたとしても，人が存在し開拓者精神があるならば，破壊された富に代わって新たな富が創出されるであろう．しかし，物的富が豊富でも，積極的精神・起業家精神がなければ，富はいずれ枯渇し，社会は貧困に陥り，経済は不振になりかねない．

　ひとつの企業をみると，事業の繁栄が従業員の能力・素質と積極的な精神・起業家精神に直接に関わる一方で，積極的な精神や起業家精神はすべての従業員の行動に影響を与える．しかし，従業員が積極的精神・起業家精神の素質を有しているかは明確な場合もあれば不明確な場合もある．企業文化の構築は，主にこの積極的精神・起業家精神を従業員全員に浸透させ，精神的原動力とすることである．これは，また従業員の能力向上・企業の人的資源の豊富さに反映される．

　積極的精神・起業家精神はどのように形成し，発展するのであろうか．ここでは市場による調整はある程度これらの精神の育成を促せるものの，主要要因とはなりえないと考えられる．政府による調整も同じで，ある程度の影響力はあっても，主要要因とはなりえない．企業における積極的精神・起業家精神の育成は，従業員個々の本来持っている素養の他に，主に従業員に対して行われる教育と企業文化・環境に頼っている．この場合，慣習とモラルによる調整の影響力は，市場と政府による調整のそれよりはるかに大きい．

　組織は従業員で形成される．円滑な人間関係は企業の効率性や団結力を高めるため重要な意味がある．企業内の団結力が弱くなると，人間関係に綻びが生じ，さらには職場・チーム・部門内に軋轢が生じ，チームプレーがうまくいかず業務が滞り，企業内リソースの優位性を発揮できなくなるだけでなく，効率低下から損失につながる．しかしこのような問題は，マネジメントと企業文化を強化することで解決できる．企業管理・規律を強化し企業内部の各部門・各職位の責任を明確にすることは，企業の効率を向上させる．企業文化の構築強化は，従業員の協調性・結束力を強化し，消極的な要素を積極的要素に変えることができる．このようにする目的は，企業リソースの効率的な利用と企業競争力強化であり，もう一方では企業文化形成により，企業に入社してくる人員の素養を高め，積極的精神・起業家精神を育成し，発揮させるためである．これこそまさに慣習とモラルによる調整を具現化したものであると同時に，調整

の成果でもある.

　慣習とモラルによる調整の一形式としての企業文化の性質からみれば，政府による調整と類似したところを持つが，両者の調整は性質が異なっている．政府による調整は，社会経済活動における製品・労働の供給量と需要量に対するコントロールを通して，コスト，価格，利益に影響を与え，生産要素の再編成などにより資源配分，さらにはその構造にまで影響を与える．企業文化の構築において，企業が生産要素の再編成により資源配分およびその構造に影響を与えることも可能であるが,企業による調整方式と政府による調整方式は異なる．特に以下の三点について注意が必要である.

　第一の点は，その調整手段が企業の生産・経営に影響を及ぼす場合，企業は政府による調整を受動的に受ける立場にあることである．政府による調整が直接的に行われている場合，企業は自分の意向にかかわらず，その調整を受け入れざるを得ない．政府による調整が間接的であっても，生産，経営，コスト，価格，利益に影響を与えるため，これらの影響を考慮し，企業は自分の行動を変えて変化に適応する必要がある．それと対照的に，企業文化は従業員自身の努力を通じて，企業内部から生産・経営のプロセスに影響を与える．このとき，企業は，主導的な立場にある．企業が企業文化の構築を軽視するとその影響力は弱まるが，逆に重視すると，生産・経営・効率などへの影響力が高まり，企業の効率向上につながる.

　第二の点は，効率に関する研究において，生産効率，資源配分の効率，X効率を区別して考える必要があることである．生産効率とは，企業のインプットとアウトプットの比率であり，生産における生産要素の使用効率を反映している．資源配分の効率性とは資源配分の合理性やその合理性によりもたらされる効率のことを指し，資源配分が合理的であれば，効率性も向上するが，逆の場合は効率が低下する．X効率とは，インプット・アウトプット比率と資源配分以外を要因とする効率性を指す．X効率が低いということは，原因が明らかでない効率性の損失であり，個人の努力不足，人間関係の不調和，企業と従業員目標の不一致などと関係する.[5]つまり，先進的な設備を採用し，資源配分が適切であっても，社員に意欲がなければ，日々の業務がおろそかになり，仕事の

---

5)　Harvey Leibenstein: *General X-Efficiency Theory and Economic Development*（1978）. *Inflation, Income Distribution and X-efficiency Theory*（1980）を参照.

アウトプットが低下する．さらに企業内部において，従業員がそれぞれの思惑を持ち，それぞれの利益を重視した結果，依然として低効率状態に陥る．即ち，X非効率になる．市場による調整は「見えざる手」として生産効率と資源配分に影響を与えることはできるが，X非効率の形成と消去には基本的に効果を発揮できない．政府による調整は「見える手」として生産効率と資源配分の効率性に影響を与えることはできるが，同様にX非効率の問題を解決することはできない．X効率あるいはX非効率に影響を与え，しかもX非効率の減少と消去ができるのは習慣とモラルによる調整である．企業文化はこのような調整の形として生産効率と資源配分効率に限らずX効率にも影響し，それを軽減したり消去したりできる．市場と政府による調整はX効率には効かないが，慣習とモラルによる調整が効果を果たすのは，X効率が人々の意欲の発揮，企業内における人間関係の調和と関わっており，慣習とモラルによる調整がその役割を果たす領域だからである．

　第三の点は，補足説明になるが，第二節では，非取引領域で作用するのは，政府や市場による調整ではなく，慣習とモラルによる調整であることを指摘した．ここでさらに補足したいのは，社会経済生活は取引領域と非取引領域に分けられるが，この二つの領域は互いに影響しあい，両方とも社会経済に影響を与えるという点である．市場による調整は取引領域でのみ機能し，政府による調整は直接非取引領域には介入せず主に取引領域で機能するが，政府の影響はこの領域における活動のための法的境界線・枠組みを定めるにとどまっている．そのため，慣習とモラルによる調整だけが取引領域と非取引領域の両方でその役割を持っている．企業文化は慣習とモラルによる調整の一つの方式として，市場と政府による調整が及ばない取引活動と非取引活動の両方の領域で作用する特徴を持っている．企業文化の構築過程で非取引領域における人間関係の協調性がよく，個人の意欲も高ければ，取引領域における人間関係の協調性と個人の意欲にとってもプラスになる．同時に，企業文化構築の成果は企業風土・企業精神・経営目標を形成することであり，これらは，取引活動と非取引活動領域内の慣習とモラルによる調整によって機能する．これはまた市場と政府による調整だけでは達成できない目標でもある．

　以上，企業文化の分析を通して，慣習とモラルによる調整の特徴を説明してきた．企業文化に加えて，コミュニティ文化，学校における文化もすべて企業文化と同様に人間関係を調和させ，積極的精神・起業家精神を刺激する作用を

持つため，調整の方式として重要視すべきである．

第四節　道徳規範と人の包括的な発展

一　生活の単調化から考えよう

　慣習とモラルによる調整をさらに深掘りし，理解していきたい．まずは，工業化の過程で生じた生活の単調化について議論していく．

　一国が発展途上国から先進国へと発展していくには，工業化のプロセスを経なければならない．工業化は無論人々に多くの製品をもたらすが，同時に生活を単調にする．これはここ数年経済学界が関心を持っている重要な課題の一つである．ハルフォード・マッキンダー（Halford J. Mackinder）はその著書『デモクラシーの理想と現実』の中では工業化の過程で生じた生活の単調化問題について多くの章節をもって論じている．彼は現代の工業化した生活の問題は何かと問い，それは仕事の単調さ，退屈な社会生活，退屈な集団生活だと指摘し，イギリス人がサッカーの試合でギャンブルをするのも現実の単調な生活から逃避するためであるとした[6]．

　マッキンダーはヨーロッパの工業化前後の状況について比較を行い，古代ギリシャと中世ヨーロッパでは，社会組織が非常に分散していたにもかかわらず，ある程度の規模を持つ都市はいずれも大きな発展余地が存在したと述べている．当時のフィレンツェでは，町で握手をかわした人間や婚姻関係にある家族が，同業界の競合企業の代表であったり，また同じ取引所で取引している商人であったりした．若くて有能なフィレンツェ人にとって，フィレンツェにいれば多くの機会や選択肢があったので，この都市でこの都市のために仕事をしていればよかったわけで，わざわざ遠くの都市にまで出稼ぎに行く必要などはなかった．一人の若者が将来，市長，首相，将軍になることも可能であった．また，小さな戦争が起きれば，彼は将軍や長官になり，軍隊を統帥し，知恵を絞って，懸命に戦略や戦術を練らなければならない可能性もあった．もし，画家，彫刻家，建築家になるならば，有名デザイナーの作品を鑑賞するのではなく，設計者として現地の記念建築物をデザインすることもありえた[7]．「当然，誰も

6）　Halford J. Mackinder：『民主的理想与現実』，商務印書館1965年，第164頁．
7）　同上，第164-165頁．

22

がフィレンツェ体制に戻るべきだと主張する人間はいないであろう。しかし，工業化以後，人々の生活は単調になり，以前の都市生活における価値と利益も吸い上げられ，活力を失った単調な空気のみが街に漂ってしまうようになった。専ら効率と安価を目標として追い求めた結果として，人々は生活そのものより，その一面しか見えなくなってしまったのである」と述べ，マッキンダーは残念がった。[8]

　古代ギリシャと中世ヨーロッパの都市生活が本当に多彩で人情味豊かであったか否かはともかくとし，少なくとも工業化後に生活が単調になったことは事実として残されている。技術進歩と生産の自動化が不可避である以上，労働者がベルトコンベアーの流れ作業に束縛されるのは必然である。このような状況では，労働者はますます単調さを感じ，鬱憤し活気を失ってしまう。既に工業化の道を進んだ以上，工業化以前の社会に逆戻りすることは到底不可能なため，鬱憤だけが日々増していったであろう。

　ここで，現実的な問題も出てくる。生産技術の発展と社会の進歩に伴い，人々の基本生活への需要はますます豊富になる。生活必需品が不足しているときは，人はまず食料，衣服，住居を求め，そのニーズを満たそうとする。生活必需品が充実してきたら，自己発展を求め，精神的満足度を高めようとするが，これも基本的生活のニーズである。物的には豊かで，精神的には不足している社会は，人々の物的なニーズを満たすことはできても，その精神的な欲求を満たすことはできず，大きな欠陥がある社会だと言わざるを得ない。また，人々の物的な需要と精神的な需要は密接に関連しているため，基本的な物的需要が満たされるようになると，精神的な欲求が生まれ，それが満たされるよう求めるようになる。

　このように，精神面への満足は，物的な生産発展を促し，その上で精神面のさらなる高い需要を生み出す。物質面の需要と精神面の需要が相互に刺激し，互いにその需要を高めていく状況では，人々は偏ったものではなく，包括的な発展を遂げ，より完全な人間になることができる。

　工業化後に出現した生活の単調化は，物質面と精神面の需要を両方とも満たされることで克服できた。しかし，問題はどうすれば物質面と精神面の需要をともに満足できるのか。本当に経済成長だけでこの問題は解決されるのだろう

8）　同上，第172頁．

第一章　慣習・モラルによる調整という問題提起　*23*

か．経済成長は必ず人の包括的な発展をもたらすのか．生活の単調さを克服した後に，さらに違う形式の生活の単調さが出現することはないのだろうか．生活の単調さが再び生じないように何を重要視すべきか．これらの問題はすべて深く掘り下げる価値があるが，以下では，モラル・信念と人の包括的な発展の関係について分析していく．

二　人の包括的発展について

　人の包括的発展とは何か．これは，学術界においてまだ定説が出されていない課題である．この問題に関しては，ある程度意見の相違があるが，包括的発展の前提に関しては比較的共通の認識がある．具体的には以下のようである．

　第一に，人の包括的発展は高度な生産力の発展という基礎の上に成り立つものであるという認識である．高度な生産力の発展がなければ，十分に物質を供給することができないため，包括的な発展にとって必要な物質条件に欠け，物質と精神的需要を満たすための前提である物的前提がなり立たなくなる．同時に，包括的な発展には仕事以外，比較的自由に使える多くの余暇を必要とするため，労働時間の短縮と年次休暇の増加は，高度な生産力の発展を実現した後にはじめて可能となる．

　第二に，包括的発展は一定の文化知識を持っているという前提に成り立つという認識である．一定の文化知識がなければ，物質的満足感を得にくいだけでなく，精神的満足感を得ることも難しくなる．平均的に文化知識が低い社会では，生産力の発展が制限され，人々の物的需要や精神的需要が満たされないため，人間の包括的発展は不可能となる．

　第三に，包括的発展はモラル・信念の上に成り立つという認識である．高度な生産力がある社会では，豊富な物質を供給できるが，社会的風紀が乱れて人々のモラル・信念が低い場合，人々は生き残るために騙しあったり，争いあったりして，多くの虚偽が社会にはびこる．このような社会環境では，包括的発展は空想に終わってしまう．それだけでなく，社会的風紀の乱れとモラルの喪失は，必然的に社会治安を悪化させ，人々を恐怖に陥れることにある．こうなれば，包括的発展を図ろうとしても実現できない．

　包括的発展の前提として，上記の三つの要素が必要不可欠である．生産力の高度な発展，文化知識水準の向上，良好なモラル・信念，この中の一つでも欠けると包括的発展は望めない．人として包括的発展を遂げるためには，文化知

識水準の向上，良好なモラル・信念が求められる．包括的発展に関するさまざまな解釈があるにもかかわらず，文化知識水準の向上と優れたモラル・信念がその重要な内容である点に関しては，異論はないようである．

　筆者は著書『体制・目標・人──経済学が直面する挑戦──』の中で，「人は常に自ら生活を改善しようという願望があり，生活を改善する過程において，さらに自分の生活改善が周囲の人々の生活改善と関連していることに気づくのである．個人の生活が改善されたとしても，周囲の生活が改善されず，悪化傾向にある場合には，個人のおかれている社会環境が不安定になり，生活の質が実質的に向上したとはいえない」と記述した．[9] この段落で記述した内容は，道徳規範と人間関係の関連性および包括的発展に対する理解でもある．

　モラルは，一種の規範であり，それは個人へのインセンティブや制約だけでなく，人間関係を処理するための原則でもある．すべての人は，物的需要と精神面での需要が満たされるよう，生活改善を望んでいる．しかし，良好なモラル観念や他人との信頼関係が欠けていて，個人の安心感が低く，周囲の生活環境も悪化している場合，生活改善は到底達成できない．自分のみが衣食住が満たされることを生活の質的向上や幸福といえるのだろうか．社会に良好なモラルや人間関係が欠けている環境での生活は，幸福や質の高い生活とは言い難いものである．

　そして，少なくとも大多数の人にとっては，包括的発展に正常な環境が必要である．社会のモラルが退廃し，嘘をつかなければ自分を守ることはできない風潮が広がるような環境では，いくら衣食住が満されても，精神的に満足し，楽しく生活し，生活の質を向上できるとは到底思えない．人は集団，周囲の人間，生活している社会環境から切り離せない存在である．これは包括的発展を理解するための鍵である．これを理解できれば，包括的発展におけるモラルの役割も理解しやすくなる．

三　優れた社会的風紀の育成

　人の包括的発展は良好な社会的風紀に依存する．優れた社会的風紀を形成するためには，個人や集団行動に対するモラル的制約を確立しなければならない．モラル的制約は優れた社会的風紀の育成に重要な役割を果たしている．

9）　厲以寧：『体制・目標・人：経済学面臨的挑戦』，黒竜江人民出版社1986年，第315頁．

社会経済生活において，各行動主体が上記のようなモラル的制約を受けることがなければ，他人との間においてもモラル制約が欠け，社会経済生活は無秩序に陥り，乱れてしまう恐れが出てくる．経済運営の視点で考察した場合，行動主体のモラルが欠け，しかも取引相手との間にモラル的な制約がなければ，取引行動がより短期的なものになりがちである．このように，行動主体は安定的な期待を持っていないが故に，経済的見通しに対して自信を失ってしまう．

　この行動主体は，その範囲がさまざまな人を含めるため広範にわたっている．例えば，投資家は投資に消極的になり，消費者は目の前のことのみに気が奪われ将来のことを考慮しなくなり，従業員は将来が見通せないため，自主性・積極性に欠けたり，学生も将来を見通せないことから勉強しなくなったりなど，すべての現象が将来に対する不安定化を表す．そして，将来見通しの不安定化は人々の行動を短期化させる．当然,将来への予測を乱す要素は数多くあるが，モラル的制約の欠如や社会的風紀の乱れもその原因の一つであることは否めない.行動の短期化は必然的に資源配分の歪みや資源使用効率の低下につながる．このため，モラルによる調整，道徳規範の確立，良好な社会的風紀の育成は，行動主体の行動規範化や短期化行動の防止につながり，社会利益となる．

　社会的風紀は，有形あるいは無形の形で，人々の信念を誘導する役割を果たしている．市場経済において，この誘導の役割は特に重要である．市場と政府による調整が同時に存在する環境下では，企業と個人の行動を誘導するにあたって，少なくとも二つの形がある．一つは市場そのものによる誘導であり，もう一つは政府による誘導である．市場が牽引することは利益で誘導することであり，この場合は人が「経済人」であることが前提とされる．「経済的人間」として，人々は自身の利益最大化を求め，できるだけ少ない代価で最大限の利益を獲得しようとする．政府による誘導は目標による誘導に帰結できるが，利益によるものを排除するわけではない．つまり，政府による誘導も「経済人」を前提とし，「経済人」である以上，人々は自身の最大利益を追求し，害を避けようとするため，政府は関連措置をとり，達成目標に向けて人々を誘導することが可能となる．この場合，個人利益は保証されると同時に，政府目標も達成できる．個人は常に代価と利益を比べながら行動するので，政府措置に従わない場合の代価は大きいかわり，得られる利益は小さい．一方，政府の措置に従う場合は，利益が大きく，支払う代価は小さくなる．このような視点からすると，政府が個人目標と利益誘導を統一・統合させることができる．

しかし，人は，「経済的人間」だけでなく「社会的人間」でもある．政府は，人々にどのような行動に価値がありまた価値がないのか，何を実現すべきかなどを，理解させる必要がある．このような誘導を信念誘導という．政府の信念誘導は，目標を用いた誘導として表される．政府は主に宣伝教育を通じて，政府目標の実現に人々を導き，それを信念として確立させる．したがって，政府による調整に関しては，政府目標から逸脱した信念誘導はありえない．

　信念誘導は，モラルによる調整の役割を果たし，独立して存在することができる．この独立して存在する信念誘導は個人とそれで構成される集団によって行われる．個人と集団にはそれぞれの目標があるが，独立して存在する信念誘導は，それぞれ異なる程度で個人・集団目標とつながっている．しかし，個人・集団目標は政府目標と異なる．このため，個人・集団の信念誘導は，政府目標の誘導に反映されている政府信念とは異なる．例えば，ある宗教を信仰している場合，その人に信念誘導を与えることになるが，この人の信念は独立したものである．また他人に対する処世原則も一種の信念誘導であるが，これも独立して存在できる．

　優れた社会的風紀形成と政府・集団・個人の信念誘導は，相互に促進する関係にある．社会的風紀には，暗黙の了解のような機能があり，人々の信念の創出・変化・強化を可能にする．信念誘導は社会的風紀の育成に対してプラス効果を与え，さらには社会的風紀育成を通して資源配分にも影響を与える．

　わかりやすい例として，社会的風紀が消費行動を影響し，消費支出の量的変化と構造的変化を通じて資源配分に影響を与えることが挙げられる．これは，消費にはデモンストレーション効果があり，この効果には社会性があるためである．社会が何を尊んでいるかは消費行動の中に反映される．例えば，贅沢消費は非合理的な消費行動の一種で，社会的風紀に対して消極的な影響を与える恐れがある．贅沢消費は個人収入や財力を超えることがあり，また贅沢消費が資源を過度に使用することもあるため，本来限りある資源が非合理的な用途に使われてしまうことがある．別の事例では，社会に時代遅れな慣習があり，これらの慣習に従えば望ましくない消費をしてしまうことがある．例えば，死者のために豪華な葬式を行ったり，お墓を作ったりすることや，ときにはまだ生きている人間のために墓をつくることもある．また婚約に当たり高額な結納金を必要とされることや，高価な嫁入り道具の購入，結婚式の豪華な披露宴などは驚くほどの出費になる．このような消費は時代遅れの文化の結果でもあるが，

第一章　慣習・モラルによる調整という問題提起　*27*

貧しい家庭であるにもかかわらず，人々は往々にして慣習という見えない圧力に屈してしまう．このような消費行動が資源配分に悪影響を与えることは明らかである．[10]

　もう一つに，社会的風紀が国民の素養と効率性に影響を与えることが挙げられよう．国民の素養と効率性は良好な社会的風紀のもとで向上し，これらはいずれも資源配分に影響を与える．国民の素養は文化，身体的要素，思考，モラルなどを含み，国民の素養向上は優れた社会的風紀の育成にプラス効果を与える．

　歴史的経験は，一国が発展途上国から先進国に移行する際に，より早期的に社会問題を予見し，その発生を防ぐ予防措置をとることの重要性を証明している．ここでいう社会問題とは，所得水準の向上と物的豊かさを前提として，生活内容や意義を充実させることである．高度に発展した社会とは，物的豊かさのみで精神的に空虚な社会を指すわけではない．生活における物質面の需要を満たすとともに精神面の需要も満たす必要がある．社会的風紀はより健康的で優れた方向に発展すべきであり，これらはすべてモラルによる調整の役割である．

四　優れた社会的風紀と個人発展の関係性

　一国が発展途上国から先進国へと転換する過程において，社会も絶えず変化している．社会変化と社会構成員の社会変化に対する認識とは別のことであり，両者を混同してはならない．社会は自然界と異なるからである．自然界で生じた変化は人々に観察・認識され，変化の法則として発見されるが，自然界は人々の認識によって変化の法則を変えることはない．しかし，社会は自然界と異なり，社会活動とは人々が行う活動であり，人々は社会活動の中で社会を徐々に認識していく．人々は社会変化を察知・認識するだけでなく，自らの行動を調整し社会に適応しようとする．また，人々は一定の手段を用いて社会を変えることができるため，社会活動が人々の行動として認識されるようになれば，さらに変化を遂げていく．つまり，人々と社会は影響しあい，互いに適応していく．そして，さまざまな調整や適応を通じて発展していく．社会的風紀が社会

---

10)　厲以寧：『経済学的倫理問題』，生活・読書・新知三聯書店1995年，第136-139，151-153頁．

発展や人々に与える影響は，まさに社会と人々の相互作用の中に現れている．優れた社会的風紀は社会的変化を人々に正しく認識させ，人々の行動を調整し，社会に適応させるように機能すると同時に，社会的風紀の影響により人々の行動規範は整い，意識も向上できる．これはまた社会が発展する過程で生じた新たな問題の解決に役立つ．

　優れた社会的風紀の育成と形成は，一つの企業・コミュニティの管理や文化の形成と比較して，より困難であることは間違いない．優れた社会的風紀を形成できたかどうかをはかる明確な指標は存在せず，部分的に適用可能な指標を選択し評価指標にすることも難しい．つまり，優れた社会的風紀は柔軟で弾力的なものである．しかし，より深く分析すれば，優れた社会的風紀形成には一定の法則があることがわかる．それは，社会構成員の文化レベルが高いほどモラル水準が高まり，人々が生活を愛するほど他人に関心を持つ，そして公益事業への賛同が高まるほど優れた社会的風紀の形成が容易になるということである．一つの企業・コミュニティにおける管理や文化の構築は効果的で社会的風紀の育成に寄与できるが，各界の努力で国民素養を向上させ優れた社会的風紀を形成することにはかなわない．

　個人の発展は優れた社会的風紀の形成や発揚と補完的な関係にある．人々がより高いレベルを目指すとき，社会への責任感が増大し，公共利益に貢献したい思いが有益な模範的な役割を果たすことで，優れた社会的風紀の形成と発揚に役立つ．

　しかし，ここに誤った認識があるので，より詳しく述べることにする．それは経済が未発達で個人の発展や国民の素養向上が制限を受けるような状況では，優れた社会的風紀を育成し発揚する前提が存在しないという認識である．このような認識が正しくないのは，優れた社会的風紀育成と経済発展水準との関係を絶対化し，経済発展は優れた社会的風紀を形成する唯一の要素であるとしたためである．実際，経済が発達していない地域（歴史上，すべての民族が経験した経済が未発達な段階）や，経済先進国における発展が遅れている一部の辺鄙な農村では，社会的風紀が優れている事実が見られる．このように，優れた社会的風紀と経済発展水準との関係は複雑で深く研究するに値する課題である．現段階で結論を出すのは時期尚早である．

　しかし，歴史的経験は，一国や地域における社会的風紀の荒廃が，しばしば経済が未発達な状態から発達した状態へと転換する段階で発生することを示し

ている．この段階では外部からの影響力が強く，その中にはよいものもあれば，悪いものもある．それに加えて，この転換点においては，一国や地域に元々存在する社会組織と構造が解体され，新たな組織と構造が形成されるため，社会分化と再構築は長期間にわたって続く可能性がある．そして，社会慣習，群衆の心理状態など，社会が尊んできた価値観に激しい変化が生じることも避けられない．この状況では社会的風紀が良い方向に進んでいく可能性があるが，悪い方向に行ってしまう恐れもある．これらの変化を，具体的にどのように評価すべきかという問題が生じてくる．元々の社会組織，構造，価値観，慣習からのみ判断すれば，社会的風紀がよい方向よりも悪い方向へと変わると思われる変化であっても，視点を変えれば，達成しようとする社会発展の目標に注目するならば，社会的風紀はむしろ良い方向に向かって進んでいると判断できる場合もある．客観的に述べれば，一国や地域が経済発展する過程で，社会的風紀は良くなったり，悪くなったりすることが併存すると考えられる．ただ，人々は社会的風紀の悪化に対しては気づきやすく，それによって生じる問題にはなおさらであり，議論や不満を引き起こしやすい．このような状況は通常かなり長期間にわたり継続し，経済が発展して一人当たり国民所得と国民の素養が向上した後に，はじめて好転に向かうとされている．また，これを実現するには単純な経済成長だけでは不十分で，教育や文化の役割を無視してはならない．教育と文化の創出は個人の発展に影響を与え，経済発展の転換点における社会的風紀の悪化を軽減したり予防したりすることができる．

　ここで，アダム・スミスの『国富論』と『道徳感情論』の二つの著作の関係について再考する必要がある．私は，1997年に出版した『マクロ経済学の始まりと発展』の中で，アダム・スミスがこの二つの著書——『道徳感情論』（1759年）と『国富論』（1776年）の中で，「見えざる手」という表現を使用したことについて記述した．ここでのアダム・スミスの本意は，個人行動の自発性により，社会利益や良好な社会秩序の形成が促進されたという点である[11]．『国富論』の中で言及している「見えざる手」は，主に市場による調整を指すが，『道徳感情論』の中で言及している「見えざる手」は市場法則の役割やモラルによる役割を含んでいる．経済思想史の視点からすると，「見えざる手」という思想はオランダの哲学者バーナード・デ・マンデヴィル（Bernard de Mandeville）が

---

11)　厲以寧：『宏観経済学的産生和発展』，湖南出版社1997年，第41頁．

1714年に出版した『蜂の寓話』にでてくる[12]．しかし，マンデヴィルは，本の副題に示したように，「私悪は公益なり」とした．マンデヴィルからみると，個人の強欲と利己的な行為が社会の繁栄を促し，個人が悪徳を放棄し清貧な生活をすれば，社会が不景気になるととらえた．アダム・スミスはマンデヴィルの考え方に異論を唱え，「私悪は公益なり」という表現は極端な利己主義的体系であり，ある種の「自由奔放な体系」であると考えた．アダム・スミスの体系では，人とは，専ら個人の利益を追い求める「経済人」ではなく，個人としてルールや規則を守り，他人の利益を尊重し，同情心と思いやりを持たなければならないとしている．この点については，趙修義教授が優れた解釈をしている．彼は「アダム・スミスは人々が自分の利益と幸福を追求する合理性を肯定しているが，一方でこの幸福への追求は制約のない貪欲的な追求ではなく，適度なものでなければならないこと，つまり社会の一般的な規則に合致するものでなければならないことを強調している[13]．アダム・スミスは自書でこの二つの体系をどのように統合しているのだろうか．趙修義教授の分析は，「アダム・スミスは市場を通じて豊かな国となる必要があるが，その際にはモラルの維持と向上が必須であると期待した．彼はこのことに対して楽観的な態度をとり，「富の道」と「徳の道」が統合できると信じた．」とする[14]．このアダム・スミス体系に対する解釈は彼の本意と合致しているだけでなく，新しい意味も含まれていると考える．もちろん，ここで強調すべきことは，アダム・スミスが政府による関与・調整という「見える手」の役割にふれていないが，市場法則・法律の役割を重視していることである．市場取引領域においても，法律とモラルを守らなければならないことの重要性は無視できず，しっかり認識しておくべきである[15]．

---

12)　同上，第41頁．

13)　趙修義：「『道徳情操論』究竟是一本什么书」，文匯報，2009年4月11日．

14)　同上．

15)　秋風：「市場的背景」，『随筆』，2006年第1期，第150頁．

第二章

効率と協調

第一節　効率の真の源泉

一　効率の形成メカニズム

　第一章で触れたように，資源の利用と配置に対する慣習とモラルの役割は効率性の向上という形で表される．したがって，ここでは効率の源泉となる問題をさらに分析し，なぜ慣習とモラルによる調整が効率を高められるかについて明らかにしていきたい．

　効率とは経済学のカテゴリーに属する概念であり，資源の有効利用と配置を指す．経済分野では，いかなる資源にも限りがあり，また資源によってその供給方法も異なる．資源には，大変希少なものもあれば，既に供給が逼迫しているもの，現段階で比較的希少なもの，今後ますます珍しくなると考えられるものなど，さまざまな供給状況がある．問題はすべての資源は有限である以上，どのようにしてそれを有効に活用し，効率的な資源配分を実現できるかを考えなければならないことである．合理的に資源を利用・配置できるならば，その資源は有効に機能し，結果的に効率向上につながる．逆に非合理的に資源を使用・配置した場合は，資源利用の不十分や無駄遣いが生じ，限られた役割しか発揮できず，結果は必然的に効率の低下を招きかねないこととなる．資源の利用と配置の視点からすると，効率性における問題の原因は資源の利用と配置の合理性に依存している．

　近年，中国経済界は，効率性をますます重要視するようになった．経済成長を実現する方式が粗放的な経営生産方式から集約型経営生産方式へ転換したことは，まさに効率性を重視した結果である．過去長期間にわたり効率性に注目してこなかった状況と比較すれば，これは喜ばしい変化に違いない．しかし，一部の人々は効率性に対する理解が必ずしも正確だとはいえず，効率の源泉に対する認識も正確ではないケースがある．例えば，効率を重視することは利潤を重視することであり，利潤が大きい場合は高効率で，逆に利潤が小さい場合

は低効率とする見方がある．また，生産のアウトプットが効率を反映するとし，高効率の場合は生産高が多く，低効率の場合は生産高が低いという見方もある．ここで指摘しておきたいことは，効率が利潤や生産のアウトプットと等しいと考えるのは一方的で偏っているということである．生産高，アウトプットには原価計算の問題があり，利潤はさらに税率や価格補助などの問題と関連しているため，生産高や利潤の大小を効率性と安易につなげることはできない．また，一部の説では，効率は投入要素によるとし，投資が多ければ効率も高くなり，効率が低いのは投資が低いからであると述べている．さらに，「我々の企業はどのくらいの人を養っているのか．これが社会への貢献であり，これこそが我々の効率である」と主張する人もいる．このような考えは，いずれも効率に対する曲解である．投資のみに注目し，アウトプットを軽視すればどう効率を説明するのだろうか．また，どれだけ多く従業員を雇って企業で働いてもらっていようと，到底それをもって効率を説明することはできない．これらの考え方は多くの人々が，「効率」という言葉に含まれた真の意味をいまだに理解していないことを反映している．

効率はインプット・アウトプットの比率であり，効率の変化は資源使用状況の変化を示している．マクロ経済学の視点からすると，一国や市域の中で適材適所に人材が活用され，物流も円滑で，利益が最大化できれば，資源が合理的に使用され，資源配分も効率的であることを示している．適材適所であることは各資源が効果的に活用され，流通速度の向上は在庫や資源の無駄が減少することを意味し，これこそが効率の向上といえよう．

効率と資源配分の関係について経済学の視点からすれば，すべての資源には限りがあり，社会はどの製品やサービスに投入すべきかを熟慮する必要がある．ある種の資源を投入すれば，さまざまな製品を生産できるが，社会の各種資源に対する需要は異なる．このように，資源投入は異なる結果をもたらし，その効率も異なるのである．また，アウトプットに関しても同じことがいえる．同じ資源を用いて異なる製品を生産すれば，効率が高くなったり低くなったりして変化するであろう．同じ投資をしても，異なる製品を生産して同じ効率が得られるとは限らない．これは効率と資源配分の関係による．

一方，社会的にみて各種資源の希少性に程度の差があれば，ある資源に代えて他の資源を投入した場合は，最終的に生産アウトプットが同じであっても，効率は異なる．これは，希少性の高い資源より，希少性の低い資源を利用する

ほうが，社会経済の発展にとってより有利であり，結果的に資源配分効率も高まるためである．

　上述の内容を理解した上でさらにこの問題を検討していきたい．資源の投入により異なる製品の生産が可能ならば，資源の希少性が異なる場合に効率も変化することを意味する．同じ製品を生産するのに，どちらの資源を利用することも可能で，しかも希少性の程度によって効率も変化するのであれば，なぜ，資源配分の主体が，主要資源を低効率な分野に投入し高効率分野に投入できないのか．これは仕方なくそうせざるを得ないのか．それとも無知だからなのか．何か理由があるのか．あるいは，資源の投入による効率の差異は投入主体にとって，どうでもよいことなのか．こちらの資源の配分では高効率が得られ，他方の資源の配分では低効率しか得られないのならば，なぜ資源投入の主体が効率の高い資源を選択せず，違う資源を投入するのか．低効率を好んで選択している主体はいるのか．このように，投入分野の選択，資源選択，効率の高低の背後には，確実にあるメカニズムが隠れている．効率の高低に比べ，効率の形成メカニズムに関する議論は，経済学界にとってさらに研究する価値がある．

　効率の形成メカニズムは効率が生まれる源泉と関連している．効率は形成メカニズムによって生じるが，このメカニズムが効率の高低を決定する．資源の希少性が異なる条件下では，形成メカニズムの意義が特に重要である．どのような形成メカニズムによって，人々は投入が最も少ない，または生産高が最も多い効率的な成長方式を選ぶのか．そして，人々はいかにして効率向上およびその持続を実現させようと，常に知恵を絞りその方法を模索しているのであろうか．

　前述のように，単純に利益や生産高だけで効率を理解してはならない．限りある資源の浪費は，生産過程における深刻な汚染が環境破壊と資源破壊をもたらすのであれば，いくら利益や生産高が高くても，決して効率的とはいえない．商品が生産されても倉庫の中で寝かされているのであれば，これも効率的ではない．効率の背後にある形成メカニズムとは，利益によるインセンティブと目標による誘導である．利益によるインセンティブとは，資源配分を行う主体はその配分結果に高い関心を持ち，高効率は将来的に利益を，低効率は損失をもたらすことを念頭に，原価，価格，収益を比較し，最も有利な資源配分分野，あるいは最も高効率をもたらす資源配分方法を選ぶことである．目標による誘導とは，資源配分主体が達成しようとする単一的なものでない可能性がある目

標を持ち，この目標を達成するために，どのような資源をどのような分野にどのような方法で投入するかを促すことを意味している．ある資源投入主体の目標が利益の増加である場合，利益によるインセンティブと目標による誘導は一つになって合致する．また，ある資源投入主体の目標が多元的である場合，利益の増加は多元的目標の中の一部に過ぎず，しかも利益以外の目標も存在するので，問題はより複雑になる．このように，効率の背後にある形成メカニズムは，利益によるインセンティブと目標による誘導の組み合わせによって決まる．

二　効率とモラルの役割

　市場経済の下で，効率は市場による調整を受けている．利益によるインセンティブは市場による調整が働く現れである．すべての資源投入主体は利益を得るために，市場における生産要素の供給状況と価格に基づき，生産要素を組み合わせることで，効率を高める必要がある．この効率の背後にある形成メカニズムは，実際利益メカニズムと市場メカニズムである．市場経済の下では，資源投入主体が利益の最大化を追求すべき目標とすることで，効率に関する利益インセンティブと目標誘導を統一させることができる．

　市場による調整のほかに政府による調整があれば，効率の背後には必ず政府による調整の影響が存在し，目標誘導は政府による調整として現れる．政府目標も単一的ではなく多元的なものである．政府は自らの目標を実現させるため，さまざまな調整手段を通じて資源投入主体に影響を与え，資源投入分野と資源投入方法の選択にあたって，政府目標に沿う形で効率向上につなげることが必要である．

　市場と政府による調整が共に作用しているため，効率の善し悪しは実際両方の影響を受けるが，この問題についてはさらに詳しく検討する必要がある．なぜなら，市場で動いているのは各取引参加者であり，それぞれの取引主体は資源投入主体でもある．市場に対して調整を行うのは政府であり，政府自身も資源投入主体である．政府による調整の影響を受けるのは市場における取引参加者であり，彼らは資源投入主体として，自らの利益を考えなければならないと同時に，政府による調整手段が自己利益に与える影響も考慮しなければならない．ここで，さらにいくつかの問題が生じてくる．資源投入主体はどのように意思決定をするのか．彼らの行動はどのような要素の影響を受けるのか．市場と政府による調整以外にどのような要素が効率に影響を与えるのか．効率は市

場と政府による調整以外に何らかの影響を受けているのではないか.

　そこで，まず企業を例にみてみよう.

　企業内部の関係は，人と物，人と人との関係に分けることができる. 人と物の関係は主に生産資源の使用者と生産資源との関係を反映している. 企業における生産資源の状況と各労働者一人当たりで使用できる生産資源の量は企業の技術レベルを反映し，その技術レベルの善し悪しは企業の効率に影響を与えている. 人と人との関係は，人と物の関係よりも複雑である. 企業内における人と人の関係をタイプ別にいくつかの種類に分けることができる. 例えば，企業の幹部層と一般従業員の関係，企業の幹部層内部における協業関係，企業の幹部層と各役職者の関係，各役職者同士の協業関係，一般従業員同士の関係などがある. このような人間関係は多様であり協調性があるものも乏しいものもあり，あるいは全く協調性のないものさえも存在する. また，状況によって，協調しやすいケースもあれば，協調しづらいケースもある. 人間関係の協調性は効率に影響を与えるが，これは技術水準が効率に与える影響とは異なる. 技術水準が低い場合，企業は投入増加や設備投資を通して，新しい工場の建造や従業員への教育研修を行い，技術に専念するインセンティブを刺激し，技術水準を大幅に高めることによって，効率の向上を図る. しかし，企業内部の人間関係が調和を欠く場合，果たして投入の増加はどの程度の効果があるのだろうか. これによって効率は大幅に向上できるのだろうか.

　また企業従業員（各役職の役員と一般社員を含む）の視点からすれば，一定の技術水準の下では，人的要素が大変重要な要因として位置付けられ，人的要素の果たす役割によって企業の効率が決まる. 人的要素の中では，従業員の労働時間，それぞれの持っている文化・技術レベル，役職に応じた仕事内容などは，既知で与えられたものである. しかし，従業員が，一人一人がどの程度やる気を持って仕事をこなしているかを測れないように，人的要素には，未知で不確定的な部分が存在する. また，人は誰でも多少なりとも怠惰の心を持っている. 怠惰による影響が小さく抑えられる場合は従業員の意欲と創造性が十分に発揮されるが，逆に怠惰による影響が大きくなる場合は従業員の意欲と創造性を阻害し，悪影響を与える. さらに，誰もが持っている怠惰な部分を，従業員がどの程度克服できるかも未知数である. 従業員個人の目標と企業目標が一致した場合は効率が向上するが，逆の場合は目標の不一致による効率低下が生じる. しかし，従業員目標と企業目標がどの程度，どの部分で一致しているかも同じ

く未知数である．これらの未知なる要素の存在が企業効率に与える影響に関する研究は大きな価値があるが，市場と政府による調整だけでは解決できない難題でもある．

　ここからもわかるように，効率に関する研究は，市場と政府による調整以外の範囲まで拡大していかなければならない．これは，市場と政府による調整が効率の変化にとって重要でないのではなく，市場と政府による調整が効率に与える影響が限られていることを意味し，特に効率の源泉の分析にあたってはその限界が大きいことによる．例えば，企業内部の人間関係を分析する場合，努力の度合い，人の怠惰などの未知なる要素が効率に与える影響に関する研究を深く掘り下げる必要がある．つまり，モラルの力は多方面で人々の行動に働きかけ，効率にも影響を及ぼす．効率の真の源泉は何なのか．効率の真の源泉は，人々の役割，意欲や積極性と創造性を十分に発揮することによって生まれる．また，それを可能にするためにはモラルの役割を軽視してはならない．モラルが作用する前提条件の下で，人々の積極性と創造性が十分に発揮されれば，効率も大きく向上させられる．

　強調しなければならないのは，上の分析は技術水準が既定であることを前提としていることである．これは，人と物の関係からみると，技術水準は効率の善し悪しに大きく影響するからである．例えば，二つの国，あるいは地区，企業があるとする．一方の国，地域，企業の技術水準がもう一方より大幅に高い場合，モラルが効率に与えた影響について比較することは難しい．このため，技術水準が一定であることを前提にすることで，はじめてモラルが効率に与える効果が明確に示され，比較する意味がある．

三　二つの結束力：組織的および社会的結束力

　既に指摘したように，一定の技術水準の下では，効率の真の源は人の意欲，積極性，創造性に依存しており，人の積極性，創造性を発揮させるには，合理的な経済運営メカニズムと人間関係の調和が必要である．

　結束力は，人間関係が協調的であるかどうか，またどの程度の協調性を持っているのかを表している．結束力は，組織的結束力と社会的結束力の二つに分けることができる．組織的結束力は，組織内部の協調的な人間関係を条件とし，社会的結束力は，社会における協調的な人間関係を条件とする．結束力は効率性を生み出す．即ち，組織的結束力は組織効率を，社会的結束力は社会効率を

生み出す.

　ここでいう組織とは，企業，行政機関，コミュニティ，社会組織，村，家庭などを含む．組織は規模の大きいものもあれば小さいものもあり，それぞれの結束力を有している．組織には構造の固いものもあれば緩いものもあり，また構造が固いから結束力が強く，緩いから結束力が弱いというわけではない．これはあくまで組織の構造形式に関する言い方である．組織に結束力があるかどうか，またその強弱は，組織と構成員の協調性，各構成員間の協調性と直接関わっている．例えば，ある社会組織は，これは厳密な組織ではあるが，メンバー同士の間に派閥が存在し，お互いに信用しあっていない状況下では，一枚岩になるのは難しい．また，メンバーが組織の管理者と考え方や価値観，思想が全く異なり，お互いの心が離れていく傾向も強くなっている場合は，どんなに組織構造が厳格であろうと，結束力は生まれてこない．逆に，構造や形が比較的緩い組織でも，メンバー同士の関係やメンバーと管理者との人間関係が円滑で，組織の発展のために力を合わせて努力することができるのならば，このような組織は結束力を持っているだけでなく，その結束力が非常に強いことを意味している．

　企業とはその企業に勤める従業員によって構成される一つの組織であり，企業の結束力は組織的結束力の一つである．企業文化の構築は企業結束力の形成に非常に役立つ．企業に高い結束力が備わっていれば，企業効率を継続的に向上させるだけでなく，企業が困難に直面した際，その困難を克服し難関を突破できることは，疑いのない事実である．

　深く検討しなければならないのは，以下のいくつかの問題である．社会的結束力はどのように形成されるのか．組織的結束力と社会的結束力との間にはどのような関係があるのか．どうすればこの二つの結束力の関係性を正確に扱い，組織的と社会的結束力の向上を同時に実現できるのか．

　社会的結束力とは，社会を構成するメンバーが一致団結し，各自力を発揮して，共同目標を実現することを指す．最も分かりやすい事例は，国家，民族が侵略戦争や自然災害に遭遇したときに，社会構成員である国民が苦境を乗り越えようと心を一つに努力・奮闘し，自己犠牲を惜しまない精神で共通目標を達成しようとするときである．このような結束力は社会に高い効率性をもたらし，多くの奇跡を引き起こす．たとえ正常な環境においても，人間関係が調和し社会的結束力が強ければ，社会環境がより協調的になり，効率向上にも有利に

働く.

　組織的結束力と社会的結束力の間には，促進しあいながらも制約しあう関係が存在しているかと思われるが，重要なのは，組織の性質とその目標がいかなるものであるかという点である．社会には性質や目標が異なるさまざまな組織が存在している．例えば，分離主義的政治主張を持っている組織があるとしよう．この組織の目標は現状を変え，特定区域が国から分離することであり，組織の内部結束力が強くなるほど，社会や社会の結束力にさらなる大きな害を与える．無論，このような極端なケースは特例なため，本論では省略する．通常，組織目標と社会目標は互いに通じ合い，一致することも可能であるため，組織と社会的結束力は互いに促進しあう関係にある．以下では企業を例にみていこう．

　市場経済では，企業は自主経営，採算性など自己責任を負う商品生産者としての経営目標があるが，その最重要目標は最大利益の実現である．企業と企業の間には競争関係が存在しているため，競争で勝ち抜くためには，企業は絶えず生産や経営の方向性を調整し，マネジメント改革を行うことで内部の結束力を向上させようとする．そして，正当な競争，合法的条件の下での競争は企業間関係を取り扱う前提としている．この前提の下で，社会が安定し経済が繁栄すれば，企業がますます利益を享受できることを意味する．これこそ，企業間の共同利益である．ある企業の繁栄は，決して他社の衰退を前提とするわけではない．社会安定と経済繁栄の下で，すべての企業に発展の機会や夢をかなえるチャンスがある．現実をみてみると，たとえこのような環境においても，一定の数の企業が，生産・経営の不振，投資戦略の失敗，あるいは急速な技術変化への対応の遅れのため，生産の縮小，倒産，その他の企業に合併買収されるなどの状況が発生している．しかし，これも資源の再構築を反映する正常な状況である．資源の再構築によって国民経済に効率的な成長，新たな投資機会をもたらすことができれば，特定企業の縮小・倒産・合併は，産業界全体の共同利益に損害を与えることはない．

　組織的結束力と社会的結束力は種類の異なる二つの結束力である．組織的結束力は社会的結束力と統一できるか否か，あるいは，組織的結束力の増大は社会的結束力の強化につながるかどうかは，組織的結束力の重要な要素である文化（企業文化，コミュニティ文化，キャンパス文化など）構築の内容とその効果に密接に関わっている．企業において企業文化が，企業自身の目標にだけでなく，

社会的目標にも注目し，企業自身と従業員の利益に加え，公共利益にも関心を払い，企業精神の育成にとどまらず良好な社会的風紀の育成にも力を注いでいるのであれば，企業文化の構築は，企業の結束力のみならず社会的結束力の強化の現れとなり，この二つの結束力は一致する．これは成功した企業文化の構築が，社会的機能と社会的価値を作り出すことを示している．逆に，企業が単に企業自身と従業員の利益のみを重視し追い求め，企業文化の構築が生み出す社会的機能と社会的価値を軽視するならば，企業の結束力がある程度強化されても，社会の結束力と調和・一致できず，また企業の結束力強化によって社会的結束力の強化をもたらすことはできない．効率の源泉を分析する際，我々はこの点を無視することはできない．

　さらに深く分析してみよう．国民所得の増加，社会経済の繁栄，文化教育事業の発展は互いに関連している．経済が繁栄し，文化教育事業が発達している社会は，文化の構築や社会的・組織的結束力の強化を同時に促進できる．慣習とモラルによる調整は，社会的・組織的結束力の強化に対する影響が特に顕著であり，市場と政府による調整が代替できない働きである．なぜなら，モラルの力のみが組織のメンバーに，組織目標の実現が社会目標と一致し，また個人利益や組織利益が公共利益と根本的に一致することを認識させるからである．それによって，組織メンバーが心から社会目標に賛同した結果，組織と社会の結束力が増強され，組織と社会の効率はモラルによる影響を受け，継続的に向上していくであろう．

　ここから以下の結論が得られる．効率の源泉に関わる研究では，通常，経済的要素と技術的要素が重視されるが，非経済的，非技術的要素は無視されがちである．また，利益インセンティブにのみ注目し，社会的責任感や公共目標の役割には注目せず，物的価値の実現のみが強調され，人間価値の実現が軽視されがちである．このような従来の考えと方法では，効率に関する深入りした研究はできず，効率の真の源泉は物の作用，人と物の関係に限らず，人の役割，人々の人間関係にも依存することを究明できない．組織的結束力が組織の効率を，社会的結束力が社会的効率を生み出す．このような状況下では，効率性の創出と向上の要因を市場メカニズムや政府による調整から探るべきではなく，モラルとモラルが人に与える影響の中から探らなければならない．

第二節　協調と適応

一　協調と適応の意義

　第一節で既に指摘したが，効率の源という視点からすれば，社会的協調，人間関係の協調，人間の社会への適応，人間関係の適応などは，すべて効率性向上に重要な意義を持っている．この節では，このような視点からさらなる議論をしていきたい．

　社会は無数の個人で構成されているが，社会が形成されると，人と同様に自己調整機能やバランスを維持・回復させるメカニズムが備わる．これは社会が継続し，発展していくためのメカニズムである．拙作『社会主義政治経済学』の中で，社会の全体像について，私は以下のように記述した．

　社会は人と同様に自己調整機能を有している．この機能が一旦失われたり，弱まったりすれば，人が病気になってしまうように，社会はバランスを崩していく．人と社会の自己調整機能を細分化すれば，促進的機能と抑制的機能に分けられる．促進的機能とは，外向的，活動的，積極的な作用を指すが，抑制的機能とは内向的，保守的，消極的な役割を指す．通常は，この二つの機能が同時に働き，人体あるいは社会の自己調整を行い，バランスの維持・回復を保っている．このように，正常な状態では，人体と社会はどちらかの性質に偏りすぎることはない．たとえ一時的に促進的あるいは抑制的になっても，一定時間後に自然に元のバランスに回復するようになっている[1]．

　ここで，もし政府による調整がなければ，社会の自己調整，バランス回復機能は働くかどうかという問題を検討する必要がある．当然，その答えは機能する．そうでなければ，政府や政府による調整がなかった時代，人類社会はどのようにして長い間，存在してきたのだろうか．仮に，政府による調整も市場による調整も存在しなかった場合，社会は自己調整してバランスを回復する機能があっただろうか．確かにこの問いの答えとなるような機能があった．さもなければ，本書の第一章で述べたように，市場と政府による調整が存在しなかった時代，人類社会は長期間持続できなかったであろう．市場と政府による調整の影響が及ばない辺鄙な田舎があったとしても，あるいは市場と政府による調

---

1)　厲以寧：『社会主義政治経済学』，商務印書館1986年.

整が働かない，社会が大混乱に陥っていた時代があったとしても，人類社会は依然として続いてきたではないか．では，社会の自己調整機能やバランス回復機能はどこから生まれてきたのか，そしてどのようにその役割を果たしているのであろうか．

　社会は，無数の個人から構成され，人々は共に生活し，共に仕事し，人と人とはさまざまな関係で結ばれている．秩序は，社会構成員の一人一人にとって，安定した生活，仕事を進めるうえで一番重要な要素である．人々は社会に秩序を求め，たとえその秩序がどのようなものであれ，無秩序よりは良いと考えられている．秩序がなければ社会に混乱を招き，混乱によって職を失うだけでなく，日常生活に害をもたらし，ひいては生存にさえ支障をきたす恐れがある．このため，人々は混乱や損害を避けようとし，秩序に対する要求は切迫したものになる．市場と政府による調整が提供してくれるのも秩序である．市場による調整に伴い，市場活動が行われるところには必ず市場による調整の秩序が生まれる．これは人々が秩序を求めているからである．政府が一旦成り立つと，政府がある，あるいは政府の力が及ぶ地域において，政府は常に秩序を保とうとしているのはなぜか．その答えは，一方で人々が秩序を必要とし，それを受け入れるからである．もう一方では，政府も秩序を必要とし，人々がその秩序を遵守することを望んでいるからである．

　一般的に，人々はだれもが秩序を必要とし無秩序な状態を望んでいないため，社会は自己調整でバランスを回復する機能を有するようになる．自己調整機能は，秩序に近づき，秩序へ適応することを意味している．バランスの回復は，秩序の回復や新たな秩序を構築することである．社会経済の過度なブームや冷え込みは，その正常な運営リズムが破壊され，社会経済秩序が乱れることを意味する．このような状況では，人々はバランス回復機能，即ち秩序の回復，再構築を求め，社会経済は自ら絶えずに調整を行おうとする．このように，市場や政府による調整がなくとも，社会経済は段階的な促進と抑制を経た後に緩やかに回復し，バランスを取り戻そうとするが，それには比較的長い時間を要するであろう．多数の社会構成員にとって，正常な生活と仕事における秩序を求めることは，社会経済における内的バランス回復メカニズムを持たせることである．市場による調整が存在する場合，社会経済の内的バランス回復機能が加速される．この上に政府による調節が加えられれば，しかもその調整が適切であれば，社会経済はより速くバランス回復が成し遂げられる．

正常な秩序は社会的調和と適応に関連している．人は単純な「経済的人間」ではなく，「社会的人間」であるため，社会的調和は経済から着手するだけで実現できるものではない．人が社会に適応すること，人々が互いに適応することを，経済的適応に帰結することは到底不可能であり，協調と適応の意義は経済問題の範疇を大幅に越えている．企業に実際に存在する状況を事例にみていこう．

企業は効率を向上させるために，さまざまなインセンティブを経営管理に取り入れてマネジメントをする．例えばボーナスを支払ったり，削減したりして給料を調整するなどの手法がよく用いられる．無論，物質的，経済的インセンティブである奨励や処罰などのやり方は効果的であるが，それぞれやり方に限界があるのも明らかである．例えば，従業員の考え方に変化が生じた場合，あるいは従業員の収入が一定レベルに達し，ボーナスや罰金が収入に占める割合が非常に低い場合，または市場で従業員が選択できる商品がごく少なく，お金を持っていても欲しい商品が買えない場合，従業員にとってボーナスや罰金はあってもなくてもよいものになり，いままで持っていたインセンティブの働きが以前のように効かなくなる．企業管理の分野では「インセンティブの原則」の代わりに「適応性原則」を用いることは避けられない趨勢になっている．「適応性原則」が強調するのは主体と客体との適応であり，即ち客体が主体とは切っても切れない関係にある．そして主体も客体と離れられない関係にあると感じさせることである．このような適応関係は「一体化」と呼ばれることがあり，人間関係における充分しかも完全な協調・一致性を指す．会社内部の人間関係や，管理者・上司と従業員・部下の関係においても，「適応性原則」の実現は，従業員が会社・企業とは切れない関係にあり，「会社は我が家，自分は会社の一員」と思うことであり，会社管理者が従業員とは一体であり，従業員のことは即ち自分のことでもあると感じることを意味している．そうすると，企業では会社と従業員は運命共同体として，両者の関係が協調・一致していく．技術水準が一定である前提において，このような主体と客体の適応は必然的に高い効率性を生み出す．

適応化は企業内部の人間関係に限らない．社会のさまざまな力関係にも「適応性原則」が適用される．「適応性原則」も社会において，高効率を生み出すことができる．政府と民衆の関係を例に分析してみよう．社会秩序を維持するのは政府の仕事の一つであるが，社会秩序を維持するために政府は必要に応じ

て強硬手段に頼らざるを得ないこともある．強硬手段は不可欠であるが，限界もある．このため，政府が社会秩序を維持するプロセスにおいて，強硬手段以外に，可能な限り効果的な適応関係を築き，人々に政府は自分のための政府であること，また政府目標は即ち自己目標であること，自分と政府は切れ離せない関係にあると思わせることが重要となる．これこそ，社会の政治・生活分野における主体と客体の「一体化」である．政府の視点からすると，社会の政治・生活における真の適応関係を築き上げることができれば，管理コストに限らず社会秩序の維持コストを大幅に削減することができ，管理効果も継続的に向上させ得る．このように，社会分野において，協調と適応は高い効率性を生み出す源泉である．

　主体が客体との間で考え方が全く異なると感じた場合，効率が下がらないはずはないことは想像できるであろう．このように，客体が主体と同一な考え方を持たず，共同な行動がとれず，力を合わせることもできないと感じたとき，効率向上はありえないことが想像できる．これは企業だけではなく，社会も同様である．

二　社会変動の中における協調と適応
　静態的社会においては協調と適応は比較的実現しやすいが，ダイナミックで絶えず変動している動態的社会では，社会的協調と適応を実現するのはより困難である．

　長期的にみれば，人類社会は基本に安定的で静態的な社会であり，一種の固定化した社会でもある．このような社会では，社会の流動性が低いため，個人の一生における活動範囲も往々にして限られている．人は幼少期から大人になるまで，ほぼ同じ環境で活動し，同じ人たちと交流し，接触する範囲は非常に狭いものである．それだけでなく，その人の幼少時の境遇から，将来の就職，生活水準，結婚相手，子どもはどうなるかなど大体の予測がつくので，これらの予測がほぼ的中することが，静態的社会の特徴である．このような社会では，自分と交流する人々に適応していくことは非常に簡単である．

　しかし，現代社会はもはやこのような社会ではない．現代社会は動態的社会であり，常に変動しており，非固定的な社会と呼ぶこともできる．このような社会は，流動性がかなり高く，しかもますます拡大していくため，社会変動もますますはやく，激しくなる．このような社会変動は科学技術の発展によって

引き起こされるものだが，それに伴い，人間関係も大きく変動しつつある．静態的社会では，青少年時代に学んだ知識，技術は一生使え，それで生計をたて暮らしていけるが，動態的社会では，青少年時代に学んだものがそのうちに使えなくなり，常に学び続けなければならず，さらに知識の更新速度が速まるのに伴い，気を緩めずに生涯学習を続けていかなければならない．動態的社会では，人は幼少期から大人になる過程で，さまざまな環境で活動し，次々と異なる人々と交流し，付き合っていく．このため，幼少期からその人の将来を予測するのは難しい．また，チャンスは次々に訪れるが，すぐにチャンスをつかむことができなければ，それを見逃すことになる．とにかく，すべてが変動しており，そのスピードも速まりつつある．人は生存や発展のために環境や社会の変動，人間関係の変化に適応していかなければならない．個人にとって，適応は生きていくうえで必要不可欠なものである．

　静態的社会では，人々の生活は大きく変化せず，社会経済が緩やかに発展したり停滞したりして，国民所得が低いレベルにあっても，生活の質も悪いにもかかわらず，大多数の人間は安定や安心を感じることができた．安定が即ち幸福であるかのように，大多数の人間は静態的社会に身を置くことで満足していたようである．静態的社会は人々にこのような安定感をもたらし，人々に「生活とはこのようなものであり，変える必要もなければ，誰も変えられないのだ」と語るかのようになっていた．このため，個人は特に何も考えなくても，周囲の環境にどう適応していくかがわかっていた．静態的社会には，血縁関係，地域関係，経済・政治関係などからなる多様な組織があるが，個人はどれかの組織に所属し，組織規範を遵守することで正常な秩序が形成され，個人の行動は組織の規範に服従し，個人利益は組織利益に従うように，すべては人々が正常な秩序を必要としていたからである．これは，変化を嫌って，あるいは変化の必要がないと考える安定感とも関連している．人々は安定感が増せば増すほど，それに満足するため，社会変動を引き起こす可能性も小さくなる．

　一方，動態的社会は静態的社会とは対照的である．社会経済の発展や技術進歩の加速が人々に多くのチャンス，所得水準の引き上げ，物質・文化的生活条件の改善をもたらしたが，同時に人々に不安定な感じを与えることになる．不安定というのは，変動する社会の中で生活することが，生活にとって悩みの種になるかのように，悩みに満ちたものになることである．それに加え，組織が構成員に与えていた安心感も崩壊し，組織自体も変動することになる．例えば，

引っ越しをするということは，一つの組織（コミュニティ）から他の組織（コミュニティ）への移動を意味し，転職も一つの組織（業界または職業組織）から他の組織（業界または職業組織）への移転を意味する．または結婚や，成人になった子がもとの家族，即ち両親からの自立を意味し，これは同じく最小単位である組織（家庭）がもう一つの最小である組織（家庭）への移動を意味する．ましてや，一部の組織がもう一方の組織と協調的でない対立関係にある場合もある．これはさらに人々に不安定感を与える原因となる．

　社会の静態状態から動態状態への変化は避けられない．社会変動の過程で不安定感を持つ人は，現実社会に適応できないだけではなく，社会変動を嫌い，反感を持っている可能性も高い．彼らは自分がかつての静態的社会しか受け入れられず，そういう社会にしか適応できないと認識していたため，静態的社会に再び戻りたいと願うわけである．彼らは，現状に満足できず，過去のほうがよりよいと感じ，実際現状より辛い過去であっても，過去の記憶から何らかの慰めを受け，精神的なよりどころにしている．これでは，インセンティブややる気があるとはいえず，情熱や意欲，積極性もないため，効率も高くなるはずがない．なぜなら，このような情緒を持っている人は，仕事に対するモチベーションがあまりないからである．静態的社会に戻りたいという願望が強い人は，効率向上や社会進歩を妨げる存在となりかねない．本来は一部の人が変動社会に適応できない個人的な問題であったが，場合によっては次第に社会問題や社会心理的問題へと変化していく可能性もある．

　なぜ社会問題や社会心理的問題へと変化していく可能性があるのか．社会が一度静態的社会から一歩踏み出すと，二度と元の段階に戻れないことを理解する必要がある．これによって心理的な不調が顕著に表れる人もいるが，なすすべもなく社会の流れを止めようとする．これは社会が前進する大きな流れに逆らう逆流になりかねない．社会学者エルトン・メイヨー（Elton Mayo）はこの問題について分析し，社会組織には二つの異なる原則があると指摘した．一つは既に定型化した社会であり，もう一つは変動に適応する社会である．定型化社会の例として，低いレベルには，オーストラリア先住民の民族儀式があり，高いレベルには，ビクトリア時代のイギリス社会，アメリカニューイングランドの早期工業化社会，19世紀80年代のオーストラリアの都市などがある．社会経済が発展すると，定型化社会は存在しなくなる．人々は戻りたくとも昔の定型化社会に戻れないため，現実社会に対する不満が生じる．メイヨーは，現代

における多くの自由主義運動や革命運動は，正に現在抱えている不安定な局面から定型化社会に戻りたいという強烈な社会的願望に起因しており，このような願望は時代の流れに逆らい，時代の精神とも相反するものであると考えている[2]．メイヨーの分析は事実に基づいて行われたもので，変動する社会への適応は既に現代社会経済生活における重要な問題の一つになっている．

変動する社会への適応は概ね四つに分けられる．

第一には現実を認めること．社会は元へは戻れず，現実変更は難しいと認めなければならない．重大な科学発見と新技術の応用があれば，社会組織や社会生活などにおける相応の変化を引き起こすことになる．これは事実で現実である．このような現実を認めようとせず，静態的社会にとどまり続けるのならば，いかなることにも適応していないことを意味する．したがって，現実を認めることは適応することへの第一歩である．

第二には現実を理解すること．現実を認めることは現実を理解するための前提である．現実の社会環境は過去のものは異なり，多くの違いがある．これらの変化に関して，表に現れた現象のみではなく，今昔を深く比較しなければ，これらの違いはどこから生じてきたのか，何を意味しているのかは分からない．分かりやすい事例を一つ挙げる．ある人が農業社会で暮らしている場合，外部とほぼ隔離されている状態にあるため，狭い範囲内でしか外部と連絡できず，外部の状況に関してはわずかしか知らない．そのため，社会は安定しており，自分は適応できると考えるわけである．しかし，農業社会から工業社会に移行した後はすべてが変化し，長い間農業社会で暮らしてきた人にとって，この変化は非常に大きくかつ速いものであるため，外部の状況を把握しづらく，外の世界に馴染めないだけでなく，自分が外部の世界に取り残されたように感じてしまうであろう．これが適応できない主な理由だと考えられる．また，情報化社会に入ると，長期間工業社会で暮らしてきた人も同様に変化の速さや激しさに驚愕し，時代に取り残され，世界から忘れ去られたと思い悩むことになる．いわゆる不適応が生まれるのである．ここからみてとれるのは，社会環境に適応するには，外部世界との協調が必要であり，現実社会の特徴を十分に理解した上で，適応できない原因を究明しなければならない．

第三には現実を認め，理解した上で，現実社会の要請に従い，適応できなく

2） Elton Mayo：『工業文明的社会問題』，商務印書館1964年，第25-26頁．

なった自分の理念や思考を改めること．自信喪失に陥り，変動社会にどうして
も適応できないと考えてはならない．例えば，計画経済体制から市場経済体制
への変化は，非常に大きな社会変革であり，それに応じて思考も更新していか
なければならない．計画経済体制の下で生活・仕事をしていた人は「鉄飯碗」（終
身雇用），「どんぶり勘定」（仕事の効率に関係なく平均的給料や報酬を得ること，平等主義）
に慣れているが，市場経済では慣れ親しんだ慣習は消え，過去と異なるやり方
がでてきて，リストラや再就職など，新たな問題に直面する．どう現実社会に
適応するか，いかに変動する社会環境における協調性を維持するのか，これら
の問題は解決できないものではない．如何なる場合においても，努力すれば，
適応能力を向上させることができる．変動社会と周囲の人間関係に対して，不
満を抱えたり，嘆いたりするだけでは，問題解決につながらないばかりか，不
満が増していく．その結果，社会が常に変動していく中で，自分が取り残され，
現実社会からますます遠のいていくであろう．

　第四には現実的社会経済発展へ参画すること．自ら行動を起こし，現実社会
が社会経済発展目標の方向性に沿って発展させていくことで，その過程におい
て，受身的に適応させられるのではなく，主体的に適応者になるべきである．
現在の中国人にとって，体制の変化に適応することは特に現実的な意義がある．
社会が変化するとともに，体制も絶えず変化している．人々はこのような緩や
かに変化している体制の中で生活している．体制は社会の蓄積の産物であり，
人々の生活や社会環境を構成している．体制の変化に急激なものもあるが，多
くの場合は漸進的なものである．人は誰もがこの段階的で緩やかな体制変化に
関わっているものの，その変化に必ずしも気づいているわけではない．体制の
漸進的な変化は，毎日，毎月，毎年のようにおきているが，人々はそれに気づ
くとは限らない．しかし，数年，十数年，数十年後に振り返ってみれば，体制
の変化はかなり顕著であった．人々が今までの体制変化に適応したと思ってい
ても，次の漸進的体制変化は既に密かに起きている．したがって，人々は，自
ら行動し社会経済発展に参画することで，よりよく社会変化や体制変化に適応
できる．

三　個人の抑圧感・孤独感の解消

　異なる角度から考察してみよう．社会が絶えず変化する過程で常に変動して
いる社会や人間関係に適応できない場合，社会にしても人間関係にしても，以

前の状態には戻れないため，個人の心理的不調和によって抑圧感や孤独感が生まれることがある．これは相対的に安定していたバランス状態が崩壊したことによって生まれたものである．このような抑圧感や孤独感の存在は，社会に適応できないことによって，心理上社会から遠ざかろうと，さらに社会から逃げ出そうとするどうしようもない思いから生まれたものだ．言い換えると，変動する社会において，一部の人が抑圧感や孤独感を抱く主な原因は，安定した生活が破壊された後，変動社会に適応できず，ますます孤独感が増し，自分が「忘れられた存在」だと感じたからである．無論，社会は誰一人見捨てていないのであるが，現実に適応できない人は，社会に見捨てられたと考える．

　変動中の社会では，抑圧感や孤独感を感じるのは決して特定の人だけではない．抑圧感や孤独感を感じる人たちが集まれば，現実への不満を吐き出すことが共通の話題になり，「集団的抑圧感」，あるいは「集団的孤独感」が生まれる．これは社会変動の過程で生じる不満を根源の一つとするが，新旧文化交代の過程における文化的衝突である可能性もある．社会変動が生じる際には，古い文化が変動する社会に適応できないため，必然的に新文化によって交代されるように，新旧文化は常に交替し続けている．[3] 抑圧感や孤独感を持つ個人や集団は，自覚の有無に関わらず古い文化を守ろうとし，新文化を疎遠・拒絶する傾向がある．これは必然的に社会経済生活における効率損失として現れるが，中には企業の効率損失と社会全体の効率損失が含まれる．これらの効率損失は通常，技術水準や従業員の教育水準と直接関係せず，主な原因は社会変動への不適応と不調から生まれている．

　個人の抑圧感と孤独感は，年齢の増加や経歴の変化による可能性もある．社会は絶えず変動しているため，社会への適応力が年齢を重ねるにつれ次第に弱まっていくと思われる．若い頃には社会変動のリズムについていき，それに適応することができたが，次第にそのリズムについていけなくなる．また，若い頃は抑圧感や孤独感を感じなかったが，年齢を重ねるにつれて，徐々にそのような感情が生じてくる．当然，このような状況は決して変えられないわけではない．明確にすべきことは，動態的社会では，常に新旧文化の衝突があり，旧文化にのみ適応し新文化に適応できない人や，両方の文化を嫌う人もいるが，新旧文化の隙間が存在することである．新旧両方の文化を嫌う人は，その隙間

---

3)　江濱：「自荒漠中開掘甘泉」，『読書』，1988年第9期．

にしばらく身を隠すか，新文化の入り口付近を徘徊するであろう．現実生活においてもこのようなことは稀ではない．

　事実，社会が常に変化している中で，古い文化が徐々に後退し，新しい文化が知らないうちに成長していくため，変動する社会における新旧文化の隙間も常に変化している．したがって，現実逃避は決してよい方法ではないので，人々はいずれ選択しなければならない．既に形成された抑圧感や孤独感は，個人それぞれによって以下の方法を用いて解決するしかない．それは年齢や経歴に関係なく，変動する社会においてはだれもが現実を認め，理解し，現実社会の状況に沿って，自分の理念や考えを更新していくことが求められ，自らの行動で社会経済発展に参画し，社会が正しい発展方向へ発展していくことを促すことである．

　ここで指摘しておきたいのは，社会経済の長期的な発展過程において，変動する社会は依然として過渡期という性質を有し，終着駅ではありえないこと，また終着駅であってはならないことである．変動する社会は常に変化する途上にあるため，完璧な社会ではないのである．静態的社会に比べ，動態的社会は人々に不安定な感覚を与えるほかにも，さまざまな欠陥や不足もあるはずである．人が変動社会に適応しようと努めるのは，このような社会に欠点や欠陥がなく，完璧な社会だと考えたり，あるいはこのような欠点や欠陥を長所としてとらえたりしているわけではなく，現実を認め，受け入れ，現実の要求にあわせて行動と考え方を調整し，現実に適応しようとしているにすぎない．仮にこれらの欠点や欠陥が社会の変動過程において避けられない，また乗り越えられないものであり，社会変動のために払わなければならない対価として現れるものであっても，現実にいる人々はそれを明確に認識・理解し，変動社会に適応していくと同時に，自ら参画した社会経済発展の中で，欠陥を是正し不足点を補い，その不利益な影響を最小限に抑えるための努力をしていくべきである．

　不調和，不適合は効率損失をもたらすが，協調，適応は効率を生む．効率には協調と適応が必要である．社会変動の過程で，常に協調的姿勢を保ち，適応していくことで，効率の継続的向上が実現できる．

50

第三節　互助共済と効率向上

一　治水と中国の伝統精神

　第二節で述べたように，協調と適応は新旧文化の交代と関連している．文化的要素に対し理解を深めるため，まず中国歴史上における治水問題についてみてみたい．

　歴史資料に記載されているように，古代中国は深刻な水害が多く，歴代朝廷や政府にとって治水は重要な事業であった．中国は古代から治水を重要視し，その必要性により，中国では古くから高度な集権的専制制度が自然に形成されたと，海外の中国史研究者たちは断言している．その論理は，高度な集権的専制の政府がなければ，大規模な治水工事を推進することはできないというロジックによる．まるで中国古代の専制制度の起源は度々起こる大洪水と膨大な治水工事にあると考えられているようである．このように，治水，集権，専制制度の三者が切っても切れない関係で結び付いているとされている．このような観点は，かつて海外で出版された中国史に関する書籍で記述され，洪水対策に必要となる高度な集権と専制制度が東洋の伝統とよばれるほどもてはやされた．

　なぜ古代中国は，高度な集権的専制制度が形成されたのか．これはとても複雑な問題であり，ここでは議論を展開することはできない．膨大な治水工事と治水の主役としての専制政府にある程度の関連性があることは，完全否定できないように見てとれる．しかし，洪水の氾濫と治水事業の観点から考察すれば，歴史が我々民族に与えた影響は，決して高度な集権と専制制度を特徴とするいわゆる東洋の伝統で締めくくることはできない．中国の民族伝統が治水事業と関連しているなら，以下の結論が得られるはずである．治水とは，水を一時的にとめるのではなく疎通すること，水たまりを放置するのではなく解消すること，独断で行動するのではなく協調すること，利益を見て義を忘れるのではなく互助共済することである．これこそ，中国数千年にわたる治水経験が未来世代に残した精神的財産である．

　大事なのは水を一時的に堰き止めるのではなく，疎通して新たな流れを作ることである．これは，中国歴代の貴重な治水経験の集大成である．封建王朝の最高統治者から，各階級の政府官僚まで，水利事業や水害対策を担当した経験

があれば，誰もが分かっているといえよう．流れを断つことで一時的に成功できても最終的には失敗に終わってしまう．疎通こそが治水の効果的なルートであり，自然原則に適応している．疎通を重んじる，治水で得られた経験は後世の社会政治生活などにおいても幅広く活用されてきたため，中国の歴史に限らず，現実社会にも深遠で計りしれない大きな影響を与えている．普段の生活においても，人々は疎通を解決手段として用いて，家族の意見の食い違いや近所の揉め事などの問題解決を図っている．解消して流すことは疎通と似たような意味である．人間関係の中でよくみられる揉め事や衝突が，場合によってたまってしまい，怨恨にまでなることもある．このような状況にどう対処すればよいのであろう．中華民族の伝統が歴代の治水に大きく影響された裏付けとして，疎通や問題解消が重んじられることであるといっても過言ではない．したがって，「和をもって貴しとなす」という考え方は中国人の対人・処世原則になったのは偶然ではない．

　経済学の視点からすれば，人的要因が効率向上にとって重要な役割を果たしているとされる．生産経営やマネジメントは治水と同じであり，できる限り人的要因を十分に生かすことが求められる．また，人間関係への対処も水害への対策と同じであり，堰き止めるより疎通をし，問題を積み上げるより問題解決を図り，解消していくことが重要である．これは効率向上の源泉であり，その保証でもある．

　疎通と問題解決を重視していたからこそ，中国の歴史上，いわゆる盛世と呼ばれる国力が盛んな時代が現れた．盛世の時代は疎通が主流意識とする時代であり，社会における多くの衝突が解消されていた．中国の歴史上，社会的不安や混乱が生じたのは，ある意味で政府が疎通や解消といった問題・衝突解決原則に背を向けてきたからである．

　疎通は文字とおり，支障なく通じることで，分散させて誘導して流すという意味である．解消とは溶かして希釈し，またときほぐして解析する意味である．疎通と解消には寛容が必要である．食い違いや揉め事は放置して累積させるよりも疎通し，ためこむよりも解決し解消していくべきである．寛容な精神を持って，人間関係における擦れ違い，衝突に対処すれば，長年累積してきたギクシャクも解消されるであろう．葛藤や衝突を放置すれば，問題を山積させることになり，問題や衝突も増していくなか，先延ばしして後の処理をより困難にしてしまう恐れがある．これらは治水が中国人にもたらした貴重な経験で

ある.

　大きな川を整備するには，多方面の協調や扶助共済が必要である．上流と下流，左右両岸，都市と村，州や州同士，村と村など，すべてのステークホルダーは一つの協調というネットワークの中にある．洪水や水害への対処には疎通や協調に頼らなければならない．高度な集権政治構造であろうと，諸侯割拠の分散型政治体制であろうと，各地域の協力がなくては洪水や災害被害を軽減したり，なくしたりすることはできない．治水に関わる地域協力，特に民間の協力は長い歴史を持っており，中華民族の伝統の優れた部分を形成してきた．協力とは心を合わせ，団結することであり，組織や社会の結束力は，協力をベースに生まれ，強化されていくものである．このような結束力があったからこそ，中国は歴史上，幾度の内憂外患，戦争，災害などに遭遇してきたが，社会や民族は崩壊・衰退せず，経済は正常どおりに運営され，国民は生計を営んできた．この結束力こそ，経済学者が見落とし考察を疎かにしている最大の効率要素である．効率の背後にあるのは，社会的協力精神や社会の巨大な結束力である．

二　互助共済の示唆

　中国歴代の治水から分かるように，中国という広大な土地で育まれてきた疎通，解消，寛容，協力精神を特徴とする中華民族の伝統は，市場と政府を越えた歴史的文化伝統である．社会の結束力は無論，効率もここから生まれてきたのである．

　数千年にもわたり，中国は多くの災害・災難に見舞われてきたが，水害は多くの災害の中の一つである．洪水，地震，戦争，兵乱は国民に多大な損害をもたらした．洪水後は，堤防を修復し，家や生活の建て直し，地震後には廃墟の上に新たな家や村落の再建をしなければならない．戦争や兵乱が過ぎたら，人々は故郷に戻り，平穏な日々を取り戻す．避難の際には，互いに助け合い，家や国を再建する時は，同様に相互扶助をしていかなければならない．この相互扶助により，中国の民衆はさまざまな災難を乗り越え，生き延びただけでなく，継続的に生産・経済・文化などを発展させてきた．相互扶助は，中国の民衆に数々の災害に対応し，乗り越えてきた強い意志を根付かせたのである．

　相互扶助は民間から生れたものである．一個人や一地域に災難があれば，八方から支援がくると言われているように，寄付や救済は相互扶助の一つであるが，親戚や友人が助けてくれることも相互扶助である．このような民間レベル

の相互扶助は組織的なものではなく，自発的なものであるが，社会保障の特殊な形態であるといえよう．もし人々の自覚が欠如していれば，災難にあった他人への救助が長く存続され，次世代に伝承していくことはできるであろうか．互助共済の精神は慣習とモラルを具現化したものであり，独自な社会保障制度におけるその役割は，市場と政府によってとって替わることはできない．

　当たり前のことではあるが，政府が形成された後，社会的救済の責任はすべて政府が請負うことになった．政府支出において，金額に関わらず社会救済のための支出は常に主要な支出項目の一つである．社会の安定を維持する目的で，政府は財政支出により被災者や身寄りのない者，老人などに対して救済を行うわけであるが，通常，政府の救助支出では被災者を満足に支援することはできず，民間の互助共済的な性質を有する社会的救済がいつも大変重要な役割を果たしている．特に大きな災害が発生した年，社会的救済の役割はより顕著に表れる．さらに，政府の被災者救済は社会を安定させることを目的とするのと対照的に，民間の社会的救済は社会安定を維持する意味合いも含まれるが，重要なのは被災者への同情心や，他者の運命や遭遇した悲運に対する思いやりである．資金を惜しまず寄付をする人たちは，見返りを求めず，自分の社会的責任を果たそうとしているだけである．慣習とモラルによる調整と，市場と政府による調整との間にさまざまな相違点はあるが，慣習とモラルで生まれた同情心と責任感による被災者や遭難者への救済はその一つである．なぜなら，この救済行為は人の心の底から生まれた純粋な感情によるものだからである．

　互助共済と効率とはどのような関係があるのか．洪水対策や，被災者の避難，洪水後の復旧再建，家宅や村落の修復の過程では，相互共済が効率を促す．民間からの互助共済がなければ，どれだけの命が奪われ，どれだけ被害が大きくなるのか，また，災害後，被災地域の復旧が効率的に実現できるのか．互助共済は，被災した人々の生活保障であるのみならず，災害対策，自助努力，回復再建する自信の高まりにつながり，これこそが効率向上をもたらしてくれるのである．そして，このような強い自信が効率向上をもたらすことも，数多くの歴史事実に証明されている．このように，治水と水害対策の歴史が我々に与えた示唆は，疎通や解消，協力と寛容な精神の重要性だけでなく，互助共済の伝統と精神も挙げられる．効率は，人間関係の協調によって向上するが，疎通，解消，協力，互助共済が人間関係の協調を促すと同時に，効率の継続的な向上を促している．

三　歴史的互助共済行動に関するさらなる分析

　中世の西欧において，都市が発足した初期段階における互助共済行動に関する事例を用いて，互助共済と効率向上の関係についてさらなる分析をしてみたい．これは違う視点から効率向上の源泉を理解する手助けとなる．

　中世の西欧では，都市が形成して間もない時期に，自然災害や戦争が頻発し，都市住民が必要とする食物や生活必需品を外部からの供給に頼るしかなかった．しかし，外部からの供給は保証されたものではなく，一旦供給が中断すると，都市の社会秩序や正常な経済活動維持，都市住民の日常生活の維持も難しくなるため，効率向上を図るどころではなかった．要するに，生きていくことさえ難しい状況では，効率や効率向上はありえなかったのである．

　このような当時の特殊な背景の下，一部の西欧都市では，都市経済生活を維持するために，都市経済生活を規制する措置をとった．住民たちはこれらの措置や都市規則を遵守していた．経済生活を維持する措置や都市住民が規則を守ったことは，互助共済の精神の現れであった．例えば，ある都市では食料を買いだめしてはいけないという規則があったため，パン屋はパン作りに必要以上の量の小麦粉を買いだめしてはいけない，都市工房や都市在住者が農村で食料を予約し買いだめしてはいけないなどの細かい取り決めもあった．一部の都市では，各世帯が一定時間内，あるいは一回ごとの食料購入量の最高制限額を定めるケースがあった．これらの規則は，都市世帯が食料不足による食料供給の中断や餓死を防ぐ目的で作られたものである[4]．

　また，一部の都市では「優先購入」（卸売りのこと）を禁止する規則があった．これは外地からの輸入品をまずは都市指定の公開市場に出品・販売し，都市住民に自由に購入してもらうことであり，一定期間内において小売は許されていたが，卸売は許可されないことであった．例えばドイツのヴュルテンベルク州では，石炭輸送船が都市に寄港してからの八日間は小売のみが許可され，一世帯当たり50箱まで購入可能であった．八日を過ぎると，残りの石炭を卸業者向けに販売できるようになったと言われている[5]．イギリスのリバプールなどの都市では，港に輸送されたすべての生活必需品は，まず都市当局によって都市名義で購入されてから，都市から商人，手工業者，一般都市住民へとそれぞれの

---

4)　Henri Pirenne：『中世紀欧州経済社会史』，上海人民出版社1964年，第156頁．
5)　P. Kropotkin：『互助論』，商務印書館1963年，第167頁．

配給量にあわせて販売されていた．フランスのアミアンなどの都市では，塩が
生活必需品として都市によって販売・配給されていた．イタリアのベニスでは，
すべての食料販売購入を都市経営に委ねることで，住民の需要を保証していた．
中世時代における西洋の都市では，外来の商船に対して，港に到着したら船主
や荷主に貨物コストと輸送費用について宣誓書や申告書を提出させ，都市派遣
の価格評議員が商人の申告書に基づき商品の適正価格を設定してから，はじめ
て船から積荷を降ろし都市での商品販売を許可する制度があった．上述した事
例は中世の西欧都市において都市供給が正常に保たれるための政府施策であっ
たが，これらの政府施策は当時の都市で流行っていた互助共済精神とも関連し
ていたのである．そして市民がこのような政府による経済生活への調整施策を
受け入れたのも，都市における互助共済の精神による影響が大きかったと考え
られる[6]．

　中世西欧の都市勃興期において，互助共済的施策は生活必需品の供給に限ら
ず，幅広い範囲で採用されていた．例えば，よりよい都市経済生活を実現させ
るために，「公共の窯」を設置し，生活困窮者がそこでパンを焼けるようにし
ていた都市があった．郊外に公共林地や公共牧場を保有し，市民が自由に燃料
となる木の伐採や，牧場での自由放牧が許されていた都市もあった．公営の質
屋を設立し，設立初期において利息をゼロ，あるいは非常に低く設定し，都市
部の生活困窮者を高利貸しから搾取されないように保護を図った都市もあっ
た[7]．中世都市勃興期の西欧においては，街が狭い上，多くの木造住居が建て込
んでいた．火災防止のため，多くの都市で非常に早い時期からボランティア消
防団が組織され，火災防止は都市生活における最も重要な部分とみなされてい
た．住民の正常な生活を守るため，夜の巡回制度が設けられ，すべての成年男
子に夜の巡回当番が義務付けられていた．

　上記の事例からは，中世の西欧都市において，互助共済精神に基づき，公益
サービスや公共サービスを提供するインフラが住民にとって非常に重要だった
ことがわかる．経済的視点からすれば，これは明らかに当時の社会おいて生産
力の発展水準が低かったこと，都市が設立された初期段階で多くの困難を抱え

6）　M. Cipolla：『欧州経済史』第一巻『中世紀時期』，商務印書館1988年，第63-64，278-
　　279頁．

7）　同上，第二巻『十六和十七世紀』，商務印書館1988年，第457-458頁．

ていることと関連している．生産力水準が低い社会では，都市生活に必要な品物が不足しがちである上，都市と農村が互いに対立し断絶状態にあるため，これらの施策がなければ，都市の存続と発展は得られないからと思われる．このような互助共済精神により，都市は厳しい時代でもさまざまな試練を乗り越え，商人と農民を引き付ける中心地へと変化したのである．効率と関連付けて分析すればわかるように，都市が存続，発展し続けること自身が効率性を裏付けており，このような効率性は都市における互助共済精神と密接に結びついていることも明らかである．互助共済は都市の弱者だけでなく，強者と弱者にとって共同な庇護所である中世の西欧都市を守ったのである．これは，互助共済が個人の出身，職業，財産などに関わらず，すべての都市住民を守ること，また住民が都市に住むようになれば，互助共済精神を含む都市に守られるという恩恵を受けることができることを意味する．

四　互助共済の精神は不滅であること

　中世の西欧都市が形成された初期段階の状況から，互助共済の精神は歴史的に確実に効率向上を促し，効率向上を保証する重要な役割を果たしてきたことがわかる．しかし，これは他の問題とも関連付けて議論しなければならない．即ち，当時都市当局がとった経済生活を規制する施策は，その後技術進歩や効率向上を阻害する要因となったが，これは互助共済には消極的な性質や裏目に出る役割もあるのではないかという疑問である．

　この疑問を解くには，やはり中世西欧都市でとられていた施策について議論を展開する必要がある．都市が形成された間もない頃，当時の歴史的状況もあって，都市の手工業者たちは業界安定を図るため，市場競争に対する制限措置を取り入れていた．これは業界の発展と職人たちの生活安定を保障するためのものであった．例えば，当時多くの都市で，職人によって形成されたギルドにより会員の生産・経営に関して以下の規定があった．職人は，店を構えていても製品を販売，行商を兼ねた商業行為を禁止されていた．また，職人は広告や宣伝で顧客を引き寄せたり，値引き販売をしたりしてはならなかった．なかには，職人による訪問販売や訪問サービスが禁止される都市もあった．例えば，14世紀初期においては，ドイツのヘルム（Helm）城では裁縫師は訪問営業，14世紀中期のフランクフルトでは靴屋の訪問営業・訪問修理が禁じられていた．訪問営業は，競争を促し，同業者間の摩擦を助長し，収入格差を拡大させる恐れが

あると考えられていたためである.

　また，当時の手工業工房は業界規定により労働時間も制限されていた．一般的に日の出から日没までの間のみ，生産・営業活動ができた．それだけでなく，自然照明のみが利用でき，灯りをつけて作業することや夜勤は厳しく禁じられていた．給料制度もギルドによる規則があった．見習いは住居と食事のみ提供され無給で働いていた．また，弟子の場合，給与水準と給与の支払日に関する規定が存在したため，水準を超えた給与やボーナスの支給は禁止されていた．当時の給料体系として日当制か週給制が一般的であった．歩合制の場合，生産量が増加し，競争を激化させる恐れがあるため，多くの都市では歩合制給与は禁止されていた．但し，その後疫病が流行し，都市労働力が急に減少したため，歩合制給与体系が一部認められるようになったが，歩合制の給与水準に関する規則が設けられていた．この他にもギルドは如何なる形式の共同経営や合併を禁止し大型工房の出現を防いでいた.

　中世の西欧都市における競争制限政策の影響や役割について，歴史的分析が必要である．都市が形成された初期段階では，これらの競争制限措置は都市の安定と発展，都市住民の生活保障と効率向上などに対して積極的な役割を果たした．互助共済精神はこれらの施策の制定・実行において非常に顕著に表れていた．しかし，その後都市経済の発展と市場規模の拡大に伴い，競争制限措置は生産者の意欲，積極性，創造性，さらには技術進歩や効率向上を阻害する大きな障害となった．そのため，生産力発展の要請条件を満たすどころか抵触するように働き，市場における競争制限措置は徐々に排除されていったのである．ここで考えなければならない問題は，この互助共済精神をどうみるかである．中世西欧都市の初期段階では，互助共済精神に基づく都市経済生活に対する規制措置やギルドによる競争制限は積極的な役割を果たしていたため，互助共済精神は肯定されるべきであるととらえられる．中世西欧都市発展の後半には，これらの措置が技術進歩や効率向上を阻害し，生産能力の発展要求を満たすことができなくなった．よって互助扶助精神はもう時代遅れだと考えてよいのか．安易に判断し結論を出してはならない．競争制限措置は確かに時代遅れの制度となったが，このことで互助共済精神も時代遅れであるととらえてはならない.

　既に述べたように，人々の互助共済精神は各自の自発的な他人への同情心や社会に対する責任感から生まれるため，他人が窮地に陥った時に見返りを求めず相手を助けることができる．このような精神に影響され，異なる歴史的段階

と異なる状況においても，政府・協会はすべての人が飢餓から免れ，特に貧困家計の生計がたてられるよう救済策を取り入れるのである．中世の西欧でとられた関連措置に関しては，その目標と関連付けて評価しなれければならない．しかし，中世西欧都市当局の政策やギルドのような協会の施策を含む政府・協会の政策や施策に対する評価は，その歴史的条件を考慮せずにはいられない．中世の西欧都市の経済がある程度まで発展した時期には，都市当局と協会の措置が生産能力の発展と効率向上を妨げ始め，かつては積極的な役割を果たした措置も機能しなくなり，それが時代遅れで捨て去られたのも必然であった．しかし，これは具体的な政策措置が時代遅れであることを示したに過ぎず，モラルの力としての互助共済精神は時代遅れになることも消失することもない．新しい歴史的段階の新しい社会の生産力水準において，人々の互助共済精神は時代に適応する形に変化した．昔の政策措置しか互助共済精神を具現化できないと思い込み，時代遅れになった政策措置を変更しようとしないのは，一種の勘違いで，結果的には互助共済精神を誤解することになる．歴史的条件の変化に伴い，具体的な政策措置は変わっていくが互助共済精神は末永く継続していく．

　この点について，ピョートル・クロポトキン（Pjotr Kropotkin）が『相互扶助論』の中で非常に素晴らしい論述を残している．彼は，社会的機能が国家によって替えられたら，必然的に個人主義の発展を促すと考えた．国家に対する義務が多ければ多くなるほど，国民の間の相互義務は少なくなる．中世では，すべての人がギルドや兄弟会に所属しており，病気になった兄弟に対して，ほかの二人の「兄弟」が交代で世話し面倒をみる義務があったが，現在では近所にある病院の住所を隣人に伝えておけばよいのである．野蛮社会では，二人の人間が殴り合いの喧嘩を起こした際に，第三者が止めに入らず命に関わる事件へとなった場合，傍観した第三者も加害者としてみなされていた．しかし，現在の国家保護理論では，喧嘩をみている人間は必ずしも止めに入る必要はない．干渉するかしないかは警察に任せればよい．かつて未開地の民族，例えばホッテントット族では，食事をする前に大声で三回ほど分けて欲しいのかどうかを聞かないのは，恥ずべき行為であった．現代社会では，生活困窮者の救済に使われる税金をきちんと納めてさえいれば，たとえ飢餓している人を見て見ぬふりをしても，その人は尊敬に値する公民として認められるのである．[8]

8）　P. Kropotkin：『互助論』，商務印書館1963年，第205-206頁.

クロポトキンのこの論述は実に素晴らしいが，理性的な分析より感情が先に現れるというよく見られがちな傾向があると言わざるを得ない．国家行動と民間の互助共済は全く異なるものであり，混同してはならない．互助共済の精神は提唱する価値があり，このような精神は，状況によって強くなったり，弱くなったりはするが，存在し続けていくものである．国家政策や関連措置は歴史的条件の変化に対応して調整されるべきであり，客観的な状況を考慮せず過去の方法をそのまま採用してはならない．

クロポトキンは著作の中で三つの事例を挙げており，それぞれ中世，野蛮社会，未開社会についての例であった．

中世の事例では，ここでいう団体（ギルド）行為は政府による行為ではない．ギルドでは，メンバーたちに病気になった仲間の世話をしてもらうことは互助共済に属する行為であり，しかも同じギルドのメンバー同士がこの互助共済精神の下，関連義務を自ら担おうとすることと関連している．そして，ギルドが解体した後も，このような精神は存続し続けてきた．この場合，どのような方法で病気の隣人や同僚の世話をするかは，また別問題として考察する必要があるが，ギルドで用いられた方法をそのまま採用し続けなければならないわけではない．問題の本質はギルドの解体と時代の変化に伴い，互助共済の精神が薄れていることであり，これこそ注意すべき問題である．

野蛮社会の事例では，クロポトキンは，法律と慣習，あるいは法律とモラルの境界をあいまいに記していたといえよう．野蛮社会では，法律はまだなく，慣習あるいはモラル原則に則って物事を扱うしかなかった．したがって，仮に二人の人間が殴り合いをしていた際，現場にいた第三者は喧嘩を止めず傍観していたら，慣習とモラルの制裁を受けることになる．これは互助共済がモラル原則として認められ，未啓発の人もそれを遵守したことを意味する．しかし，政府が形成され，法律ができてからは状況が変わってきた．命に関わる事件は法律に基づき警察により処理され，原始社会のように部落の慣習で処理されることはなくなった．さもなければ社会はかえって無秩序に陥ってしまう恐れがあった．現場にいた第三者が喧嘩を止めるか否かによって，第三者を加害者とみなす根拠にはならない．しかし，これは第三者が傍観し，命を助けなくてよいと認めているわけではなく，むしろ社会秩序を維持する観点から第三者はその喧嘩を止めなければならない．これも一種の社会責任だからである．

未開社会の事例では，この社会ではみんなで食事を分けあうのが当たり前で

あり，当時の慣習やモラル規則に沿うものであった．現代社会でホッテントット族のやり方を引き続き採用しようとしても，通用できないだけでなく，社会の分配秩序や消費生活に支障をもたらす可能性さえある．まさか今の時代においても，食事の前に大声で三回ほど叫んで周りの人たちと食事を分けようとすることはないであろう．人として飢餓に苦しんでいる人のことを気にかけなければならないが，現代社会では現代社会のやり方があり，原始社会のやり方を押し付けてはならないのは明らかなことである．

　以上からわかるように，互助共済精神は維持・伝承し続けなければならないが，その具体的な形は歴史的状況の変化に合わせ，変えていかなければならない．

第四節　効率のモラル的基礎

一　効率に関する二つの基礎

　効率は物的・技術的基礎を有していることは周知の事実である．一定の生産設備，原材料，技術条件と一定の技術水準を有する労働者，また一定の社会インフラ（交通運輸，通信，水道冷暖房，エネルギー供給などのインフラ）が効率の物的・技術的基礎を構成している．効率性の物的・技術的基礎の重要性も広く認識されている．効率に関わる物的・技術的インフラの改善がなければ，効率の向上も円滑に進めることはできない．

　しかし，効率には物的・技術的基礎という一つの基礎しか存在しないのか．物的・技術的基礎さえあれば効率は必ず向上するのか．これまでの三節で論じてきたように，物的・技術的基礎のみでは効率の変化を十分に説明することはできない．ここで，効率に関するもう一つの基礎であるモラル的基礎について議論しなければならない．生産設備と原材料は人により使用されるが，技術条件を活用できるかどうかは人の素質，意欲，創造性に関わっている．効率の物的・技術的基礎の一部である一定水準の技術を持つ労働者は，生身の人間であり，ロボットではないので，彼らには思想，主張，感情，そして目標が備わっている．日常生活に対してさまざまな態度を持ち合わせているのと同じで，仕事に対して情熱的な人もいれば，そうでない人もいる．また，彼らは孤立している人間ではなく，他の人たちと関わって，さまざまな人間関係を構築している．そしてこれらの人間関係における協調の度合いもそれぞれ異なる．これら

すべてが効率のもう一つの基礎をなしている．ここで，それらをモラル的基礎と呼ぶことにしよう．

効率の物的・技術的基礎とモラル的基礎は並存している．単純に物的・技術的基礎やモラル的基礎のどちらか片方を用いても効率の向上・低下を解釈することはできない．仮に物的・技術的条件，生産された商品が完全に同じである二つの企業があるとしよう．両社とも消費者の需要を満たしている場合でも，なぜ片方の企業は効率が高く，片方は効率が低いのか．これに関しては，モラル的基礎を比較分析することで答えがみえてくる．

このように，効率は二つの重要な基礎を有しており，それは物的・技術的基礎とモラル的基礎である．

いかなる時代においても，最小単位である家族から，企業，村落，社会，国全体まで，いずれも精神的結束力，モラル規範を原則とした行動，倫理観念が必要である．これらは科学とは矛盾することもなければ，干渉し合うこともない．人間関係を取り扱うにあたっては，科学の力では影響を及ぼすことができないところで，慣習とモラルによる調整が必要となるのである．人間関係が調和的になり，個人の意欲，創造性が発揮できれば，効率は自然と向上する．これは効率がモラル的基礎を有していることを示している．

このように，効率は二つの基礎を有するが，さらに議論しなければならないのは，基礎の変化状況である．効率の物的・技術的基礎は常に変化している．経済発展，技術進歩，生産方法の改善に伴い，生産資料を使う労働者のノウハウも更新されていくので，効率の物的・技術的基礎にも継続的な変化が起きる．では，効率のモラル的基礎は同様に変化するのか．モラル的基礎として，全く変化しないモラル原則は存在するのか．効率を構成する要素として物的・技術的とモラル的という二つの基礎がある．物質・技術的基礎は継続的に変化するが，モラル的基礎は前者にあわせて変化することはないのか．仮に，モラル的基礎も変化するならば，この変化は主動的変化なのか，適応的変化なのか．主動的変化とは，効率のモラル的基礎を構成するモラル規範，行動原則，評価基準などの要素自身に変化が生じたことによってモラル的基礎に変化をもたらすことである．これに対して，適応的変化は効率の物的・技術的変化への対応によって引き起こされた効率のモラル的基礎の変化である．このため，当然ではあるが，主動的変化と適応的変化の区別は難しい．モラル的基礎の変化には主動的変化もあれば，適用的変化もあり，両者は交わり，並存している．

62

　この点に関して，さらに詳しく議論するために，二つの効率基礎の関係性についてみていきたい．

二　効率のモラル的基礎と物質的・技術的基礎の関係

　モラル規範，行動原則，評価基準は，経済，技術条件，生産力の発展と関係しながら，これらの諸要素に影響され変化する．しかし，モラル的基礎の変化を，物質的・技術的基礎への適応による変化と簡単にみなし結論付けてはならない．

　西欧における金銭貸借利息に対する考え方の変化を事例に，モラル観念の変化は物質的・技術的基礎と必ずしも密接にまた直接に関わっているとは限らないことを説明してみよう．中世の西欧では，カトリック教会は貸借利息を受け取ることは非道徳であるとし，融資によって利息収入を得ることを禁じていた．教会はアリストテレスの理論によって，「金銭は果実を生まない」，福音書の「融資するが，ほかの見返りを望んではいけない」ことを規則とし，これは厳格に遵守され，あまねく実施されてきた．利息を受け取ることはキリスト教の教えに反し，非道徳的であるとされ，禁止されていた[9]．これらの教義からみれば，借金で利息をとることはモラル違反である以上，利息の徴収を禁じることは当たり前となる．これは当時のモラル規範とされ，教会から民間までこれを規則とみなし，遵守したのである．12～13世紀の間に，ローマ教皇は民間における債務者が債権者に利息を払う必要はないこと，既に支払われた利息は速やかに返金し，未受領の利息は再度徴収してはならないという論旨を発表した．このローマ教皇の論旨は当然民間から擁護され，だれもがこれこそがモラル基準を反映していると考えた．

　しかし，実際の生活は，教会が禁止令を公布した当時考えていた状況ほど単純ではなかった．貸付で利息を取る行動が人々に嫌われ，モラルに反すると考えられていた．しかし，実際の生活では，往々にして金銭の貸し借りはつきものであった．借金による利息の受取が禁止された結果，お金をどうしても必要な人がどこからも借金できなくなったり，貸借行動が隠れて行われるようになったりすることで，金利が逆により高くなるか，違う利息の取り立て方法が用いられ，債務者がより搾取される状況が現れた．こうなれば，民間における

9）　J. W. Thompson：『中世経済社会史』（下），商務印書館1984年，第323頁.

金銭の貸借で利息を取ることは非道徳であるという信念が徐々に揺らぎ始め，教会の禁止令に対する疑問は絶えず増長され，「貨幣は自ら増殖するものにすべきでない」という理論も成り立たなくなった．理論と現実は大きく乖離し，宗教施設でさえ教会の禁止令に時々違反していた．しかし，それでも宗教精神は世の中に大きな影響を残し続けていた．人々は何世紀もかけて徐々に経済復興に必要な新しい慣習に慣れ始め，商業利潤，資本運用，融資と利息を合法化した．そして，これらの精神の影響はだんだん薄れていく[10]．

　利息問題は，信念の変化とモラル原則に対する新たな認識ができたことで終焉を迎えたわけではない．宗教革命の時期になれば，この問題は教派間における意見の対立で激化に転じた．マルティン・ルター派とジャン・カルヴァン派は同じ宗教改革派であったが，融資と利息に対する考え方は大きく異なり，各自の信条を有し，その信条を持って信者に影響を与え，次世代のモラル原則となった．エリック・ロール（Eric Roll）は次のように述べていた．「新教であるプロテスタントの教義は，一般的に当時の新しい経済情勢と合致していたものの，宗教改革運動リーダー間でもそれぞれ意見は異なっていた．ルターの見解は典型的な学者のそれと特に異なっていない……彼が教会哲学者と同様に高利貸しを激しく批判していた．一方，ジャン・カルヴァン（Jean Calvin）は1574年に書かれた著名な手紙において，金銭を貸し，それで利息を得ることが罪悪であるとし，認めないとしていた．彼はアリストテレスの論点を受け入れずに，貨幣は所得をもたらしてくる生産物を購入できるものであるとした．しかし，彼は状況を区別した上で，災害で被災した貧しい人々に資金を貸して，そこから利息をとることは，罪深い高利貸しであると考えていた[11]」．

　このことから，金銭の貸借で利息を得ることに対する評価は，主に信念や倫理観と関連しており，経済や技術条件の変化と必ずしも直接に関わるとは限らない．そうでなければ，ルター派とカルヴァン派の利息に関する異なる評価，また両派の信者たちがなぜ利息問題に関し異なるモラル原則を形成したのかを説明できない．

　効率のモラル的基礎は独立した存在であり，物質的・技術的基礎に付随するものではない．これはモラル的基礎変化の主動性である．しかし，物質的・技

---

10)　H. Pirenne：『中世紀欧州経済社会史』，上海人民出版社1964年，第13頁．

11)　E. Roll：『経済思想史』，商務印書館1981年，第50-51頁．

術的基礎の変化はモラル的基礎に変化をもたらすことがある．消費行動に対する評価の変化を例にみてみよう．新商品が発売される初期の段階においては，その数に限りがあって価格も高く，数少ない上層階級しかそれを楽しむことができないため，一般家庭とは無縁な贅沢品とみなされがちである．そして，庶民からすれば，贅沢品を使うことは善行とはいえず一種の堕落であるとみなされていた．例えば，東インド会社によってイギリスに輸入された当初，非常に高価で贅沢品だった茶が，18世紀半ばになって輸入量が増加するに伴い，普通に手に入る大衆消費品となったのである．また，コーヒーは，イギリスに輸入された当初，裕福な家庭しか飲まなかったものである．当時のロンドンでは紳士専用のカフェ店しかなかったが，1930年代になって，庶民も手が届く一般のコーヒーハウスができた．さらに時が経つと，コーヒーは一般労働者でも飲める飲料となった．タバコも同様であった．長期間にわたり，タバコはヨーロッパの上流階級のための贅沢嗜好品だとされていたが，その後一般の下流階級においても普及し楽しまれるようになった．同様の例はいくつでも挙げられるが，ソースティン・ベブレン（Thorstein Veblen）は『有閑階級の理論』の中でこう述べている．「ある生活水準の下で，最初の時期において浪費的な商品であったものが，消費者の理解によって生活必需品へと変わり得る．その例として，絨毯，ウェイターのサービス，シルクハットなどはこの類である．これらを使うことが習慣となれば，その必要性も生まれる[12]」．これは，消費行動に対する是非の評価は経済，技術の変化に伴って変化することを示している．このように，経済，技術的変化が人々の倫理観の変化を引き起こすことはよくみられる現象である．

　このため，モラル的基礎は独立した存在でありながら，物質的・技術的基礎変化の影響を受けるのである．モラル的基礎は，物質的・技術的基礎変化に応じて変化する．これが，モラル的基礎変化の適応性である．

三　効率向上の潜在力と超高効率

　効率には物質的・技術的基礎とモラル的基礎という二つの基礎があるが，効率向上の潜在力は，超高効率はどこから生まれるのか．物質的・技術的基礎とモラル的基礎のどちらが効率向上に大きく寄与するのか．

---

12)　T. Veblen：『有閑階級的理論』，商務印書館1981年，第74頁.

第二章　効率と協調　*65*

　歴史的にみられる移民社会の超高効率は，長期にわたって学術界が強い関心を持つ研究分野である．中国では，中原戦乱の期間（紀元前636年～632年）中に，客家人は相次いで南へ下り，広東，福建省一帯で原野を切り開き田畑の排水を整え，荒廃した土地を整備した．より新しい事例は，山東省，河北省から中国東北地方への移民（「闖関東」）が，東北地方の土地を肥沃な耕作地へと開墾し，東北地方を中国の主要な食糧産地にした．西欧では，12世紀初期から移民がオランダ北部で荒廃地開墾事業をはじめ，水路を整備し農牧業を発展させたと同時に，村の治水会のような自治組織が組まれて，人間が住めなかった荒廃した土地を物産豊富で賑やかな土地に変えた．北米では，ヨーロッパから相次いで来た移民が自分たちのコミュニティを作り，西へと開拓を進め，広大な土地を切り開いた．これらはいずれも超高効率の事例である．正確にいえば，移民たちは移民社会以外にめったにみられない超高効率を果たせたのである．粗末な道具，少ない人力，厳しい環境の中で，なぜ超高効率は実現できたのだろうか．移民が移動していた途中，さらに移民社会が形成された後の比較的長期間において，市場と政府による調整が存在していなかったのに，それだけの意欲を引き出し，効率向上を促したのは何の力であったのか．それはモラル，モラルによる結束力，人々の創造力の役割によるものであった．歴史的にみて，移民は客観的非常に厳しい条件下で，異常なほどの主観的力を発揮して荒廃した土地を開拓してきたと結論付けてよいであろう．移民団体そのものも奇跡的なものであり，これらは人類史上の奇跡といえよう．相応しいモラル的基礎がなければ，奇跡のような移民社会組織もあり得ず，奇跡のような主観的な力や超高効率も生じなかっただろう．

　超高効率の事例が示したように，効率向上には大きな潜在的可能性がある．効率向上潜在力の発揮は，主に効率のモラル的基礎とモラルの力に依存している．前述した移民社会の他にも，関連の事例が挙げられる．侵略戦争に対抗するために，人々の命を顧みず奮闘する行動，大きな自然災害に襲われた場合の人々が尽くした努力，団体や組織（家庭という小さな単位から，家族，宗教組織，民族，国家という大きな単位まで）目標の実現や，組織の尊厳や名誉を守るための行動など，これらすべてにはモラル，信念，信仰が人々の意志や能力に作用したことがみてとれる．超高効率はまさにこうやって生じた．では，物質的・技術的基礎も超高効率に寄与するのか．当然，物質的・技術的条件がなければ，いかなる効率向上もありえない．例えば，移民が未開の地を開拓する過程において，

いくら意欲があったといっても一定の物質的・技術的条件が必要となる．同じ
く重大な災害に対応する時も，一定の物質的・技術的条件が必要になる．しか
し，注意すべきは，これらの過程においてモラル，信念，信仰が果たした大き
な役割がなければ，物質的・技術的条件に頼るだけでは，普通の効率は得られ
ても，超高効率は得られなかったことである．

　学術界では以前から長期間にわたって効率の基準とモラル的基準の不一致に
ついて論争してきたが，超高効率に関する分析を行うことで，この問題は事実
上解決されたと考えられる．通常，この二つの基準の不一致は以下のように表
される．経済行動に対する判断は二つの基準がある．一つは効率基準で，効率
の向上あるいは低下を判断基準として，向上した場合は善，減少した場合は悪
と判断される．もう一つはモラル的基準で，即ち倫理上是非を判断基準とし，
倫理基準に合致した場合は善，倫理に反した場合は悪と判断される．多くの場
合，この二つの基準は必ずしも一致しないと言われている．効率向上は倫理基
準・原則に合致しない可能性がある一方，倫理基準に合致するものは効率低下
をもたらす可能性もある．これは古くからの難題であり，この難題を解く難し
さは倫理的是非をどの視点から判断するかにある．

　効率は経済学的基準であり，その判断も経済学による判断であるが，モラル
的基準やモラル的判断は経済学の研究対象や研究の任務ではない．しかし，モ
ラル基準と効率基準の関連性，モラル的判断と効率判断が一致するかどうかに
関する課題は経済学の議論の対象である．これらの問題について，筆者は著書
『社会主義政治経済学』で以下のように論述した．「経済行動に対するモラル的
判断は実践による検証と統一させる必要がある．そうでなければ，経済におけ
る倫理原則の把握が難しくなる……例えば，労働者の利益最大化を経済行動の
倫理基準とすることができる．即ち，労働者の利益最大化にそぐうものは『是』，
『善』とし，そぐわないものは『非』，『悪』とする」[13]．これは効率基準とモラル
基準を協調させるための一つの方法であり，この方法を用いれば，経済行動を
評価する根拠となり得るであろう．

　しかし，一部の経済行動に対する評価において，依然として効率基準とモラ
ル基準の不一致が生じる可能性がある．これは今に至るまで経済学者を困惑さ
せてきた問題であるが，超高効率創出の視点からすれば，効率基準とモラル基

---

13)　厲以寧：『社会主義政治経済学』，商務印書館1986年，第438-439頁．

準が事実上既に一致していることがわかる．超高効率自身は大幅な効率向上を表しているため，この場合では効率基準も適応可能である．超高効率はどのように創出されるのか．これはモラル要因の果たした役割と密接に関わっていることは前述のとおりである．モラル要素の役割がなければ，移民社会，反侵略戦争，自然災害などにおいては超高効率が生まれることはできない．このため，モラル基準を用いて評価することで，超高効率の創出が効率基準にかなうと同時に，モラル基準にもかなうことを説明できる．

四　経済行動のモラル基準に関するさらなる考察

　経済行動のモラル基準をめぐってはさまざまな議論や考え方がある．例えば，重要な発明をしたこと，あるいは社会に大きな貢献をした個人が高額な賞金を獲得したことは，合理的であるかどうか．個人は賞金を受け取るべきかどうか．また，経営者が企業を赤字から救い，多大な黒字や利益をもたらした際に，企業から高額な報酬を得ることは合理的であるかどうか．経営者は高額報酬を受け取るべきかどうか．これらはすべて議論する余地がある課題である．合理的だと考える人もいれば，すべてが合理的とはいえないと考える人も，全く合理的でないと考える人もいる．この問題に対し，どのように考えればよいのか．いかなる経済行動に関しても，それがおかれた具体的状況と結び付けて統合的に分析しなければならない．抽象的な状況だけを考慮し判断を下すことは困難である．

　しかし，モラルに対する評価は客観的効果を考慮しなければならないことが明らかである．モラル的是非に対する判断は，経済行動の客観的効果と関連している．重大な発明をした発明者に高額な奨励金を与えるのは，その発明・創造が優れた客観的効果を生み出し，社会に大きな利益をもたらすことができるからである．企業経営者に高額な報酬を与えることは，企業がその経営により巨大な利益を生み出したためである．発明者や企業経営者はその発明や経営によって社会や企業に自分の報酬を大幅に上回る利益・収益をもたらしているはずである．この意味において，奨励金や報酬を得ることは重大な発明や効果的な経営管理を前提としているため，いたって理にかなったことで，合理的である．

　さらに掘り下げて分析すればみえてくるが，社会が得られた巨大な利益は該当発明のみに限られるものではなく，企業の巨額収益も効果的な経営管理のみ

に起因するわけでもない．しかも，効果的な経営管理がもたらすのは関連企業の利益だけではなく，社会全体で共有できるものである．なぜならば，奨励には社会的モデル効果があるからである．

重要な発明に高額な奨励金が授与されることは，人々に重要な発明，イノベーションができれば，社会から奨励されることを示している．このような社会宣伝効果の下で，より多くの人が科学技術の研究に励むようになり，より多くの発明が生まれることになる．社会にとって，これは大きなメリットになるのではないか．

企業が優れた経営者に，また企業経営を赤字から救って巨額な利益をもたらす管理者に高額な報酬をあたえることは，確実で効率的な経営で企業業績を改善し，大きな収益を実現できる経営者は多額の報酬が得られることをアナウンスしたことになり，企業内における有能な経営人材の意欲を刺激することができるだけでなく，企業外部の優秀な経営管理者を引き寄せることもできる．これこそ企業発展の支えではないか．そして，ほかの企業もこのような経済行動とその客観的効果から，有能な経営管理者に高額な報酬を与えることで，企業により多くの利益をもたらすことを示唆している．そこで，進んだ企業の経験を取り入れ，高い報酬で経営管理者のインセンティブを高める方法を採用するであろう．多くの企業がこのようなインセンティブを採用することで，業績が向上し利潤も増加すれば，結果的に社会全体が最大の利益を享受できるのではないか．

このように，重要な発明をした発明者に高額の奨励金を与えることや，素晴らしい業績を作り上げた企業経営者に高い報酬を支払うことなどといった経済活動の中においては，効率基準とモラル基準が食い違うことなく，うまく融合し，内在的に統一されていることが断言できよう．効率基準は社会にとって有利であるかどうか，どれだけの利益をもたらすかといった客観的効果で評価されなければならない．モラル基準も同じく社会にとって有利であるかどうか，どれだけの利益をもたらすかといった客観的効果から切り離して判断してはならない．

さらに異なる視点で上記の経済行動を考察してみたい．

発明者が発明をした重要な成果や巨大な利益に社会が何の反応もせず，奨励もなければ褒章もない場合，または，重要な発明やイノベーションで社会に貢献することは発明者の義務であり本業の職責であるため，奨励など必要はない

とされた場合，これらのやり方や考え方は社会に大きな不利益をもたらす結果
となるであろう．なぜなら，このような社会では，発明者の成果が社会から認
められず尊重されないと思われ，一生懸命科学・技術の研究に励み，発明やイ
ノベーションをすることの意義に疑問を感じるためであろう．何をインセン
ティブとして発明をすればよいのか．意欲や積極性が失われ効率が激減するな
ら，経済行動に対して評価するための効率基準とモラル基準を同時に失うので
はないか．優秀な企業経営者に高額な報酬を支払うケースにもこの論理は適用
できる．

　発明者や経営者は高額な奨励金や報酬が与えられても，それを受け取らずに
拒否した場合，どのような結果を生むのか．この問題について議論する前に，
まずは趙宇燕先生が1996年7月号の『読書』で発表した文章を紹介したい．文
章のタイトルは「正義を見て勇敢に行動を」で，二つの話が紹介されている．

　春秋時代の魯国には，他国で自国国民が奴隷として働いているのを見かけた
ならば，お金を出してその奴隷を買取し，帰国後，国庫にその代金を請求でき
るという法律があった．孔子のある弟子は，国外で魯国の奴隷に出会い，その
奴隷を買い取って帰国させたが，その後国庫に代金を請求せず，自らの「義」
を求める決心と誠意を示した．孔子はその話を聞いて，この弟子を厳しく叱っ
た．孔子がいうには，弟子のこのような行動は魯国人の奴隷の買取と救助を阻
害することになるからであった．自分が人格高尚の行いをし，自分のお金で奴
隷を救出し，広く賞賛されたが，これから他の人が国外で魯国の奴隷を見かけ
たら，どうしたらよいのか困惑してしまうだろう．お金を払って買い取ったら
よいのか，帰国後代金を請求してもよいか．請求しなければ自費で救出しただ
け損をしてしまうが，国庫に代金を請求すれば，その行動は高尚とはいえず，
自分の人格が蔑まれないだろうか．こうなれば，いっそのこと，奴隷を見て見
ぬふりをした方が無難であるため，かえって奴隷解放を妨げてしまうのである．

　もう一つの話では，孔子の他の弟子がある日，誰かが井戸で溺れたのをみて，
命を顧みず水に飛び込み，溺れたものを救出した．救助された人が御礼として
その弟子に牛を一頭渡した．弟子も喜んで受け取ったそうである．孔子はこの
弟子の行動を大いに賞賛した．このような行動は，今後も多くの溺れたものの
救出につながるからである．窮地に陥った人を救出し，御礼を受けることは，
危険を冒して人の命を助けることが奨励されることを意味するからである．[14]

　趙宇燕先生は文章の最後にこのような解説をしていた．通常，「義」と「利」

は対立するもの，片方が多ければ，もう片方は少なめになり，水と火のように相容れぬものだと考えられている．しかし，孔子の物語では多かれ少なかれ異なる点があった．孔子は，大義は小義を諦めることで成立し，小義を諦めることは他人が小利をえることを許し，満足させることであると考えていた[15]．その結論として以下のことがいえよう．個人の仁義に基づいた行動は，社会目標と相反する結果を引き起こす可能性はあるが，義利が相容れることで，かえって社会のニーズを満すことができる[16]．

　再度，経済行動のモラル基準の問題をみていこう．上述分析は重要な発明をした発明者への奨励金，優れた企業業績を上げた経営者への高額報酬といったケースに適用できるが，発明者や成功した経営者が高額報酬を受け取るかどうかは，もちろん本人が決めることである．これは受賞者本人の奉仕精神に関わるが，奉仕精神は貴重で尊いものである．社会における大多数の人が奉仕精神を有していれば，多くの問題は簡単に解決できるようになる．しかし，現実社会において，人々が奉仕精神より努力に応じた報酬を得たいと考えているため，奨励金や高額報酬を辞退した場合は，以下の現象を引き起こす可能性がある．ほかの重要発明をした発明家は奨励金を受け取りたがるかどうか，優れた業績を上げたほかの企業経営者が高額報酬を受け取りたがるかどうか．奨励金や報酬を受け取れば，他人に「やはり報酬や奨励を辞退した人ほど人格者ではない」と揶揄されないかと心配するであろう．客観的にみて，このような困惑，心配は社会経済の発展に不利益をもたらし，その結果，社会や企業にとって損失を被ることになるであろう．仮に，奨励金をある人は受け取り，別の人は辞退したとき，あるいは企業からの高額報酬を受取る管理者と受け取らない管理者がいたとき，辞退した人や受け取らない人に考えてもらいたいのは，受け取る人の気持ちである．受け取らない人がいることで，自分が受け取ったことに対する不安や困惑が生まれることが考えられる．本来ならば，効率基準とモラル基準は，相容れ，統合できるものであったが，受け取る人と受け取らない人がいることで簡単な問題を複雑にしてしまう恐れが出てくる．

　より適切な方法としていくつか考えられるが，まずは奨励金・高額報酬など，

---

14)　張宇燕：「見義与勇為」，『読書』，1996年第 7 期，第74頁．4

15)　同上，第75頁

16)　同上．

受け取るべきものは受け取ることである．このやり方は効率基準にもモラル基準にも合致している．次に，奨励金や報酬の金額が多すぎると考える場合でも，まずは受け取ることにすべきである．受け取ってから公益事業などに好きなだけ寄付をすればよい．このようにすれば，効率基準にもモラル基準にも同時に合致することになる．

　少し補足してみると，奉仕精神に富んだ人が，ひたすら発明や仕事に励み，奨励金や高額報酬を受け取りたがらない場合は，彼らの功績と仕事に対して評価すると同時に，高額奨励金や報酬を受け取らないことを評価しなければならない．一方で，奨励金と高額報酬を受け取ることは合理的であり，業績に対する適正な評価であることを理解してもらうよう，説得する必要がある．これに加えて，このような奨励はより多くの人々に，優れた仕事をし，よりよく社会貢献するようにインセンティブを与える意味合いも含まれる．そのため，彼らを奨励金や報酬を受け取るように説得することで，効率基準とモラル基準の両立を実現できる．

　さらにより詳しく議論しなければならない問題は，奨励金や報酬に関わる規則についてである．企業が利益や利潤があることを前提に，高級管理職を含む自社の従業員を奨励する場合，どれだけの金額を渡せば適正であるかはその根拠となる企業の規則が必要であり，しかもそれが正しいプロセスを経て決められたものでなければならない．規則が確認された後は，その規則に従って事をすすめなければならない．そして状況に即して，関連規則を一定のプロセスを経て修正していけばよい．定められたプロセスに従わなければ，奨励がインセンティブとしての役割が弱まるだけでなく，マイナス効果さえ招きがちである．

　ここで，古い配分方法にも触れておきたい．人々がおかずやパンを分け合うとき，全員分を確保し公平に分けてもらうために，おかずを分ける人，あるいはパンを切る人が最後に残ったものを取るというやり方は最適だと言われていた．企業役職者の報酬やボーナスに関しても，このようなやり方を取り入れたらよいのではないか．

五　個人の自主性と人間関係の協調

　効率のモラル的基礎についてみれば，さらに検討すべき問題がある．それは，個人の自主性が高ければ高いほど効率向上の潜在力も高まるのか，個人の自主性が小さければ，あるいは組織や団体，社会に所属する傾向が強ければ，効率

向上の潜在力も大きくなるのだろうかということである.

この問題を提起したのは,これはモラル的基礎と関係しているためである.生産技術の性質と生産に関する客観的条件が既定の前提のもと,生産者や職人の文化・技術水準も決まっている場合,個人により多くの自主性があれば,より意欲や積極性,創造性が発揮されるため,効率向上の潜在力も高まる.これは経済活動において,自主性の高い生産者や職人が多ければ多いほど経済はより活気付けられ,経済成長力がより強まり,効率向上の潜在力も容易に発揮できることを示している.したがって,生産者や職人の自主性が大きいことを経済に不利であると考えてはならない.しかし別の視点からすると,効率の源が人間関係の協調,個人と組織,社会への適応にある以上,個人が組織,団体,社会に所属することは,人間関係の協調性,個人の団体や社会への適応可能性が高まることを意味する.これは,効率向上の潜在力もますます大きくなることを表しているのではないか.

個人の自主性と個人がある団体,組織,社会へ所属することは,相反することなく並存できるのである.両者がトレードオフの関係で二者から一つしか選択できないと結論付けてはならない.効率のモラル的基準には,個人の意欲,積極性や創造性の発揮に,人間関係の協調性と適応性も含まれる.前者(後者)のみを強調し,後者(前者)を軽視するのは間違っている.個人が団体,組織,社会に所属しているものの自主性,積極性,創造性が欠けている状況では,効率向上は一時的なものに止まり,継続的な向上はありえないであろう.同様に,個人が比較的大きな自主性を持っているが,人間関係の不調や不適応などの問題がある場合は,効率が向上し続けることもありえないであろう.このように,理想的なのは個人の自主性もあれば,人間関係の協調性と適用性もあり,その両方がバランスよく成り立つことである.個人が団体,組織,社会に所属すること,また所属する団体,組織や団体から個人が尊重されることは,個人の積極性,創造性を伸ばすのに,併存しながらともに役割を果たし,効率の継続的な向上を保証するものでもある.

では,個人の自主性と個人の団体,組織,さらに社会への所属が併存し,相容れるものであれば,両者の間に優先順位は存在するのだろうか.これも議論する余地のある問題である.経済思想史では,どちらか片方だけを強調する主張はそれほどみられないが,どちらかをより重要視する学説はよくみられる.自由主義経済思想と国家主義経済思想の論争や,個人主義経済思想と集団主義

経済思想の論争は，事実上この問題をめぐって展開されたものである．

　経済思想史上の関連論争では，時に相手の主張を批判するのに，議論の論点をずらしてしまうことがみられる．例えば，個人主義を個人が利益，私利私欲を最優先するととらえること，自由主義を自分勝手の行動，束縛されたくないととらえること，集団主義や国家主義を，個人の自主精神や意欲，積極性を否定・抹殺し，国家や組織が最優先され個人は軽視されるととらえることなどの事例がみられるが，このような主張は主流ではない．個人の自主性発揮または団体，組織，さらに社会への所属を重視する代表的な学説が主流である．

　個人の自主性は最優先されなければならない．団体，組織，社会はすべて個人により形成されている．個人が自らを尊重し自発的に能力を高めることで，はじめて意欲，創造性の発揮が可能になり，いかに積極性，創造性を発揮するのかという論点もはじめて成り立つのである．団体，組織，社会が個人および個人の自主性に対する尊重は，個人の団体，組織，社会へ所属する場合の前提である．持続的な効率増加，超高効率の継続を達成したいならば，個人が強制的，強要によるのではなく，自発的に団体，組織，社会に所属することが必要である．団体，組織，社会が個人や個人の自主性を尊重しなければ，自発的に団体，組織，社会のいずれかの組織に所属することはあり得るであろうか．人間関係の協調を保ち続けるには，個人と個人の間も各自自尊に基づく相互尊重が求められる．

　現実では，個人が社会の一員として生活していかなければならないため，社会では，何らかの団体，組織に参加することになる．家庭は最も小さな社会組織であり，すべての個人が自分の家庭に所属している．従業員の場合，個人は企業に勤め，労働組合に加入しているであろう．農民ならば，自分のいる村の一員として村民自治組織に所属している可能性もある．この他にも，都市住民ならば居住するコミュニティや町に所属することになる．自営業者や個人企業主ならば，所属の業界組織に参入しているだろう．とにかく，個人は社会の一員であると同時に，団体や組織の一員でもあるため，人間関係を良好に保つ必要があり，他人と協調，相互適応していかなければならない．それと同時に，個人は，一人の人間として，自分の願望，自己の欲求，人間関係への対応力や処世原則があるだけでは不十分で，自主性を持たなければ，意欲と創造性を生み出させない．言い換えれば，個人は活力に富んだ者である．個人の自主性は，良好な人間関係や，他の団体，組織，さらに社会と協調・適応していく前提で

ある．自主性が少しも備わっていなければ道具のように他人に支配されるだけ
で，活力がなければ生気もない状況では，人間関係をうまく処理できても意味
がないのではないか．人間関係の協調や適応を議論するどころではない．これ
こそ，個人の自主性が人間関係の協調よりプライオリティが高いことを証明し
ている．

　さらに，社会は無数の個人で構成されており，団体や組織ごとに多くの個人
が存在している．これらの個人すべてに自主性，活力があり，意欲や積極性，
創造性が発揮できるならば，個人目標を目指して行動し，また社会目標，組織
目標と協調・適応できれば，人間関係はより良好になり，効率もより速くより
大きく向上できるであろう．これこそ社会や団体が望んで実現したい状況では
ないのだろうか．

　以上の分析が我々に示したのは，モラル的基礎は客観的に存在するものであ
るということである．しかし，効率向上は現実的になることもあれば，潜在的
である可能性もある．効率向上の潜在力は十分に発揮できるとは限らない．潜
在力を発揮させるには，まず個人の自主性を尊重し，その意欲，積極性や創造
性を発揮させなければならない．また，人間関係の協調性，個人と団体，組織，
社会への適応が求められる．

第三章
公平と共感

第一節　公平性に対するさらなる理解

一　所得分配の合理的格差について

　公平性は，経済思想史において繰り返し研究され，議論されてきた課題である．所得分配格差もあれば，財産格差もある．これらは，いずれも不公平であると多くの人が思っている．一見，この考え方は間違ってはいない．人間は生まれながらにして平等であるのに，分配の結果としての金持ちもいれば，貧乏人もいる．それはなぜなのだろうか．また，多額の財産を保有する人もいれば，財産の少ない人もいる．これらの分配による格差は，社会における不公平を反映している．しかし，このような考え方は必ずしも正確とは言い難く，深掘りして収入格差の原因，財産格差の原因，具体的な格差の大きさを究明する必要がある．これらの問いを解明しなければ，公平か不公平かに関する結論を導き出すことは難しい．

　例えば，自分の実力と努力でお金持ちになった人，自分の怠惰で仕事もせずにお金のない人，または，羽目を外して無駄遣いした結果お金が無くなった人，このような結果は不公平といえようか．また，同じ環境で働く場合，一人は勤勉に働き，素晴らしい成果を上げた結果，高収入を得たのに対して，もう一人は勤務態度が悪く，それなりの成果しか挙げられなかった結果，低収入となる，このようなケースは不公平といえるだろうか．また，不公平な所得格差はどの程度であるかという点も議論の余地がある．上述したように，この収入格差が公平か不公平かを判断するのは難しい．

　その反面，収入や財産が平均値をとるときそれを公平だとみなす場合，人々の収入，財産が同じであればより公平だと思えるが，これはさらなる誤解につながる．そして，このような誤解は，経済成長や効率向上に極めて大きな危害をもたらすことになる．

　筆者は過去数冊の著作で所得分配と公平性に関する見解を発表したことがあ

るので，その内容を改めて以下にまとめる[1]．

公平とは，まず機会の均等性を意味している．即ち，社会経済生活において，人々は同じスタートラインに立ち，特定の人に対する差別は客観的に存在しない．収入，財産の平均化は平均主義の表れであり，平均主義を公平性として理解することは，公平性の概念を曲解したものである．公平性とは機会均等であると理解したほうがより適切である．

では，公平性を所得分配の調整機能と理解して正しいかどうか．これはある程度筋が通るが，所得分配の調整は所得分配の均等化と異なり，実際所得分配の調整には，所得分配の合理的な格差が含まれている．適切な格差が存在することも，所得分配調整の一つの形態であり，これは公平性を機会均等と理解することと一致している．これは，機会が均等であることを前提とした経済活動において，人々は真に自らの努力に相応しい収入が獲得できるため，所得分配に格差があっても，そのギャップは基本的に適切な範囲内におさまる．逆に，機会が不均等であることが前提で人々が経済活動に参加する場合，所得分配の過大な格差が避けられない結果，必然的に歪んだ所得分配になる．

ここからは一つ疑問が生まれる．即ち，機会均等は実現できるのだろうか．仮に機会均等が実現できなければ公平性は結局机上の空論にとどまり，公平性の問題を議論することの現実的な意味はあるのだろうか．もしこのように考えてしまうなら，問題が絶対化されてしまう可能性がある．実際の社会経済生活において，個人の家庭事情や居住地，学歴などはそれぞれ違うため，機会の不平等は客観的に存在している．しかし，これが政府の調整により，機会均等の方向へすすめることができない理由ではない．政府は何らかの対策をうつことが可能である．例えば，差別の禁止，公平競争の規定，情報公開，不公平な競争に対する処罰などを法律で規定するなど，たとえ機会均等を完全に実現できなくとも，状況は改善し，大枠で機会均等が実現できる条件が整う．もし政府の調整により，上記結果が達成できるなら，所得分配の調整も政府による調整が機能する中で漸次的に実現できるようになる．

所得分配の調整は，所得分配格差の縮小を意味する．即ち，所得分配の格差

1） 厲以寧：『社会主義政治経済学』，第16章第 1 節「所得分配的合理性問題」，商務印書館，1986年．『株式制度与現代市場経済』，第 2 章第 3 節「市場経済与所得分配之間関係的進一歩探討」，江蘇人民出版社，1984年．『経済学的倫理問題』，第 1 章第 3 節，「効率与公平問題的深層次思考」，生活・読書・新知三聯書店，1995年．

が適切な範囲に維持されるため，公平が機会均等を前提とした所得分配の調整であると理解すれば，一定の所得格差を保つことは必然的なことである．ここでさらに深く議論すべき問題が生じてくる．それは，所得分配の適切な格差とは何か，どのようにして所得分配格差の合理性を判断すべきかである．『経済学の倫理問題』という著書で，所得分配格差の合理性を経済的なものと社会的なものに区別して議論した．これはより深く公平性の意味を考察するうえで重要なプロセスである[2]．

経済的所得分配格差の合理性は所得分配が効率分配の原則に沿ったものであるかどうかに関わる．市場経済の下で，収入分配は，機会均等を前提とする生産要素提供者が市場経済活動に参加し，さらにすべての生産要素提供者がその効率に応じた分配原則に基づいて収入を取得したならば，所得分配格差の大きさを問わず，所得の一次分配としてこれが適切な所得分配であり，所得分配は適切に行われている．仮に政府が政策目標という視点から所得の一次分配結果をさらに調整する必要があると考え，個人所得税，遺産相続税および支援・救済，手当などの手段を用いたならば，一次所得分配後にできた所得格差は縮小させることができる．政府による調整結果は，所得の第二次分配結果となる．但し，これは，一次所得分配による格差の経済的合理性を除外するものではない．政府による所得分配の調整は所得分配の社会的合理性に着目しているからである．

所得分配格差の社会的合理性を判断することは，経済的格差の合理性を判断することより，遥かに困難であることは疑う余地がない．以下はその理由である．

第一に，所得分配格差の経済的合理性に関しては，各生産要素の提供者が基本的に機会均等である条件で市場経済活動に参加し，さらに，各生産要素提供者が効率分配原則に基づいて各自収入を取得したかどうかで判断される．その反面，所得分配格差の社会的合理性に関しては，所得分配格差の経済的合理性を判断できるような，厳密な基準を有していない．

第二に，所得分配格差が経済的に合理的であれば，その格差がどれだけ大きくとも，経済において，結果的に効率性向上，生産力の成長，一人当たり収入の増加として反映されるため，所得分配の適切な経済的格差が，プラスの効果

2） 厲以寧：『経済学的倫理問題』，生活・読書・新知三聯書店1995年，第27-35頁．

をもたらすことが予想される．そして，このプラスの影響は，短期間で現れ，意識される．しかし，所得分配の社会的格差があまりにも大きい場合，経済的格差の合理性に関係なく，社会不安を引き起こす．加えて，社会的所得格差を起因とする社会不安は，短期間では意識されず，往々にして長い期間を経て，問題が蓄積し，衝突が激しくなるにつれて爆発を起こす．これは同様に，結果から所得分配格差の社会的合理性を判断することは容易ではないことを意味する．しかし，他の選択肢がない限り，所得分配格差が社会不安を引き起こすかということを，所得分配格差の社会的合理性を判断する一つの根拠であると考えてよいだろう．

　所得分配格差の社会的合理性と経済的合理性と区別して記述することには大きな意味がある．公平性の判断は，所得分配格差の存在およびその程度という客観的な根拠のみではなく，各自が所得分配において公平に扱われたか不公平に扱われたかという，個人の自己認識や判断にも影響される．この自己判断は，収入に対する個人の満足度や，所得分配格差に対する個人の受容度に影響を与え，さらには社会の安定性に影響を与える．したがって，所得分配の合理性という課題から，個人の絶対収入と相対収入という課題研究へと切り替える必要が出てくる．

二　個人の絶対収入と相対収入

　個人の絶対収入と相対収入という問題を議論するに先立ち，まず1964年にジェイムズ・ゲシュヴェンダー（James A.Geschwender）が発表した以下の論点を振り返りたい[3]．

　ゲシュヴェンダーは，社会集団が不満を抱いた結果，抗争が起こると考えた．学界では，これに関する五つの仮説が挙げられた．

　仮説一：集団は生活水準がますます悪化していると感じる時に不満が溜まり，最終的に抗議，抗争を行う．これが絶対的貧困仮説である．

　仮説二：集団において，生活水準が過去と比べて改善したにもかかわらず，欲望がそれ以上に膨張し，しかも生活水準の改善以上に膨張するスピードが早い場合，不満が急速にたまり，抗争が発生する．これが欲望膨張仮説である．

---

3 ）　J. A. Geschwender: "Social Structure and the Resistance of the Black People", in *Social Forces*, issue 12, 1964.

仮説三：集団において，生活水準は過去と比較し改善されたが，その他の集団の生活水準がさらに早いスピードで改善されたことに気づいた場合，不満を抱え抗争が発生する．これが相対的貧困仮説である．

　仮説四：集団において，生活水準は過去と比べて改善されたが，その後すぐに生活水準が低下してしまう場合，人々は生活水準の向上を再び取り戻せない状況に不満を感じ，抗争を引き起こす．これは下方移動仮説である．

　仮説五：集団内において地位に関わる属性は複数ある．収入金額と生活水準は多数ある属性の中の二つに過ぎず，それ以外に学歴，職業，人種などの地位的属性がある．ある集団は，自らの生活水準が過去と比較して改善されても，その他の属性において，他集団に及ばないと感じる場合，同様に不満がたまり，抗争が発生する．これは地位非一貫性仮説である．

　ゲシュヴェンダーは，以下のように自分の考えをまとめた．20世紀60年代初頭のアメリカの黒人を例に挙げると，黒人が社会に不満を抱き，抗争を行ったのは，生活水準がますます悪化したわけではなかったため，仮説一では解釈できない．また，その生活水準が向上した後再び逆戻りをし，悪化した状況でもなかったため，仮説四でも解釈できない．仮説二，即ち，欲望が生活水準の改善スピード以上に膨張していたため，不満がたまるという仮説に関しては，ゲシュヴェンダーは当時の状況を資料によって検証できなかったため，この仮説で解釈できないと主張した．そのため，仮説三と仮説五が残る．仮説三の相対的貧困仮説は，既に資料によって検証されていた．また，黒人が社会に不満を抱いたのは，白人と比較して自らの生活水準が白人ほど改善されていないと感じたからである．仮説五の地位非一貫性仮説も資料に基づいて証明されていた．当時アメリカの黒人は普遍的に教育，職業，賃金と待遇において白人より劣っていると感じていた．したがって，仮説三と仮説五を併せてアメリカ社会が不安定になった理由を解釈できる．また，ゲシュヴェンダーは，仮説三と仮説五は性質的に同じものであるが，仮説五はより多くの内容を含んでいると考えた．

　これはゲシュヴェンダーが，20世紀60年代初頭のアメリカの黒人の状況について研究した結果であるが，上記分析は個人の絶対収入と相対収入の変動による社会不安への影響という点で，我々の研究に示唆を与えてくれる．社会不安の問題が複雑である理由はいくつかある．社会的に不安定性をもたらす要素は複数あり，非合理的な所得分配格差は社会不安につながる一方，社会不安は必ずしもすべてが所得分配格差の非合理性を起因とするわけではない．例えば，

生活水準が先に向上した後，低下に転じた場合，たとえ大幅な向上と小幅な低下であっても，社会不安を招きかねないが，これは所得分配格差が合理的なものであるかどうかとは関係ない．さらに典型的な例は，所得分配格差に変化がなくとも，絶対収入水準が継続的に低下すれば，同じく社会不安を招くことになる．いずれにせよ，社会不安は人々の相対的収入の変動によるところが大きい．人々は常に所得分配，職位やポスト，福利厚生，昇進などを周囲と比較する傾向がある．しかし，自分自身と他人の収入または自分自身と他人の職位や福利厚生の比較を通して，公平の真意を理解しようとしても，それを理解できない人は少なくない．その大半は，他人と比較するとき，自分の収入も，職位も，福利厚生も劣っていると感じ，自分が不公平に扱われていると思い込む．不公平だと思い込む人が少なければ，社会不安には至らないが，もし，このような考え方の持ち主が多くなりまたはその不満が高まれば，社会不安を招く恐れがある．このように，不公平に扱われているという一部の人の思い込みや他人との比較で生じた失望，不満，怨恨に，社会不安は由来する．個人の相対的収入に対する満足度とは，他人との比較による満足あるいは不満の度合いを意味し，個人の絶対的収入満足度とは区別される．個人の絶対的収入満足度が，個人の相対的収入満足度の基底をなすが，社会不安に対する両者の影響は異なる．個人の相対的収入への満足度は，個人の絶対的収入満足度より影響が大きい．個人の相対的収入満足度は，他人との比較も絡むため，不公平をより感じやすく，社会的不満も生じさせやすい．

　例えば，計画経済体制の下では，生産力の成長は制限を受けるため，住民の所得水準が低く，商品の供給は不足しており，生活必需品も配給キップで交換する必要があった．しかし，所得分配格差は小さいため，個人の相対的収入への満足度は低くはなかった．人々は，他人との比較で「周りと大差がない」という結論に至り，社会への不満はこれで緩和されていた．「低水準における所得の平均化」が当時の実情そのものを反映しており，曲解された「公平感」ではあるが，人々はこれで「公平」だと思い込んでいた．

　計画経済制度から市場経済制度へと移行して以降，生産力が発展し，収入水準の普遍的向上がもたらされ，商品供給も充実し，必需品も配給キップで交換する必要はなくなり，十分に供給されるようになった．ところが，個人の収入増加幅がそれぞれ異なるため，所得分配格差も拡大し，相対的収入に対する満足度の低下により，一部の人の間で「不公平感」が生じ，社会に不満を抱くよ

うになった．これは，明らかに社会の安定性に影響を及ぼすものであった．

　では，実生活における所得分配格差に対していかに対応すべきなのだろうか．経済を成長させ，社会構成員の絶対的収入を向上させることは，終始一貫して基本的な政策であった．これ以外にも，政府は適切な所得調整を行い，効率の継続的な向上を妨げない前提で，収入分配格差をある程度縮小し，とりわけ社会経済生活における差別を是正し，機会均等の実現に向けた環境を作り上げ，一部の人の「不公平感」を減少させなければならない．それと同時に，公平性の正しい意味を世の中に伝え，人々が平均主義を公平と区別し，公平に対する人々の誤解の解消に努める必要がある．公平性の意味を正確に理解できる人が多ければ多いほど，社会の安定維持に寄与することにつながる．

　無論，立場，地位，経験により感想や意見が異なるため，各個人に自らの立場と経験から公平性の意味を正確に理解してもらうことは極めて困難である．したがって，一定の所得分配格差が存在する限り，政府が所得調整を行っても，公平性に対する正しい理解を社会に広めても，公平性に関わる問題は依然として長期間にわたり存在し，人々を悩ませるであろう．これは，相対的収入に満足しているかどうかを測る客観的評価基準が存在しないためである．経済発展水準と，一人当たり収入水準が低い時代，「周囲もみんな貧乏だから」と，感じていたため，相対的満足度は高かったかもしれない．しかし，経済が成長し，一人当たり収入が向上し，それぞれの収入増加幅が異なる状況においては，相対的満足度の低下や，不公平感の増加は免れないものである．結局，歪みながらも客観的に存在するこの「不公平感」を解消するために，社会は絶えず力を注いでいかなければならない．

　これは経済学を研究する者にとって何を意味するのであろうか．少なくとも，所得分配格差の合理性という視点から，公平性に関する問題を検討するにあたり，今までの方法ではこれ以上に深い分析ができなくなり，新しいルートを模索せねばならないのではないか．本書では，新しい思考の探求に向けて一歩踏み出し，共感という視点から公平性に関わる問題を議論していきたい．

第二節　共感の意味について

一　共感と運命共同体意識

　人は集団の一員であり，共感は個人と集団の関係性についての概念である．

共感とは，以下のような意味合いを持つ．一人の人間が，集団の一員として所属する集団を自分の帰属する組織と捉え，その集団の構成員や当該集団との協調性を図りながら，適応していくことである．言い換えれば，共感とは，個人が集団と合致し，一体化した存在であると認めることである．

　集団は一般的に団体とも呼ばれ，複数の人間から構成される．大きい集団もあれば，小さい集団もある．国家，民族や社会全体など，規模が大きい集団がある一方で，町や小さな村，小さなコミュニティ，小企業，核家族など，規模が小さい集団もある．家族も集団の一種であり，規模の大きいものもあれば小さなものもあり，大家族の場合は人数が多く，核家族は人数が少ない．さまざまな規模の集団があるが，集団規模や構成員数を問わず，集団に対する構成員の共感度とその程度が問題となる．ここでいう共感とは，実質的なものを指しており，形式上のものではない．

　社会にはさまざまな集団がある．人は，社会生活において，複数集団に所属している可能性がある．例えば，大学生の場合，まず，家庭の一員であり，大家族の一員でもある．次に，大学の一員であり，それはつまり大学の学科，学年，クラスの一員である．もし，サークルやクラブに入っていた場合，サークルやクラブの一員でもある．もし大学入学前に高校を卒業していた場合，同窓という意味でかつて就学していた高校の一員でもある．出身地も同様に，同じ出身地・コミュニティの一員でもある．もし，宗教を信仰しているなら，宗教団体の一員である．党に加入した場合，その党派の一員である．また，国民として，国という大きい集団の一員であることは，言うまでもない．一人の人間が，これだけ多くの集団に所属しているならば，複数の共感を持つことになる．但し，異なる集団によって，共感の程度が異なるだけである．

　共感の度合いは，集団に対する関心度，または，集団との一体感の程度を表わしている．第二章で述べたように，集団の結束力の大きさ，社会の結束力の大きさは，集団に対する構成員の共感を示すものである．共感は人によって，または客観的な状況によって異なる．企業を一例とすれば，複数の社員が企業で働き，全社員が企業という集団の一員であるものの，それぞれ共感の程度が違うため，企業に対する個人の態度や仕事への意欲も異なる．企業業績がよいときは，社員の共感格差はさほど目立たないが，企業が苦境に陥った場合，その違いが顕著になる．例えば，企業に対する共感が低い社員は，企業の現状と展望に関心がなく，企業が困難に直面した状況において転職活動に注力するで

あろう．一方で，企業に対する共感が高い社員は，企業の困難に関心を持ち，企業の置かれた厳しい状況を自分の困難として捉え，積極的にアイディアを出し，業務に邁進し，困難な状況を改善しようとする．このように，共感のもう一つの解釈とは，集団の一員は，集団を帰属組織だと捉え，集団と運命共同体をなし，苦楽を共にすることである．共感が高ければ，苦楽を共有する運命共同体的特徴がさらに顕著になる．

　集団に対する個人の共感は，簡単に「利益」の二文字だけでは説明できない．共感には利益が必要だが，多くの場合において，利益を超越した考察が必要となる．よくある事例として，家庭・大家族に属する個人にとって，家庭・家族に対する共感は，「利益」で解釈できない．また，学会，研究会などのような学術団体に複数の構成員がいるが，その構成員たちが学術団体に入り強い共感を持つのは，必ずしも利益に関係しているわけではなく，学術への興味関心であり，学術団体への尊重と信頼，学術を振興させたい責任感に起因するのかもしれない．もう一例はボランティアである．ボランティア活動や慈善組織に参加し，無欲で熱心に活動に取り組む人もいるため，利益以外の要素も考慮しなければならない．さまざまな集団において，集団に対して高い共感を持つ場合，利益以外の要素が考慮すべき重要なポイントになると考えられる．

　国という集団に対する国民の共感はどのように解釈できるだろうか．この場合は，利益は必ずしも共感が生まれる根拠になるとは限らないこと，また人々は利益のためにこの団体に共感を持つわけではないと解釈してよいだろう．

　ここでは国と政府は同じ概念ではないことを理解してもらいたい．政府の権力者は誰か，権力者に国民への思いやりはあるか，権力者が国や国民の利益を守ろうとしているかは，権力者の性質によって決まる．国民は状況に応じて，時には政府を擁護するが，ときには擁護どころか反対する場合さえある．但し，これは国に対する国民の共感とは別の話になり，歴史上よく見られる状況である．君主が怠惰で，政府の腐敗が深刻な状況では，国民は政府と対立状態になるが，これは国民が国を愛し，国に共感を持っているため，国を救うために政府に反対しているのである．また，このような事例も歴史上珍しくない．国民はたとえ政府に不満を抱き，政府と対立していたとしても，外部民族が侵入してきて，国が存亡の危機に瀕する際，生死を顧みずに侵略者に抵抗するであろう．このように，国に対する国民の共感は決して「利益」という言葉で解釈できるものではない．愛国心，国に対する誇り，社会や国民の結束力の方が利益

84

より遥かに重要である.

二 共感と利益集団

　ここまで，一部の事例において，集団に対する共感は利益によるものではないことを説明してきた．しかし，それは利益関係が共感において役割を果たしていないというわけではない．社会にはさまざまな集団があり，特に経済分野における集団数が極めて多い．例えば，一部の投資家が合弁会社を作る場合，投資家個人と企業の関係は利益関係に属し，また，企業で働く社員にも，企業との間に利益関係が存在している.

　利益関係に関して，さらに一歩進んでみていきたい．「利益集団」という言葉があるが，「利益集団」の実際の意味は明確ではない．利益集団の解釈についてはさまざまあるが，大体以下のような見方で一致している．即ち，社会において，一部の人は共通の社会，政治，経済的利益を有しているため，共通の主張と願望を持つ人たちが，自らの利益を維持・拡大できるように，有形・無形の利益集団を形成するというものである.[4)]

　ジョン・クラッパム（John. H. Clapham）はその著名な著書『近代イギリス経済史』において，イギリス史における西インドの利益集団と鉱山労働者の利益集団を例に利益集団の性質を分析し，利益集団は歴史に残された伝統の一つであると指摘した．例えば，西インドの利益集団は，ロンドンに住んでいたが，砂糖生産地の英領西インドに関係する人々から構築された集団であり，継続性があり有力な政治勢力でもあった．一方で，鉱山労働者は，18世紀において，自ら一つの集団になり，都市生活と隔離されてきた．また，その一部には古い民族伝統が残され，外部の人間とは結婚せず，聖堂に通うことは稀であった．19世紀半ばになって，鉱山エリアから都市部へ移住した後も，まだ閉鎖的な集団であり，他の手工業者と稀にやりとりをする程度であった．[5)] クラッパムが取り上げた二つの利益集団は，階層または階級に類似するが，歴史や実生活にあてはめてみると，一部の利益集団には，階級または階層の概念は当てはまらない．マッキンダーは『デモクラシーの理想と現実』において，方言と教育が利益集団形成に重要な役割を果たしていると記述した．例えば，方言が一つであ

4）　厲以寧：『転型発展理論』，同心出版社1996年，第233-234頁.

5）　J. H. Clapham：『近代英国経済史』（上），商務印書館1986年，第255，275頁.

れば，その方言を話す人は一つの集団にまとまるが，一つの社会に複数の方言が共存すれば，複数集団を形成する．教育も同じである．イングランドでは，上位階層と地主の出身校が同じであり，ビジネス業界の重鎮も，後継者をこのような学校に通わせる[6]．この子どもたちは，卒業後同じ集団になることが想定される．このように，階層または階級の概念で利益集団を代弁することは難しい．利益集団は目にみえる有形の場合もあるが，その多くは目にみえない無形のものである．

　集団に対する個人の共感について考えるとき，利益関係や，利益を越えた視点から考えてもよいが，考察対象を利益関係のみとしてはいけない．利益集団は階層または階級と等しくないため，個人が一つの利益集団にだけでなく，二つや三つの利益集団に同時に属していることもある．例えば，ある地域において，食品輸出向け生産・経営を行う民間企業があると仮定する．輸出商品の生産と経営からみれば，これらの企業所有者とその他の形式の企業所有者は共通利益を持つため，同じ利益集団に入れてよい．また，食品生産と経営からみると，これらの企業所有者を食品生産および経営に従事するその他の企業所有者と同じ利益集団にいれてよい．さらに，民間企業にとって，これらの企業所有者は，他の地域の民間企業所有者と共通利益を持つため，同じ利益集団に入れてよい．また，同地域の他企業にとって，その地域における利益に共通点があるため，同じ利益集団に入れることも可能である．これは，同じ構成員が複数集団や団体への所属が可能であり，それぞれの集団・団体に共感を持てることを示している．

　一人の個人が所属する複数の集団は，必ずしも相容れず相反するとは限らない．同様に，個人が加入する複数の利益集団も，協調できないわけではない．一つの利益集団の利益は，別の利益集団の利益と必ず相反すると容易に思い込んではならない．複数の利益集団間には，対立するものもあれば共通する利益もある．もし経済成長を前提とするならば，これらの利益集団が経済成長の過程において，いずれも利益を享受できると信じてよい．次に，共感に関して，一歩進んで分析をしていく．個人は複数の集団に所属しており，それぞれの集団と関係を持っているが，対立せずに共感を持つことは可能である．利益を考慮し，ある集団に共感を持つと同時に，その他の集団に共感を持つことも可能

6）　H. J. Mackinder：『民主的理想与現実』，商務印書館1965年，第168-169頁.

である.

　ここまでは社会を横断的に分析してきたが，歴史的な視点からすると，状況は異なるかもしれない．なぜなら，社会は発展していくものであり，歴史はその中のプロセスだからである．このプロセスにおいて，各利益集団の相対的地位は変動し実力も変化する．特に，社会が激しく変動する時期においては，歴史の舞台から消える利益集団もあれば，新しく出現するものもある．客観的にみて，新規と既存の利益集団の対立が常に存在していることは否定できない．既存の利益集団は自身が軽視され，また新しい利益集団に追い越されるようになることを感じ取るのである．また，既存の利益集団が小さくなるにつれて，新しい利益集団は利益が増大する．これは，奇妙なことではなく，まさに社会変動に伴う変化の結果である．しかし，社会変動が利益集団の関係にもたらす変化はこれだけであろうか．答えは必ずしもそうではない．ある利益集団が台頭し，別の利益集団が衰退していくことは，社会変動の結果の一つに過ぎない．それとは別に，社会変動の中で，既存の利益集団は分化して新しい利益集団に徐々に溶け込み，新しい利益集団を構成する結果もある．既存と新しい利益集団の融合によるもう一つの利益集団は，程度や割合の差こそあれ，既存の利益集団の利益の一部が反映され，また，新しい利益集団の利益の一部も反映される．

　これに応じて人々の共感も変化する．人間は恒久的に特定の集団または利益集団の一員であるわけではない．人は自分の収入，地位，観念，目標などの変化に応じて，特定の集団，利益集団に対する共感も変化する．また，元々所属していた集団から遠ざかるにつれて，その集団に対する共感は低下するが，新しい集団に所属するにつれて，新しい集団に対する共感が高まる．特に社会が激しく変動する時期においては，新しい利益集団と既存の利益集団の相対的地位の変化・融合により，利益集団に対する共感が変動することは理解できる．

三　共感と利益を越えた考慮

　上述したように，所属する集団に対する個人の共感は，簡単に利益関係だけで説明することはできない．状況により利益をもとにした共感はあり得るが，利益を越えた他の要素をもとに共感が生じ，利益を越えた要素が利益よりもはるかに重要である場合もある．そこで，共感と利益を越えた他の要素の関係に関してさらに議論を深める必要がある．

利益を越えた他の要素とは何か．個人と集団の関係から議論を始めていきたい．個人が集団の構成員になるには，四つの状況が考えられる．

（1）選択不可
（2）選択可能
（3）選択不可から選択可能になる
（4）選択可能から選択不可になる

上記四つの状況はすべて実生活に存在している．

第一の選択不可とは，集団への所属を個人の意思で決められないことを指す．つまり，選択肢がないことである．例えば，どの家庭や家族で生まれるかなどについては本人に選択の余地はない．また，出身地，戸籍の登録地，幼少期の生活，幼少期の教育なども選択不可である．このような場合，どの地域，どの団体と関連性を持つかは個人にとって選択不可である．

第二の選択可能とは，一定の年齢に達した後の学習や就職，生活であり，自分の意志を持ってどのような集団に参加するかなどを選択できることである．例えば，個人が進学に関してはどのような学校，専攻を選択し，どのような学位が得られ，将来どのような学歴職業に就くかなどの選択によって，どのような集団と関係を築くかはすべて選択可能である．婚姻の自由を前提とした場合，配偶者の選出，どのような家族の一員となるかは，選択可能である．さらに普遍的な例を挙げると，党派，社会団体，宗教，付き合う人などによって，特定の団体の一員になるのであり，これらはすべて本人の選択次第で決まる．

第三の選択不可から選択可能になる事例は比較的特殊な状況である．よくある例が国籍の変更である．国籍は，誕生時に個人の意思では決められないが，成年後に甲国から乙国の国民になるという選択肢はある．これにより，この人が所属する集団は，甲国以外に，乙国があることになる．また，職業を世襲する社会において，息子が父親の職業を継ぐのは慣習であり，これは個人の意思に左右されないが，息子が何らかの考えにより職業を変更することになれば，彼が所属・共感する集団も職業の変更に伴って変化する．

第四の選択可能から選択不可になるケースは，さらに特殊な状況といえよう．例えば，秘密宗教，または神秘的な団体は，構成員の脱退を認めない．このような組織や団体に入る前は自由だったが，一度構成員としてその組織や団体に加入することを選択した以上，生涯にわたり共感を維持しなければならず，脱退できない．

選択肢のない状態である集団の構成員となった場合，利益や利益を越えた他の要素について考える必要はない．なぜなら，個人が自主的に集団に所属したわけではないからである．利益や利益を越えた他の要素は，選択可能で選択肢を持つ個人と集団の関係だけに生じる．即ち，自分で選択したある特定の集団を選ぶこと，あるいはある集団に加入するのをやめ，違う集団を選択することは，自らの考えに基づいた行動である．集団選択の際には，利益を重視するケース，利益を越えた他の要素を重視するケース，またはその両方を重視するケースがあるが，これは決して奇妙なことではない．人間は単純な「経済的人間」ではなく，社会の中で生活する「社会的人間」である以上，人は多岐にわたってさまざまなことを考慮するため，集団に対する共感，そして共感の程度もさまざまな角度から考える必要がある．

個人の特定集団に対する共感が選択可能な場合，利益を越えた他の要素は大枠で以下の五種類に分けられる．

第一は，ある種の感情から生じるものである．例えば，配偶者を自由に選択できる場合，配偶者の家族の一員になり，配偶者と家族としての共感を持つということは，往々にして感情が主な要因となるからである．

第二は，信仰または信念から生じるものである．例えば，個人が自由に選択できる場合，ある党派や政治団体に参加したり，特定宗教を信仰したりすることは，多くは信仰心または信念と関係する．

第三は，理性的選択である．ここでいう理性的選択とは，さまざまなことを考慮した後に，ある特定の集団のほうが，その他の集団と比べて，自分の理想実現に相応しい，もしくは，自分のモラル上の判断基準に相応しいということである．例えば，自分が故郷の経済，教育，文化の成長に責任を持っていると考えた場合や，慈善活動が社会全体に有益であると考えた場合，その人は，特定集団への参加がこれらの事業や活動にとって適切であると判断し，加入することを決め，高度な共感が生まれる．

第四は，個人の興味や好みである．純粋な興味や好みで，協会やクラブを選択し，その一員になることはあり得る．

第五は，名誉・誇りである．これは，社会的に名望が高く，尊敬されている集団に，個人は加入しその一員になることは名誉なことであるため，その集団への加入を選択するということである．

上述したように，個人に選択の余地がある場合，利益を越えた他の要素（感情，

信仰心・信念，理性的選択，個人の興味・好み，名誉）は必ずしも対立するわけではなく，交わったり重なったりすることも可能である．例えば，あるサークルメンバーがその集団に共感を持つのは，利益を越えた他の要素でいうところの，信念かもしれないし，理性的な選択かもしれない．また，名誉の可能性もあり，さらにこれらの三つの要素が共存する可能性もある．総じて，個人に選択の余地がある場合，共感についての理解は，利益を越えた他の要素を無視してはならない．

　共感に関する上記理解をふまえたうえで，公平性の議論を進め，新たな概念を理解していきたい．

第三節　公平性と共感の関係

一　集団における個人の公平感

　何を基準にして公平といえるのか．前述したとおり，所得分配およびその格差のみを考慮して回答しようとするなら，容易に回答し解決できる問題ではない．収入の絶対的水準からみても，相対的水準からみても，公平を判断するための，客観的で統一された尺度は存在しない．機会均等の視点からしても，人は皆スタートラインが異なるため，特定のスタートラインを公平なスタートラインと決めることは難しい．このため，公平に関する問題の解決，または解決へのプロセスをみつけなければならない．共感という切り口で分析すれば，新たな道を切り開くことができるかもしれない．

　一言でいうと，公平性は集団に対する共感に基づいている．ある集団において，メンバーの集団に対する共感が高ければ，公平感も強くなる．その反面，メンバーの共感が低ければ，公平感も弱くなる．もし，集団に対する共感がないのに，依然として集団に所属し続けている場合，構成員に公平感は存在しなくなるであろう．

　なぜ個人の集団に対する共感の程度は，公平感と関係しているのだろうか．それは，個人は集団において集団の他メンバーとの関係を構築し，この人間関係の中から，自身の位置と自身に対する他人の態度を読み取るからである．もし，他のメンバーとの人間関係が順調なら，集団に対する共感が高く，集団における公平感も強くなる．その反面，他のメンバーと上手に付き合えず，冷遇・差別されたり，仲間外れにされたりすると，この集団に対する共感は低下し，

集団内で不公平感が生じるに違いない．このように，個人と集団の関係からみて，公平感は集団に対する共感を示すものである．

　集団には規模の差があり，集団内の人数も異なる．まずは，規模が小さい集団から分析していきたい．

　家庭は最も小さい集団といえよう．生まれて家族の構成員になることは，通常，個人意思には依存しない．両親，兄弟との血のつながりは選択できないが，家庭に対する共感は家庭，または個人によって異なる．たとえ家族ほかの構成員（例えば兄弟）と比べて兄弟ほど両親に可愛がられず，兄弟ほど面倒を見てもらえなくても，個人の家族に対する共感が強ければ，上記の状況をいちいち気にすることなく，そこから不公平感が生じることもないであろう．家庭における公平感は家族に対する共感により生まれる．もちろん，以下の状況もある．家庭において，兄弟と平等に扱われず差別されていると感じたら，家族と疎遠になり，共感が薄くなる．しかし，これは稀にみるケースである．普通は多少不公平感があったとしても，家族を変わらず愛しているため，共感はさほど低下しないのがおおかたの状況かと思われる．

　企業の例では，企業は集団であり企業規模と従業員数を問わず，集団に対する従業員の共感は，従業員の公平感と直接関係する．企業内では，各従業員で給料が異なり，職種の難易度，待遇，昇進チャンスもそれぞれ異なる．これらの差異が存在している以上，それが経済的に合理性を有していても，従業員は必ずしも経済的合理性を公平ととらえるわけではない．もし，このような違いがなければどうなるか．一律の給料と待遇を不公平だと思う人もいるに違いない．このように，各個人で不公平に関する考え方や立場が異なるため，ある立場や視点から平等に思えることも違う立場や視点からは不平等に思える恐れがあり，非常に難しい問題である．しかし，集団に対する個人の共感の程度に注目すれば，個人の公平感あるいは不公平感の問題をより良く解釈できる．

　即ち，従業員の企業に対する共感が高く，企業内部における給料と待遇差に経済合理性があれば，この格差は従業員に受け入れられ，これによる不公平感は生じない．たとえ企業内部における給料と待遇格差が経済的に多少非合理的な部分があっても，企業への共感に基づき，従業員は自らの考えを適切なルートで企業に伝えることができれば，不公平感を原因とする企業との不調和や衝突は生じない．しかし，社員が企業に対して共感度が低い，もしくは足りていない場合，企業内部の給与と待遇面格差は経済的に合理的であっても，従業員

に不公平感が生まれることになる．企業内部における給与と待遇面の格差が経済的に非合理的であれば，従業員により強い不公平感が生まれるだけでなく，企業と対立することもあり得る．

　次に，社会を集団ととらえて分析していく．社会とは大きな集団であり，個人は，社会という集団における無数の構成員の一人に過ぎない．集団規模を問わず，社会に対する構成員の共感は，多くの問題の原因である公平感，即ち自分が公平に扱われているかどうかに影響する．収入，職業，教育，尊敬される度合など，いずれも他の構成員と比較することで，公平感あるいは不公平感といった問題が生じてくる．もし，社会に対する構成員の共感が高ければ，社会における合理的格差を不公平ととらえず，受け入れることができる．社会の一部の格差が非合理的だと考えても，自分の考えを伝えるため，社会と非協調的な状態に陥ることはない．不公平感は，社会に対する共感の低下とともに増加し，社会に対する共感の向上とともに低下する．ここから以下の結論が得られよう．社会に対する共感が高ければ高いほど，社会構成員の公平感は強まり，不公平感が弱まる．

二　公平性と共感の関係についてのさらなる分析

　ここまで，公平性と集団に対する共感を関連付けた考察を行ってきた．上記考察を踏まえ，公平性と共感の関係についてさらに説明していきたい．

　第一には，上記分析を通じて，集団に対する個人の共感が公平感や不公平感の発生と直接関わっていることが分かる．しかし，これは所得分配格差の合理性と公平性の関係や，機会均等が公平性を意味するといった論点を否定したわけではない．所得分配格差の合理性と機会均等は，公平の意味を理解する上で重要であるが，公平性基準の判断においてさまざまな制約や限界があるため，公平性に関する研究が難航する．過去の公平に関する研究の不足点を補うために，共感の視点から再議論する必要がある．加えて，前述したように，集団内部において，所得格差が合理的であっても，集団に対する構成員の共感が低い場合，不公平感が生じる．その反面，集団に対する構成員の共感が強い場合，所得格差が非合理的だとしても，構成員はその状況を受け入れると同時に，自らの意見を述べ，それが原因で集団と対立することはない．このように，所得格差の合理性を公平かどうかの判断根拠とするには限界がある．

　第二には，集団には規模の差があり，その差が非常に大きい場合もあること

が挙げられる．集団規模が小さいほど，集団に対する構成員の共感が生まれやすい．集団に対する構成員の共感は，公平感（不公平感）が生じる原因を明らかにすることに役立つ．集団が大きすぎれば，集団に対する個人が共感を得ることは難しくなり，公平感（不公平感）を解釈するにあたっては，個人の共感の重要性が低下することは容易に理解できる．例えば，数万人の従業員を有する企業と，百人未満の従業員を有する企業を比べる場合，前者の方が後者より，集団に対する個人の共感を得るのが容易でないことは当たり前である．言い換えれば，中小企業では会社に対する共感が高い傾向にあるが，大企業では，そのハードルが高くなる．したがって，中小企業では，企業に対する従業員の共感が生まれやすいため，公平感が生じやすい．それとは反対に，企業規模が大きすぎる場合，従業員は公平感を感じることが難しくなるため，不公平感が生じやすい．

　第三には，上記議論に沿ってみれば，国家は大企業よりも遥かに大きな集団である．公平感はたやすく生み出されるものではない．企業ですら，従業員の企業に対する共感を得るのは難しい．ましてや，国に対する国民の共感，公平感を得ることはさらに困難なのではないだろうか．確かにそのとおりである．しかし，前述したように，国に対する国民の共感と，企業に対する従業員の共感とは異なるものである．企業に対する従業員の共感は，一般的に利益を基とするが，国に対する国民の共感は，利益を越えた他の要素を基とする．それゆえ，国は企業より規模がはるかに大きいものの，国に対する国民の共感は，企業が従業員から共感を得るより難しいわけではない．利益を越えた他の要素は，ここで重要な役割を果たしている．大企業の場合，利益を越えた他の要素によって従業員から企業に対する共感を得られるならば，企業に対する従業員の共感がますます高くなるだろう．

　第四には，個人は複数集団の構成員になり得ることである．例えば，家庭や家族のメンバーである人が同時に，コミュニティのメンバー，職場・学会・クラブのメンバー，そして社会のメンバーでもある．いかなる集団に所属する構成員であるにせよ，その集団において公平に扱われているかどうかを感じ取ることで公平感（不公平感）が生じるため，この場合の公平感（不公平感）は，一つに限らず，所属集団の数だけ複数生じると考えられる．これには，以下のようなケースが挙げられる．ある集団において公平と感じるものの，別の集団においてはやや公平に感じ，また別の集団においては不公平だと感じている．そ

して，さらに別の集団においては極めて不公平に感じている．上記のような状況は一般的にみられるものである．そして，これはある意味で集団規模に関係しており，集団規模が小さいほど，各構成員の間での協調がとれやすく，集団に対する個人の共感は比較的強くなる．逆に，集団が大きいほど，協調がより困難になり，共感を得ることもより難しくなる．規模以外にも，集団の性質および，利益（利益を越えた他の要素）をモチベーションとして集団に加入したかどうかに関連している．利益を重視するほど，集団に対する個人の共感を得るのがより難しくなり，公平感（不公平感）に対する感受性はより敏感になる．しかし，利益を越えた他の要素をより重視する場合，集団に対する個人の共感はより容易に得られ，個人が公平感（不公平感）に対してそれほど敏感ではなくなる．

　第五には，公平性は社会の安定性に関わるため，不公平感の高まりは社会不安をもたらす恐れがある．公平感（不公平感）は人々の感覚であり，収入（個人の絶対収入と所得分配格差の大きさを含む）だけに由来するのではなく，また機会が均等であるかどうかのみに由来するわけでもない．したがって，公平性と共感の関係を明白にすることで，社会安定の維持と社会における不安定要素の低減につながる．社会において，構成員と社会という集団が協調し，構成員が社会に対する共感度が向上するほど，不公平感の低減に寄与し，社会安定につながる．この結論について，異論はないであろうが，真に個人と社会のような大きい集団が協調し，構成員の共感度を向上させるのは容易なことではない．これは社会的な協調性を向上させる中で，細心の注意を払って解決すべき問題である．

　第六には，利益を越えた他の要素をモチベーションとし，個人が加入した集団は，崇高たる理想や目標を持っている可能性が高いことである．メンバーは高い理想と目標を共有しているため，集団に対して高度な共感が得られるようになる．しかし，往々にして問題を引き起こすのが，理想や目標の実現のために努力していない，うその発言や言動不一致の行動をとる，目標に向けて集団をリードする実力がないという集団の上層部や実際の責任者であり，この場合，メンバーを失望させ，集団に対するメンバーの共感度も大幅に低下させてしまう．このように，利益を越えた他の要素により，集団に参加したメンバーであっても，集団上層部や責任者の無能が発覚すると，集団に対するメンバーたちの共感は低下し，不公平感も必然的に増大する．メンバーは，集団指導者や責任

者に騙され，翻弄されたと感じると同時に，言動不一致で私腹を肥やす集団の指導者や責任者に追随するメンバーたちと比べ，自分は集団内部で冷遇・排除される立場になったと感じ，尚更不公平感が生じてくる．それは特殊な不公平感である．

三　スタートラインの公平性と結果の公平性に対する共感

　スタートラインの公平性と結果の公平性は同じ概念ではないが，それぞれの公平性に対する共感は統一できるものである．

　スタートラインの公平性に関する一般的な解釈は，全員が同じスタートラインに立っていることである．機会均等が意味する公平は，スタートラインの公平性について述べるものである．実際，家庭背景や出身地，受けた教育などが異なるように，すべての人が全員同じスタートラインに立つことは難しいため，機会均等は必ずしも実現できるものではない．[7]　それでも，一部の人為的な差別に比べ，機会均等の方がより優れており，法の下で全員が平等であることはスタートラインの公平性に向けて大きく邁進したのである．ポストや昇進は資格の持っているすべての人に開放し，取引には条件の備わったすべての人が参加できるようにすることで，差別をなくし，職業と競争における排他性を排除し，現実生活における機会均等が実現したといえよう．スタートラインの公平性に関しては，この方法で理解するしかない．

　結果の公平性に対する一般的解釈とは，公平競争の結果として，最も適格な人あるいは最も優秀な人がつくべき職位につき，取引における収入は生産要素の量と質によって決まることである．このように結果の公平性を理解すれば，格差が存在したとしても合理的なものとなる．これは，平均主義を結果の公平性の反映とみなす視点とは対立しており，平均主義は結果の公平性を明らかに歪曲している．事実，上記の方法で結果の公平性を理解する場合にも，依然として限界がある．

　例えば，競争を経て，適格な人や優秀な人がその職位につくことは問題ではないが，以下の疑問が生じる．適格や優秀さをどのように判断したのか，この判断は包括的で正確なものであるか，判断した者に私欲はなく，全情報を把握した上で公正に判断したのか，判断した本人は競争を経て，判断能力があると

7）　厲以寧：『経済学的倫理問題』，生活・読書・新知三聯書店1995年，第10-12頁．

証明された者であるか，などである．

　また，労働に応じて分配することは，従来は結果の公平性を表わすものであるとされていた．なぜなら，取引における収入は，提供する生産要素の量と質に依存するとする原則と整合するからである．少なくとも，個人の絶対的収入が公平かどうかという問題の判断において，労働に応じて分配することは適用可能な基準であると思われる．しかし，この基準にも以下の欠点がある．労働に応じて分配するとき，その基準となる「労働」とは何か．過去の労働が得ていた「労働」の水準なのか，それとも実際の仕事に費やした「労働」そのものなのか．場合によって，さまざまな種類の「労働」を一元化し，すべての収入計算に適用可能な「労働」に換算でき，普遍的に受け入れられる方法はあるのか．労働に応じる分配は，誰がどのように行うのか．これらの問題はいまだに理論的に解決されていない．さらに，労働に応じる分配は結果の公平性を判断する基準として実施する際に困難に直面することがある．政府の職員にとって，労働に応じる分配原則に基づいた適切な賃金水準はいくらかなどをはっきり説明できる人はいるだろうか．企業においては，従業員の収入をどの程度に設定すれば，労働に応じる分配原則に適しているといえるだろうか．結果の公平性を反映すると思われる労働に応じる分配原則ですら，これだけ確定できない要素があるわけである．他の生産要素による分配を結果の公平性を反映する基準にすることはもっと困難である．いずれにせよ，結果の公平性と提供した生産要素，経済的効率を結び付けたという点において，より適切な判断方法がない限り，この「提供された生産要素の量と質」による方法は依然として有用である．なぜなら，結果の公平性と生産要素の提供を結びつけたと同時に経済効率とも結びつけたからである．

　人々にスタートラインの公平性と結果の公平性を含む公平性に賛同を得るには，公平の定義を正しく理解してもらう必要があるが，決して容易なことではない．個人はそれぞれ自分自身の経験と現実に置かれている立場や地位から公平性を理解するため，境遇，立場，地位などによって感じることも異なる．

　スタートラインの公平性に対する共感という視点からすると，人が機会均等だけでなく，スタートラインにおける地位，収入および財産状況に格差がないとき，スタートラインが公平だとはじめていえると考えられる．機会のみ均等で，スタートラインにおける地位，収入，財産に格差があるときは，不満はあるものの容認できるときもあれば，容認できないときもある．同様に，スター

トラインにおける地位，収入，財産はほぼ同じであるが，機会が均等でなければ，人々にとって同様に不満を覚えるものの容認できるものもあれば，容認できないものもある．もし，機会が不均等でスタートラインにおいてもさまざまな格差があれば，人はきっと我慢できないだろう．それは明らかに，スタートラインから不公平なためである．ここからも分かるように，機会の均等，スタートラインにおける地位，収入，財産の平等といった条件をすべて満たした場合のみ，人々はそれをスタートラインの公平性として感じることができる．

結果の公平性からみると，結果の公平性に対する共感はスタートラインの公平性に対する共感よりも難しい．なぜなら，スタートラインを不公平に感じている場合，たとえ絶対的収入水準と所得分配格差が合理的だとしても，結果の公平性に対して不満を感じてしまうためである．もし，スタートラインを公平だと感じている場合，結果の公平性については，個人は実情に応じて具体的に判断するであろう．絶対的収入水準が適切な範囲にある場合，個人はその結果を受け入れるが，その結果を公平ととらえることもあれば，相対的収入水準，即ち収入分配格差がまだ不公平であると考え，結果の公平性に不満を感じることもあるであろう．もし，スタートラインと結果の両方を不公平だと感じている場合，このような現実は受け入れがたいものであろう．そして，不満に感じる人が増えるにつれて，社会的不安定も増幅していく．

上記の分析から分かるように，人々がスタートラインにおける公平性，結果の公平性に対する考えを重視するだけでなく，人々に両者に対する共感を統合させることも必要である．スタートラインの公平性，または結果の公平性の片方に共感を持つのは，甚だ不十分である．ではどのようにして，スタートラインと結果に対する公平性への共感を統合すればよいのだろうか．前述した個人と集団の協調性に話を戻す必要がある．

もし，個人が集団やその構成員と協調しているならば，集団内におけるスタートラインと結果の公平性への共感は比較的統合しやすくなる．スタートラインと結果の公平性に多少の不満があるとしても，この不満を正常なルートを通して述べることができれば，衝突には至らないであろう．社会のような規模が大きい集団についても，社会に対する個人の共感度が高ければ，スタートラインと結果の公平性に対する人々の共感も統合させやすい．前述したように，公平性に関する客観的，公式な判断基準などが欠けている条件のもとでは，公平感（不公平感）は集団における構成員が持つ感覚であるため，人間関係が円滑な場

合にのみ公平感が増大し，不公平感は軽減される．

第四節　共感と相互理解と扶助

一　共感と相互理解の関係をめぐる歴史的考察

　ある集団において，構成員の協調性と集団に対する共感を高めるには，相互理解・相互扶助が極めて重要である．これは，集団における構成員の不公平感を下げる有効な方法の一つである．

　集団における各構成員間の相互理解は集団が形成された時点から存在している．集団とその構成員たちが苦境におかれているとき，メンバー同士の相互理解，相互扶助精神がなければ，集団は発展どころか，存続さえ難しくなる．また，集団とその構成員が順調な環境においても，この相互理解の精神は依然として必要である．相互理解により，集団の結束力が強化され，効率は向上し，集団に対する構成員の共感も向上する．相互理解，相互扶助の精神がなければ，構成員間に摩擦・不調和が生じ，さらに集団の分断，崩壊，最終的には消滅を招くことがある．

　静態的社会における集団とその構成員の生存と成長に対する相互理解，相互扶助の影響力は，特に中小生産者に顕著に表れている．残念ながら，中小生産者の意識について言及する際，その保守主義，平均主義，変革を嫌うなどのみに注目し，相互理解，扶助に関わる忍耐と頑張って奮闘する精神，相互理解と扶助にとって不可欠な団結力と，結束力を無視しがちである．クロポトキンは『相互扶助論』において以下のように述べた．

　「中世ギルドの社会性に関して，いかなるギルドのルールを用いても説明することができる．古代デンマーク人のギルド規程を例に挙げると，まず，ギルド全体を支配する兄弟の情に溢れる解説文があり，次に，構成員同士，あるいは構成員と外部の人との間における対立や紛争に関する独立裁判規程であり，最後に構成員たちの社会的責任が記載されている．もし，一人の構成員の家が焼失した場合，あるいは船が遭難した場合，礼拝の途中で交通事故に遭遇した場合は，他のすべての構成員が彼を助けなければならないという規定があった．一人の構成員が重病を患った場合，他の構成員が介護して挙げなければならない．一人の構成員が亡くなった場合，他の構成員は彼を聖堂の墓場で埋葬しなければならないなどの規則もあった．そして，その構成員の死後，必要に応じ

て，残された子どもたちを扶養し，残された妻はギルドの姉妹の一員となる.」[8]

　調停は，人と人の紛争と衝突を解決する方法としての長い歴史があり，その歴史は中世ギルドよりも長いと言われている．調停は慣習に従うもので，モラルは極めて重要な役割を果たす．調停が成立し効力を果たすには，調停人の権威と信用だけでなく，当事者間の相互理解・扶助も必要である．もし，当事者の片方がいかなる譲歩も拒めば，調停が行き詰まり，困難になる．調停人の権威と信用を用いても，和解という目的に至るのは難しい．相互理解・扶助は，「損得の大きさ」や「誰かの利益，損になる」といったことではなく，ある集団がどのように共存していくかの問題である．当事者双方が極めて小さな集団にいるケースもある．例えば，兄弟二人は喧嘩や対立があっても，同じ家庭のメンバーである．また，当事者双方が異なる集団のメンバーである場合もある．例えば，同じ家庭・家族，同郷，同じコミュニティの構成員ではないが，社会という大集団の一員である場合だ．このように，相互理解・扶助は，同じ集団内の中で，集団と構成員の共通利益のために，ときにはお互いに譲歩し協調する必要があることを意味する．このことは集団が苦境にある時も，順調な時も必要である．

　構成員の相互理解・扶助を消極的なものとしてとらえてはならない．消極的か積極的かの評価は，社会と経済発展への影響を考慮せずには下せない．構成員の相互理解・扶助は，結束力の増加，共感度の向上，不公平感の低減につながり，集団や社会経済の発展を促す．これが相互理解・扶助の積極的な役割に対する認識である．

　一時的な集まりによる集団も存在するが，通常の集団と同じように，構成員間の相互扶助の精神が必要となる．中世のハンザ同盟の航海日誌に当時の状況が反映されている．

　ハンザ同盟の船が港を出て，最初の半日が経過すると，船長はすべての船員と旅客を甲板に集め，以下の宣言をした（当時の当事者の記載による）．「我々は今，神と海の支配の下にあり，人は皆平等であるべきである．我々は海の上で，強風，大波，海賊，その他困難に囲まれており，この航海を順調に進めていくには，我々は厳格に秩序を保たなければならない．これは，我々が平和を祈り，航海法の規定に沿って裁判席に座る人間を指定する理由である」．そのため，

8）　P. Kropotkin：『互助論』，商務印書館1963年，第158-159頁.

第三章　公平と共感　99

船員たちは，裁判長一名と裁判官四名を選出した．航海が終了した後，裁判長
と裁判官たちもその職務を終えるが，船員に対して，「船で起こったすべての
ことについて，お互いに許しあい，過去のことは水に流していくことにしよう．
私たちは正義のために適切な判決を下した．そしてこれが，誠実と正義の名の
もとで，起こり得る恨みを忘れてほしい理由である．また，誤った考え方で恨
みをもたぬように，パンと塩を持ち誓いをたてて欲しい．不当に扱われたと思
うことがあれば，誰もが陸地で裁判長に申し出ることができ，日が暮れる前に
公正な裁判をしてくれるように願い出ることができる」．そして上陸後に，罰
金と没収した財産は港の裁判長に渡し，貧乏人に分け与えられた[9]．

　当時の経済的・技術条件の下で，相互扶助の精神がなければ，船員と旅客が
協調的に船で何日もともに暮らすことは想像し難い．相互扶助があることで，
船員と旅客からなる一時的な集団は，航行中や波や風にさらされながらも，さ
まざまな困難，難関を乗り越えられたと考えられている．

　もちろん，社会経済の発展において，容認と譲歩が逆行的な役割を演じなかっ
たかというと，全くそうではない．なぜなら，時代遅れの社会構造と経済構造
を適切でないやり方で継続させることは，社会経済変革の速度を遅らせてしま
う恐れがあるからである．しかし，社会経済の発展の歴史全般からみると，容
認と譲歩の積極的な役割が依然としてメインとなっている．それでは，現代の
社会経済における容認と譲歩をどのように評価すべきか．この課題について，
続けて理解を深めていこう．

二　現代の社会経済における共感と相互理解・扶助

　現代の社会経済において，共感と相互理解・扶助の積極的な意味は，家庭の
ような小さい集団のみならず，社会のような大きな集団にも存在している．企
業という集団においても，共感と相互扶助の役割は無視できない．まずは，パー
トナーシップ制をとる企業から分析していきたい．

　すべてのパートナーシップ企業は，共感と相互理解・扶助の上に成り立つ集
団であり，その相互扶助には顕著な特徴がある．パートナーシップ企業は，各
パートナーが協定に基づいて共同出資，収益共有，リスクの共同負担を行うも
のであり，パートナーが企業債務に対して無限連帯責任を持つものである．共

9）　同上，第157頁.

同出資者が連帯責任を負うため，共同出資者であるパートナー間の相互信頼は
とりわけ重要となる．企業の健全な成長のためには，パートナー間の円滑な関
係，相互信頼，相互尊重が前提となる．もし，共同出資者間に相互扶助の精神
がなく，企業の利益を最優先にできなければ，共同出資者同士が集まることは
ないであろう[10)]．

　一部の国では，パートナーシップ企業関連の法律が制定されていたが，長い
歴史において，過去にパートナーシップ企業関連の法律が存在しなかった国も
ある．しかし，パートナーシップ企業は昔の古い企業組織形態である．関連法
がない昔，共同出資者はどのようにして，無限責任を負う合同会社を設立した
のだろうか．それは慣習およびモラルに基づいた共感を頼りにしたのである．
共同出資者は，共感によりパートナー企業を設立し，存続・発展させたのであ
る．関連法はできたものの，法律だけに頼っていては不十分である．法律には
共同出資者の権利と義務，共同出資者間における財産の譲渡条件，共同出資者
がその他の共同出資者に賠償すべき条件，および共同出資者が撤退する条件な
どが規定されているが，パートナー企業の細部まですべてを法律で明確に規定
することはできない．パートナー企業の特徴は，「人による協力」，または「人
の和」である．共同出資者が互いを信頼し，尊重できないなら，「人による協力」
や企業設立は実現できない．共同出資者同士が，事あるごとに激しく論争し譲
り合えないなら，業務展開も事業発展もありえない．共同出資者は，お互いに
協力しなければ企業の存続が難しいことを，一番よく理解している．

　さらに指摘すべきことは，共同出資者が無限責任を負う投資家であるため，
投資家として複数の投資家からなる集団に対して高度な共感を持つ必要があ
り，また，すべての共同出資者が集団に対して公平感を持たなければならない
ことである．即ち，自分とその他の共同出資者の地位と待遇が同じであると感
じる必要がある．さもなければ，無限責任を負わないであろう．言い換えれば，
パートナー企業において，不公平感を抱く共同出資者が企業の設立に加わって
も，最終的に脱退してしまうであろう．共同出資者は自分が集団から差別され
ていると思えば，その他の共同出資者のために無限責任を負うだろうか．

　現在の社会経済において，有限責任会社は普遍的な企業組織である．有限責

---

10)　企業における相互信頼に関するさらなる議論は本書第七章の「社会信用の再構築」を
　　ご参照．

任会社と株式有限会社はいずれも株式会社であるが，両者の区別は，株式譲渡方式にある．株式有限会社の場合，他の株主の同意を得る必要はなく，株主は，自己の保有株式を譲渡できる．一方，有限責任会社の場合，株主は事前に過半数の株主の同意を得なければ，自身の保有株式を譲渡することは認められない．このように，有限責任会社という企業組織のもと，投資家は有限責任のみ負担し，自己出資金額を限度に会社に有限責任を負い，企業は全財産を持って債務責任を果たすことになっているが，この場合においても，「人による協力」または「人の和」は変わらず重要である．人が協力すれば，有限責任会社の成立，存続，成長が可能になる．人の協力がなければ，有限責任会社はたとえ成立できても，存続することはできない．したがって，有限責任会社の株主などからなる投資家集団（株式総会）においては，相互理解・扶助は不可欠であり，共感と相互扶助は切り離すことができないのである．投資家の各自の権益保護は，法律によって定められている．すべての有限責任会社がそれを守らなければならないが，経営に関わるさまざまな具体的問題をすべて法律の条文に取り入れられることは可能なのか．投資家の間に対立や，意見の食い違いは存在しないだろうか．これらはいずれも協議や，相互理解・扶助が求められる．相互理解・扶助は，投資家の利益保護という大前提の下で機能し，相互理解・扶助の結果，投資家の提携はより円滑になり，企業はさらに発展する．投資家は有限責任会社および株主総会といった自分の所属する集団に対する共感を持つことで，自分とその他の構成員が平等であると感じ，公平感が生じる．公平感により，ある程度の問題が生じた場合でも，譲り合うことで株主間の相互理解・扶助の実現はより容易になる．相互理解・扶助の実践とその行動が企業にもたらすメリットは，集団における株主の公平感を強化することである．これは利害関係者双方が会社の成長によって自分自身も利益が得られることを理解しているからである．また，相互扶助を通じて相互理解がより深めることができよう．

　以上，投資家の関係（パートナー企業における共同出資者の関係，有限責任企業における株主の関係）について述べた．投資家に限らず，会社における職員，市場取引を行う個人，社会におけるさまざまな利益集団にとっても，相互理解・扶助は積極的な役割を果たしている．相互扶助は，卑屈になったり妥協したりすることではなく，原則から乖離することでもない．相互理解・扶助は，現代の社会経済において，多くの人々がさまざまなつながりを持っているなか，発展す

ることのみが全員の利益になることを示している．このため，一部の問題に関して，お互いに一歩譲歩すれば，逆に物事が容易に解決できるのだ．人間は「社会的人間」という視点で考察することで，共感と相互理解・扶助の意味をより明確に理解できる．

　現在では，たとえ家庭という最小集団においても，共感および共感と密接に関わる相互理解・扶助精神は積極的な意味を有している．経済が高度成長し，一人当たりの所得水準が大幅に向上した後には，基本的に家庭規模はますます小さくなり，子どもは成人になると親から独立し，自分の家庭を作るようになっている．元の家庭は徐々に「空き家」になり，独居老人だけが残り，子どもとの連絡もだんだん少なくなってしまう．そして，一部の家庭において，活気がなくなり，いわゆる「人生に対する倦怠感」もそれに応じて生じる．「人生に対する倦怠感」は，ある意味で家庭生活に対する無関心の気持ちでもある．このような状態では，家庭に対する共感，家族間・世代間の相互扶助が特に重要になる．相互扶助により家庭生活の楽しみと自信を取り戻すだけではなく，家庭という集団の役割をよりよく活かすことにもつながる．

　ここで，公平感と不公平感に対する新たな解釈ができる．共感と相互理解・扶助は，構成員の公平感を高め，不公平感を軽減する．機会均等と収入分配に関する公認の評価基準がない場合においては，不公平感がより強く現れる．

第四章

法律と自律

第一節　市場，政府と法律

一　法律に準拠すべき市場と政府による調整

　現代の社会経済では，市場による調整と政府による調整が存在しているが，両方とも法律に基づいて実施されなければならない．

　市場運営において，準拠できる法律があり，またそれに従わなければならないことは非常に重要である．市場には取引者が多く，それぞれ独自の選択をしているため，選択が分散的で，参加者の間には競争が存在している．取引者は市場の主要プレーヤー，即ち市場主体であり，その行動は規範化され，取引者の間の競争は市場秩序のある正常な経済環境で行われなければならない．法律が完備されていなければ，取引者個人の意思決定や選択は不可能になるだけでなく，他の取引者の意思決定や選択を理解することもできない．法律が完備されなければこのような状況になるが，法律が存在せず（準ずべき法律がない），または法律が機能しない場合（法律に従わない場合，法律のとおりに実施しない）場合には，取引者の意思決定はなおさら困難になると考えられる．

　法律が存在することで，市場取引のプロセスにおけるすべての企業と個人の違法取引や不正競争を防止することができ，すべての企業と個人の合法的な事業や正当競争が保護され，その権益が侵害された場合にはそれを追及することができる．法律が存在しなければ，市場取引は混乱し，誰も利益を得ることはできない．たとえ企業や個人がこの規則のない競争で多少便益が得られたとしても，次の競争で負けない保証はない．このように，法律のない市場では真の勝ち組がいるかどうか，はっきり分からない．したがって，市場調整は法律に準じなければならない．法律が完備されていない状況もあるが，法律が存在し法律に準拠している限り，取引者は意思決定をすることができ，取引も続けることができる．

　政府は政府による調整を用いて，社会・経済を調整するが，政府が実施する

マクロ経済政策にも法的根拠が必要であり，その取り組みも法律に基づいたものでなければならない．政府による調整と法律の制定・実施は対立するものではなく，むしろ互いに代替可能である．政府機関が取引活動における主体の一つとして，政府調達，職員の雇用，資産売却などを行う場合は，法律を遵守し，契約を守らなければならない．契約を尊重することは，取引相手の平等な地位および合法的権益を尊重することであり，契約の当事者として政府は契約相手より強い立場にあるべきではない．これらが実現できてはじめて，市場経済における政府行動は規範的なものであるといえよう．

　市場による調整であろうと，政府による調整であろうと，誠実さと信用は尊重されるべきである．市場による調整の下では，すべての取引主体は法律に従い平等の権利を享受し，平等に責任を負うのである．取引をするときは，取引者が誠実と信用を堅持し詐欺行為を根絶させるべきであり，誠実・信用の原則を損なう行為は法律によって制裁されなければならない．また，政府による調整の下では，政府が社会と経済の管理者として，誠実・信用の原則に従い，国民からの信頼を得ることで，その管理が効果的になる．政府が原則に従わなければ，国民はさまざまな方法を用いて政府による不誠実で信用できない行為に抵抗するだろう．このような状況では，政府は自分が市場取引者ではないという口実を使って，誠意・信用の原則に違反してはならない．契約当事者として登場する政府機関は，取引や契約の一当事者でもあるため，同様に誠実・信用の原則に従うべきである．そうでなければ他の取引者の権益を侵害してしまうことになる．法律は管理者および取引者の両方としての政府を制約する役割を果たし，政府による調整の効果を保証する重要なものである．

　この点は既に，歴史上にみられる多くの事実によって証明されている．法律に制約されない政府は，たとえどれほど強力な政府であっても，どれほど強い国家機能を掌握していても，法律の定めた境界を越えてしまえば，国民の信頼を失うものになってしまう．そして，国民の信頼を失うことは政府に大きな損失をもたらすため，それを短期間で回復させることは困難である．残念なことに，法律に制約されない政府には，自分が万能で，何をやっても通せるという思い込みがある．その結果，政府は誤った認識の泥沼に沈み込み，抜け出せなくなる．

　法律の権威性は法の一般性，平等性，公開性に表される．法律は普遍的に適用され，誰もが遵守しなければならない規則であり，法の前では誰もが同じ基

準で扱われる．また，法律は全員に理解されなければならず，理解することで
はじめて法律を遵守することができる．これは法律の権威性の裏付けでもある．
法律に権威性がなければ，その機能を果たすことはできない．

　法律の一般性，平等性および公開性は，すべての公務員にも同様に適用され
る．政府による調整は法律に準じなければならない．これは公務員が法律を知
り，法律を遵守し，法律に従って行動しなければならないことを意味している．
しかし，これは権力と法律の関係に関わる問題でもある．権力のほうが強いの
か，それとも法律の方が強いのか，法律が権力に従うか，それともその逆なの
か．これは長年にわたって存在している古い課題である．権力と法律の矛盾を
どう扱うべきか．どのように確実に法律に準拠し，法律の執行を厳格にし，違
法行為を徹底的に追及すべきかといった問題に関しては，理論的に説明する必
要がある．以下では，さらに議論を進めていく．

二　政府調整における権力と法律の対立

　政府による調整は関連政府部署により統括して行われる．政府担当部署にお
ける権力者が政府による調整を遂行するプロセスにおいて，その職位に応じて
権力を行使することができる．したがって，政府部署担当者は，社会と経済を
適切に管理し，経済を効果的に調整することができると同時に，個人や親戚の
利益のために権力を濫用する恐れもある．通常「権力の私物化」とはこのこと
を指している．

　さまざまな権力の私物化を防ぐために，政府による管理と調整は法律に従い
執行されなければならない．まず，解決すべき問題は根拠となる法律がなくて
はならないことである．法律があるからこそ，法律によって物事を処理できる
ようになる．権力者が法律に基づき業務を処理しなければ，法律による追求は
免れないであろう．権力者が管理・調整を行う際に，法律より権力を優先し，
あるいは法律の代わりに権力を行使する現象があるかどうかは，法律と権力の
関係における肝心な点である．例えば，権力は権力者が握っているが，権力者
が法律を軽視すれば，法律はあってないのと同然であり，法律に準じなくても
仕事が進められるわけである．また，権力者は権力さえあれば，法律を顧みず，
関連法律規定を自分の意志で変更できると考えた場合，どのような結果を招く
のか．権力者は法律が自分以外の者に対して効力を持つが，自分にとって拘束
力あるいは実際何ら意味を持たないと考えれば，法律の有効性に疑問が生じる

だろう．さらに，権力者が権利を持っているため，自分の行為を思うままに解釈し，合法化するために自ら新たな法律を制定したり，既有の法律を自らの意図によって解釈したりすれば，どうなるであろうか．権力者が法律より権力の方が強いと考えるならば，法律による権力付与，法律による権力への制約，法律による権力の規範化は実現できないのである．むしろ権力に法律が支配され，権力が法律を凌駕することになるかと思われる．人類の歴史上，このような権力と法律の対立は既に数千年続いており，この問題はいまだに解決されていない．

　伝統的な政治・社会構造から，現代的な政治・社会構造へ転換しつつある発展途上国では，この問題はさらに重要である．社会主義制度の下で，モデルチェンジしている国もその例外ではない．発展途上国の経済発展は，いずれもさまざまな障害を乗り越えて達成されたものである．発展途上国が経済発展の途上において直面している最大の壁は，伝統的な政治構造と社会構造であり，しかもこの二つは密接に結びついている．伝統的な社会構造は伝統的な政治構造によって維持されながら，必然的であるが，伝統的な政治構造を支えていた．伝統的な政治構造も社会構造も前資本主義的なもので且つ封建的である．封建的政治構造では，権力者がいかなる方法で政権を獲得したかにかかわらず，政権を手に入れた政府は専制的なもので，最高権力者の権力はすべての存在を抑え最高位に位置付けられていた．そこには法律はなく，またそれがあったとしても形式のみであり，法律は権力に屈して，権力者の行動を解釈するための法律でしかなかった．このような社会においては，政府による社会経済生活への支配や関与はより直接的であった．法律が存在しないか，法律が権力に屈していたため，政府の社会経済生活に対する支配や関与も恣意的，独断的，独裁的であった．このような権力と法律の衝突はすべての発展途上国に存在しているが，その衝突の激しさは国によって異なる．

　一部の発展途上国，特にその農村地域では，家族制度，家長制度，族長統治が伝統的な政治構造の一部を構成している．宗教勢力による統治が伝統的な政治構造に含まれている地域もみられる．これらの制度・統治は経済発展が遅れている都市や農村の政治構造の基礎をなしているといえよう．このような地域にとって法律は馴染みのないものである．法律がなくても，地域の有力者による統治があればそれでよいのではないか．こういった地域では，法律は存在しないか，権威に屈して機能していないかであるため，家長，族長，宗教勢力が

地域の権威を代表しているのである.

　このように,権力と法律の衝突に関わる重要な問題は,権力と権利はどちらが重要かということになる.権力は法律が授けたものであり,法律によって定められるものであるが,権利は法律が守るものであり,これも法律によって確定されている.法律は権利を保護し,権力を制約する.これは権力と権利の関係性の一つの側面である.一方,法律が権力を授けて,権力者が権力を用いて法律が定められた権利を守る.これは権力と権利のもう一つの側面である.この二つの側面は統合することができる.権力を重視し,権利を軽視することは法律原則に反することである.これは権力を重んじて法律を軽視,ないし無視することに等しい.普通の住民が権力を重視し権利を軽視することは,法律意識の希薄さの現れであり,伝統的な政治構造の影響を受けたことに起因するといえる.しかし,権力者が権力を重んじ,権利を軽視するのはその法律意識の希薄さだけでなく,伝統的政治構造による優越感や特権思想に起因し,法律への軽視を反映している.

　法律の中心的課題は権利の保障である.権力のみを強調すれば,法律で保護されている権利は軽視されてしまう.権力と権利の関係において,権利を最優先し,権力を権利で守る手段と見なすのみでなく,権利と義務の関係においても,権利を最優先し,権利を保障するのが法律の目的である.権利がなければ義務もその意義を失うのである.権利と義務は対称的な関係にあり,表裏をなす.義務は権利の実現を保証するための存在である.国民が背負うべき義務のみを重視し,保証されるべき権利を軽視するならば,権力に対する制約が緩められ,権力濫用につながる.これは法律に対する曲解でもある.なぜ監督する必要があるのか.監督とは権力を法律規範に従わせるために必要な手段であり,その基本的な目的は権力を制約し,その濫用を防ぐことである.この問題に関しては,本書の第六と第七章で詳細に分析することにし,次に慣習,モラルと法律の関係について考察してみたい.

第二節　慣習,モラルと法律

一　法律制定後の第三調整の役割
　本書の第一章では慣習とモラルによる調整が市場および政府による調整以外の第三の調整であることを明確にし,本章の第一節では現代社会における市場

および政府による調整と法律の関係について論じた．この節では現代社会における第三の調整と法律の関係について分析を進めていきたい．

　前述したように，慣習とモラルによる調整は，市場および政府による調整よりはるかに早い時期から既に存在していた．法律の公布と施行は，政府が統治を確立し，効果的に行うようになった後のことである．このため，慣習とモラルが最初に機能していたときには政府や法律は客観的に存在していなかった．市場による調整が最初に機能したときも政府や法律は存在していなかった．このように，慣習とモラルによる調整と市場による調整はかつて法律が存在しない中でその機能を果たしていた．

　法律が制定された後も，慣習とモラルによる調整は機能し続けている．法律の規定を限界とし，法律の規定に反してはならないことは疑う余地はないが，ここで問題となるのは，慣習とモラルによる調整と法律の関係性である．慣習とモラルによる調整は法律に基づき，法律に従うべきであるのか．まだこのように結論付けることはできないようである．慣習とモラルのよる調整は法律の範囲内で行われ，法律に反してはならないが，法律に従属・付属するものではないと考えられる．

　まずは市場と政府による調整が機能するようになってからの慣習とモラルによる調整の補完的役割についてみていきたい．市場において，市場による調整は基本的ものであり，この市場による基本的な調整が機能している状況で，慣習とモラルによる調整が補完的な役割を果たしている．以下三つの点から具体的に分析していく．

　第一に，市場経済には公平な競争が必要である．秩序の乱れによって取引参加者の期待を混乱させないように，公平な競争を維持し正常な取引秩序を保証することが必要である．どのようにして競争の公平性，正常な取引秩序を，取引参加者に信用されるように維持すればよいのだろうか．市場による調整は一種のメカニズムであり，このメカニズムの下で供給と需要に変化が起これば価格は変化するが，このような価格変動はモラルとは関係なく客観的な需要と供給の法則によって生じたものである．しかし，市場における特定取引行為の当事者は商業モラルを有しているか，また当事者の行動が公平や競争原則に合致しているか，といった要素も，価格変動に影響を及ぼすものである．商業モラルに反し，取引相手を騙し，暴利を貪る悪徳業者が市場に少なからず存在するであろう．健全な法律を確実に施行されることで，これら公平な競争規定に違

反した者は処罰されるが，これだけでは明らかに不十分である．たとえ完璧な法律であっても，全く隙や抜け道がないわけではないからである．不公平競争や詐欺行為などの正常な取引活動を阻害する要素を厳格に処分したとしても，一部の人間は法律の制裁をくぐり抜けようとする．また，取引は常に行われており，数えきれないほど取引参加者が存在するため，そのすべてを把握するのは困難である．

　法律の規定のみで公平な競争環境と正常な取引秩序を維持し，詐欺行為を根絶させることはできるのだろうか．それは不可能である．そこで，商業モラルの育成・普及に関する問題が生じてくる．法律によって取引参加者の行為を規範化し，各種違反を処罰するとともに，取引参加者に法律を遵守してもらうことが求められる．また，商業モラルの意識を養成し，悪徳行為を抑制させる必要がある．取引参加者には自律的に取引をするよう働きかけることで，その自律性を向上させることができる．自律性が強いほど商業モラルを遵守し，法律によって取引活動を規範化でき，市場による調整はその基本的な作用を十分に発揮できるが，法律による公平競争と取引秩序を維持する役割もこれで顕著になる．これは市場による調整を前提とした慣習とモラルによる調整の補完作用の現れである．

　第二は，企業と個人は市場経済の行動主体であり，企業は多くの個人から構成されている集団であることである．企業内の人間関係は，投資家同士，管理職同士，一般従業員同士，また投資家と管理職，高級管理職と末端従業員，末端従業員と一般従業員などさまざまある．市場経済の下では，人間関係を潤滑に調整できれば，企業効率が高まることは間違いない．この点については第二章で述べたとおりである．しかし，企業における人間関係をうまく調整し，効率性を高め，企業における個人（投資家，管理職，従業員を含む）の意欲と潜在力を発揮させるためには，法律の規定から逸脱してはならず，かといって完全に法律に頼ってもならないのである．なぜなら，法律は企業内部の人間関係にまで深く入り込むことができないからである．つまり，法律による企業内部の人間関係調整はあくまで人間関係の規範化であり，法律規定に違反しないようにするとともに，個人の権利を保護し侵害されないようにすることである．多くの場合，企業の人間関係は主に慣習とモラルによって調整される．慣習とモラルによる調整は，特に違法ではないが不調に陥った人間関係を協調させることができる．これは慣習とモラルによる調整にしか果たすことができない役割で

あり，市場による調整を前提とした補完的役割を表している．

　第三に，取引活動の視点から考察することで，企業と個人は市場経済の行動主体ととらえられている．しかし，本書の第一章で指摘したように，社会経済活動は幅広い分野にわたり，取引活動と非取引活動が含まれ，わけても非取引活動の占める割合はかなり大きい．発達した市場経済においても，社会経済活動の大部分は非取引活動あるいは取引以外の活動であり，これらの分野では慣習とモラルによる調整が重要な役割を果たしている．法律はこれらの活動範囲が法律で定められた境界を越えないよう，非取引活動の境界線を定めているに過ぎず，境界線の範囲内では，慣習とモラルによる調整に頼るしかない．これは市場経済における慣習とモラルによる補完的役割を示すものでもある．

　以上三つの観点から見て，市場経済においては，市場と政府による調整が機能し法律が制定・実施されている場合も，慣習とモラルによる調整は存在し，市場と政府による調整や法律の機能をもってそれを代替することはできない．ここでいう慣習とモラルによる調整とは，市場による基礎的な調整を補完する役割を指すが，欠けてはならない補完である．慣習とモラルによる調整があれば，市場と政府による調整と法律の役割もより効果的に果たすことができる．

二　慣習とモラルによる調整と法律との関係

　市場および政府による調整が機能している前提の下，慣習とモラルによる調整は補完的役割を発揮でき，代替されることはできない．これで現代の社会経済における慣習とモラルによる調整と法律の関係が明らかになった．その関係を総括すると，以下二つの側面がある．

　第一には，法律とは市場および政府による調整と慣習とモラルによる調整の境界を定めるものであり，市場と政府による調整にしても，慣習とモラルによる調整にしても，法律で定められた範囲内で行わなければならない．慣習とモラルによる調整の場合，非常に小さなグループ・集団（家族，小さな村落，中小企業）と大きなグループ・集団（社会全体）の両方で機能するが，法律が定めた境界を越えることはできない．法律と抵触する慣習とモラルによる調整は存在し，その役割を果たすことはありえないわけではないが，法律で定められた境界を越えた場合，慣習とモラルによる調整と法律との間で軋轢や衝突が起きる．そしてこの対立は積み上げられるほど激化し，最終的には正常な秩序を維持する妨げとなりつつある．これで，慣習とモラルによる調整は本来持っている調整

機能を失ってしまうのである．ここで，以下に二つの事例を挙げて説明してみたい．

　第一の事例は，家庭における遺産相続の問題である．地域によって，長男による相続，末子による相続，子ども全員による相続，家族全員の均等相続などさまざまな相続慣習がある．一地方でどのような相続方式を採用するかは，さまざまな要素によって決まるが，相続に関する法律が制定される前は，当地の人々が慣習によって伝えられてきた相続方式を大事にしてきた．人々は異議を唱えず，あるいは意義を申し立てても慣習を変えられなかったであろう．しかし，法律によって，性別にかかわらず子ども全員に相続権が与えられるといったように家庭相続関連規定が制定されれば，慣習とモラルによる調整と法律の間にある食い違いや対立が遺産相続問題において表面化してしまう．慣習を根拠に財産相続をすべきと主張する人もいれば，法律を根拠に財産を相続すべきと主張する人もいた．前者は法律に反しているが，後者は慣習と合致しないのである．このため，混乱が生じがちであるが，慣習とモラルによる調整が法律の定めた境界線を越えることで問題が発生し，少なくとも人々が慣れていた慣習による遺産相続方式は揺るがされ，以前ほど多くの人から信望されなくなる．そして月日が経つにつれて，慣習とモラルによる調整と法律の間の亀裂は拡大し，徐々に法律による遺産相続方式が慣習による相続方式にとって代わるようになった．

　第二の事例は，企業の見習い工雇用に関する問題である．中小企業，特に手工業職人の工房ではよく見習い工を雇ったのである．歴史的には地域や時代によって，見習いの雇用に関わるさまざまな慣習が存在していた．例えば見習い期間中の給料に関しては，地域によって無給あるいは少額給与支給，逆に見習いが工房に見習い料金を支払うなどいくつかの給与体制があった．また，師匠やオーナーが見習いに対して体罰の権利を持つかどうかも地域によって異なり，見習いになるのに命を捧げてまで働く，いわゆる「終身契約」を先に結ばなければならない地域さえあった．さらに，修業期間も地域によって，長ければ七年間，少なければ三年間などと異なっていた．特定地域における見習いの雇用方式は，師匠やオーナー一人で勝手に決めていたわけでなく，慣れ親しんだ方式が守られ長年にわたって運用されてきたため，その方式に対し異議を唱える者はいなかった．なぜならこれが慣習だと思われているからである．当然であるが，見習いは働かなければならなかった．その労働時間も通常一日十時

間以上に至るほど長かった．それに，見習いの労働は生産のためのものだけでなく，師匠やオーナーの家事も含まれていた．しかし，見習い雇用に関する法律が制定され，見習いに関する法的規定が定められると，慣習と法律は明らに対立することとなった．例えば，法律では見習い労働者の日・週あたりの最大労働時間に関する規定や見習い労働者の最低年齢制限に関する規定などがあったため，それを守らないことは見習いの違法雇用にあたることになった．見習い労働者への賃金規定や最低賃金水準，雇用主による体罰および「終身契約」の禁止などの法的規定もあった．慣習による見習いの雇用方式にはいくらかの不合理な点があったため，これらの問題点に対して法律は見習いを保護する関連規定を作ったのである．しかし，慣習による見習い雇用方式が長期間にわたって人々に受け入れられてきたため，見習い制に関わる慣習と法律の対立は必ずしもすぐに理解されるとは限らない．したがって，慣習による見習い雇用制度は漸進的に歴史の表舞台から退いていったが，慣習が法律に従うまでには相当長い時間がかかったのである．

　一方で第二の事例は，慣習とモラルによる調整と法律の関係には次のような状況がある．特定の場合において，慣習とモラルの関連内容と調整方式が法律に吸収され，法律の条文として統合され，法律として記載される可能性がある．このような状況は，普通に起こりえるであろう．なぜなら，社会にはさまざまな利益関係があり，法律は社会の価値判断の反映として，さまざまな利益関係を調整していく必要があるため，各種利益関係の調整を行うのに，法律は一定の倫理原則を根拠としなければならない．慣習とモラルによる調整が社会法律と一致しない場合，前述したように法律との軋轢が激しくなり，長期間にわたって法律と並存する現象が生じるが，最終的に慣習とモラルによる調整は緩やかに法律に近づき，従うようになる．慣習とモラルによる調整の内容が法律と一致する場合，法律は完全にその内容を取り込み，慣習とモラルは法律の一部をなすようになる．これについても二つほど事例を挙げてみたい．

　第一の事例は，農村における村民の自治組織である．歴史的にも，現実生活においても，農村にはさまざまな大衆自治組織が存在し，組織の形態のみならず，組織そのものも時代とともに変化してきた．多くの地域では，長期間の封建的支配の影響で，農村村民による自治組織や自治形式は，実際には現地の有力者が統治するための付属物と化し，その活動における封建文化や迷信の色合いも強かった．しかし，一部の地域では，封建的な伝統の影響を受けながらも

村民の自治組織は大衆性を維持し，住民トラブルの調停，公益事業の推進，村民の相互扶助などの面で一定の役割を果たし，地元住民の信頼を得ている場合もある．このような農村住民による自治組織が長期間にわたり存続できることは想像に難くない．法律の役割は，社会の倫理原則に基づき，自治組織やその活動における不合理な要素を排除し，法律の趣旨に合致する内容を大衆的な自治組織の中に統合することにより，広範的に村民の利益を保護し，村民利益を損なう現象を防止することである．これを実現できれば，農村の慣習とモラルによる調整は弱まるどころか，より大きな役割を果たすようになる．

第二の事例は，民間社団組織に関するものである．民間社団組織の歴史は古く，さまざまな形態がある．自発的に結成されたものは，組織結成の趣旨，活動方式，メンバーに対する要求など独自の特徴を持っていたが，通常，慣習に基づき自発的に組織され，一定範囲内で組織のメンバーに対する慣習とモラルによる調整の役割を果たしていた．歴史的プロセスにおいて，しばらく活動した後に消失した組織もあれば，別の社会団体に転換した組織もあったが，いずれも正常な変化である．またこれは民間社団組織の禁止は実現不可能なことを示している．政府は通常，民間社団組織に対して以下の三つの方法で対処していく可能性があるといわれている．第一は，社会的目標の達成にとって不利益な組織を取り締まることである．第二は，取り締まりはせず，また承認もしない，社団組織の自発的な結成と活動を放任することである．第三は，社団組織に関する規定を設け，規定に合致したものを法律による規制と保護の範疇に取り入れることである．上記第三の方法をとる場合，社団組織に関わる慣習とモラルによる調整を盛り込んだ法律を作ることが必要になる．このようにすれば，社団組織に関する法律と慣習とモラルによる調整を統一させることができるようになる．また，法律規定に合致するものを認めるが，合致しないものを取り締まるならば，このやり方は第一の方法とは矛盾することはない．

三　法律と自律性の関係

自律性は，慣習とモラルによる調整を表すものである．慣習とモラルによる調整の一部は，法律に吸収・統合された後もその意義を失わず，法律の根拠となり，法律の範囲内でさらに効果的に機能するようになる．但し，法律に統合されるのは，法に合致した慣習とモラルによる調整の一部分にしかすぎない．

慣習とモラルによる調整は法律に組み入れられているかどうかに関わらず，

その特徴を生かし，人々の行動を調整し，行動規範や社会規範の確立に役立っている．社会規範とは社会のメンバーが，そのすべての行動と生活の中で守るべき原則を指す．個人は，各自の願望，興味，趣味，責任感，公益心，あるいは利益追求を動機として，さまざまな行動と生活方式をとっているが，これらの行動と生活方式は社会規範に合致しなければならない．さもなければ，社会や他人，最終的には個人自身も不利益を被る．社会は無数の個人によって構成され，個人の利益や目標実現は，他人の利益や目標実現を害してはならない．他人に害をもたらす場合には，個人の目標およびその実現方法の合理性について検討し直さなければならないことを意味する．

　個人にとっては合理的であっても，社会における他人にとって合理的であるとは限らない．個人行動の合理性の判断基準は皆が守らなければならない原則としての社会規範でしかない．個人の行動が社会規範と合致せず，言い換えれば，個人目標やその実現方法が守るべき原則に違反する場合，それらの行動は社会による制約を受け，あるいは自粛しなければならない．法律が社会規範を取り入れ，それを表しているならば，社会による個人目標とその実現方式に対する制約は，法律の制約に等しく，個人の自律は法律を守ることでもある．自律とは自覚的に社会規範を守ることである．

　ここでは，法律が機能する前提の下における個人の自律性の持つ意義について特に指摘しておきたい．市場経済における法律の役割は，市場秩序を維持し取引者または市場における各行動主体の合法的権益を保護することである．個人は従事している仕事に関わらず，常に社会規範に沿うように自分を律することができれば，市場と政府による調整の効果が現れ，社会経済秩序は正常に機能する．法律は個人の自律性を求め，個人の持つ自律性は法律の効果的な執行に寄与する．

　自律性により遵守されるものは，慣習とモラルによる調整で定められた行動基準である．この行動基準は人が社会で「何をすべきか」，「どうすればよいのか」，「何をすべきでないのか」などを示している．当然，前章で繰り返して述べたように，個人の行動は個人の利益要素のみに影響されるわけではない．もしそうであれば，個人の社会的責任感，公益心，公共の利益，公共の目標に対する認識と維持を解釈できない．一方，個人行動が公共利益，公共目標のみに影響されるという考えも，偏った見方に過ぎず，個人に主体性・積極性を持たせるには，個人にとっての利益関係を用いて，「何をすべきか」，「どうすべきか」

を規定しなくてはならない．市場経済における個人の持つ自律性は，公共の利益と公共の目標に対する考慮と個人利益と個人目標に対する考慮が結び付けば，法律とも合致する．

　自律性と法規の一致性は，公共の利益，公共の目標に対する個人の考えであり，慣習とモラルによる調整の役割や法律から生じると解釈できる．また個人の利益と目標に対する配慮は同様に慣習とモラルによる調整と法律に由来する．一個人は常にあるグループ・集団またはいくつかのグループ・集団に属しているので，彼は自分の所属するグループ・集団に共感する．そのため，個人は法律で定める範囲内でグループ・集団の活動に参加しなければならない．それと同時に，慣習とモラルによる調整の下で個人が集団に対する関心や共感は，即ち集団を代表とする公共利益に対する関心と共感でもある．個人の利益は集団に対する共感に関わると同時に，個人の法律の遵守にも関わっている．個人の自律性は，法律を守ることと集団目標に対する共感の視点からすれば，個人の利益と目標に対する考慮も含む．

第三節　自律に関するさらなる検証

一　自律とハイデガー論争の示唆

　ここまでは自律性の持つ意味と性質について述べてきた．ここからは，さらに自律の問題に関して深掘りし検証を行う．

　自律は，個人の商業モラルと職業モラルの遵守に関わる問題だけにとどまらない．取引参加者は商業モラルを守り，管理職は職業モラルを守らなければならない．商工業事業者，従業員，政府機関に勤めている人などはすべて自律性が要求される．自律とは，法律を遵守すること，モラルの力により人々の行動に対し制約がかかることを意味する．

　知識人にとって，自律の意味はより範囲が広いものであろう．知識人の持つ特徴としての自律とは，自ら行動し社会，政治，経済活動に参加するだけでなく，自らの思想と言論で社会，政治，経済に対する自分の考えを表現し，他者に影響を与えることである．すべての政府は，目標を達成するために，知識人による協力を必要とする．知識人による協力は，その文化・技術・知識をはじめ学術的地位，ブランド，信用なども活用して，社会規範となるようにすることである．真理と権力の間で選択を行うことは，知識人が，社会における他者

に比べ常により厳しい試練に直面していることを意味する.

　ナチス統治時代のドイツの知識界では，知識人が人々の行動や言動を書籍にしてまとめるにあたり，高度な自律性が求められていた. ドイツの有名な哲学者のマーティン・ハイデガー（Martin Heidegger）に対する評価は分かれるが，彼に対する学術界の評価についての議論を進めることは価値がある. 彼は今世紀で最も影響力のある哲学者の一人であると評価され……その思想は哲学界を震撼させた.[1] 彼はヒトラーが総理に就任した（1933年1月）3か月後の1933年4月にドイツのフライブルク大学学長に当選した. 前任の学長はナチス支持派の学生が大学の構内にユダヤ人反対の張り紙をすることを禁止したため解雇された. 前学長や教授らは，ハイデガーの国際的な名声により大学の自由が維持でき，ナチス党の極端な破壊行為を防止できると信じていたため，ハイデガーの学長就任を希望した. ハイデガーはこの申し出を受け，大学委員会は全員一致で彼の就任を可決した.[2] ハイデガーは，1933年5月27日の「ドイツ大学の自己主張」をテーマに発表した就任演説では，ナチスを擁護し，またナチス宣伝と合致した表現を多用した. 1934年2月に彼は学長を辞任し，ナチス党員である新任学長との引き継ぎと新学長就任式典への参加を拒否した. 1936年に開講したニーチェの授業で彼はナチス運動との決別を表明し，それ以降ナチスから排除され，監視，迫害などを受けるようになった. 1944年の夏にはライン川の対岸に防空壕を掘るために駆り出された. 彼は招集された教師団体の中で一番年長であったが，500名の著名な学者，科学者，芸術家の戦時労働免除のリストから外されていた. 連合軍がドイツを解放した後も，過去にナチスとつながりがあったので講義することを禁止されていた. これは1951年に解禁されたが，解禁後ほどなくして彼は定年になり退職した.[3] ナチスドイツ時代に短期間でも有名な学者がナチスと協力関係にあったことから，彼の言動に関して，評論家からはさまざまな意見が出されている. 陳嘉映氏は著書『ハイデガー哲学概論』の中で以下のように述べている. 「ハイデガーがナチス運動に巻き込まれたの

1）　T. J. Sheehan [ed.], Heidegger: *The Man and the Thinker*, Chicago: President Publishing, Inc., 1981: p. 1. 陳嘉映：「海徳歌爾哲学概論」，『三聯・ハーバード大学燕京学術叢書』，生活・読書・新知三聯書店1995年，第3頁から引用.

2）　陳嘉映：「海徳歌爾哲学概論」，『三聯・ハーバード大学燕京学術叢書』，生活・読書・新知三聯書店1995年，第11-12頁.

3）　同上，第14-15頁.

は偶然の過ちではなかった．彼は庶民政治を嫌い，優れた人物による政治運営が行われた過去に憧れていた．晩年になってからも彼は民主政治を信じないと明言した．ナチス運動はハイデガーの考えに合っていたが，実際のナチス運動の有様に失望し，残念がっていたかと推測されている．ハイデガーはその後自分とナチスとのつながりについて弁明しようとしたが，ナチスの重い罪を真っ向から非難したことは一度もなかったという事実に，研究者たちも早い時期から気づいていたのである[4]」．一人の知識人がどのような学術的観点を持っているか，何に賛成し，何に反対するのかはともかくとし，彼の政治的な観点，特に反社会勢力に対する服従や協力関係があれば，たとえ短期間であっても，許されることではない．自律とは前者の場合ではなく，後者の場合に適用される．

　張汝倫氏は，『水に流すことはできない：ハイデガーの公案について』の中で以下のように述べている．「真理を服膺と標榜するなら，正義を主張する知識人は自らの行動を持って真理と正義を守ることができなければ，真理と正義に何の価値があるのか．また知識人自身にどのような価値があるだろうか．ブルーノのような勇気は誰しも持ち合わせているわけではないが，少なくとも真実を語れない状況においても嘘をつくことなく，悪魔と戦う力がないときにおいても，魂を悪魔に売り渡すべきではない[5]」．また，「近代的な社会において，知識人は文化の伝承者と創造者であり，そして現実の批判者と社会的良心であるべきである．これは知識人にとっての三つの責任である．知識人とは科学者であると同時に，民主主義者である．アインシュタインとハイデガーを比較すればより分かりやすくなる．片方は大科学者，片方は大哲学者であり，二人とも人類文化に大きな影響を与えた．しかし，正義が踏みにじられたときに，片方は人類の良識と正義を身を持って守ろうとしたが，片方は悪魔にも善をなすと幻想し，妥協した．アインシュタインは現代知識人の完璧な模範であるが，ハイデガーの芸術的業績がどれだけ大きくても，その人格的な恥を洗い流すことはできない[6]」．このハイデガーに対する評価は非常に意味深いものである．

　各時代，各地方の具体的状況に基づいて考察するならば，上記の評価における二つの点に関してさらなる分析を行うことができる．「悪魔と戦う力がない

4）　同上，第17頁．
5）　張汝倫：「既往可咎：談海格尓公案」，『読書』，1989年第4期，第105-16頁．
6）　同上．

時には，魂を悪魔に売り渡してはならない」というのはあるべき姿で，いかなる場合にもあてはまると思われる．知識人の自律，さらにすべての個人の自律として，この点をやり遂げなければならない．「本音が言えない状況でも決して嘘は言わない」というのも正しいが，この嘘の中身についてより深く分析する必要があるかと思われる．やむを得ない環境にあり，沈黙さえ許されない場合は，人の話を受け売りしたり，心無い決まり文句や嘘を言ったりするしかないことは理解できる．しかし，ハイデガーのナチスへの協力は，明らかに決まり文句や嘘ではなかった．ハイデガーの本音つまり彼の考えは，ナチズムの考えと一致していたといえる．あるいは，心の中ではナチスのしたことには反対であったが，個人的目的でナチスに媚びるような嘘をついたのかもしれない，が，これこそまさにハイデガーが長年にわたってドイツの学術界で非難され続けた原因である．彼が，短期間ではあったが，ナチスと協力関係にあったことは水に流すことはできない恥の歴史でもある．ハイデガーの経験からも分かるように，知識人には自律が必要である．

二　法律遵守と自律の関係に関する再論

　法律と自律性の関係（性）については既に説明したとおりである．そこではナチスドイツにおける知識人の自律に触れたので，ここで法律遵守の問題に関してさらに深く議論する必要がある．

　法律とモラル規範を守ることは統一できるものである．通常，法律を守らない人間はモラル規範や社会公認の行動基準を守るはずもない．しかし，ここには一つの前提がある．それは，法律がモラル規範と合致しており社会公認の行動基準を反映しているという点である．問題は，誰によって法律が制定，解釈，施行されるかである．従うべき法律が存在しない場合は法律を守るかどうかの問題も存在しない．この場合，個人の行為の境界はどこにあるのかは分からなくなる．このように，モラルによる制約は，自然と法律による制約に代わって機能するようになる．しかし，法律が専制的な統治者によって制定され，恣意的に解釈，施行される場合は，「準拠すべき法の存在」，「法の厳格な執行」，「違法行為の追及」といった規則はモラル規範や社会公認の行動基準と一致するのだろうか．歴史上制定・実施されてきたすべての法律は，当時の国民が無条件で受け入れなければならなかったのだろうか．明らかにそうではなかった．正当な法的プロセスを経て，代表者投票で可決された法律であったとしても，公

共利益・公共目標に必ず合致するといえるのだろうか．そうとは限らない．ナチスドイツの統治から見られるように，ヒトラーは，軍事クーデターによって政権を握ったわけではなく，当時のドイツの法律プロセスを経て多くのドイツ人の投票を得たうえで，政権を獲得した．当時の有権者がヒトラーを選んだのは，その政党の要綱に惑わされたか，個人的魅力に惹かれたか，ヒトラーに希望を託したかなどさまざまな原因が考えられるが，当時の国民はこうすることで危機に瀕したドイツ民族を救えると期待したように，実際当時ドイツの知識人もヒトラーとその政党をこのように評価した人が多かった．ヒトラーが選挙に出馬したときには，多くのドイツの知識人は政界に起きるであろう，ドイツ国民を深い淵に引きずり込もうとする激変には気づいていなかった．しかし，政権を獲得した後にヒトラーが公表したさまざまな措置が実施されるようになってからも，このような激変に依然として気づかなかったのであうか．白昼の街で堂々とユダヤ人に対してさまざまな暴行が行われたことも，ドイツの知識人の目を覚ますことはできなかったのだろうか．これは実は知識人の自律に関わる問題である．自律ができないのならば，法律上においても是と非を区別することはできない．

専制政府は自分が制定した法律や恣意的に解釈した法律で真理と正義を抹殺しようとする場合はあるが，そのような法律の性質を識別することはそれほど難しくないはずである．しかし，なぜ人々は，モラルから遠のき団結して戦えないのか．なぜ自律の精神が消滅されてしまうのか．これは個人利益，既得権益の維持，より多くの個人利益をえようとする私欲に関わると考えざるを得ない．政府が法律を公布した以上，法律は守るべきという意見もあろう．また，法律遵守の何がいけないだろうか，と聞く人がいるかと思われる．例えば，ナチスドイツの統治時期に，一貫して法を遵守してきたドイツの知識人に法律を破れただろうか．これは実質，自分自身を欺く言葉である．前述したように，ヒトラー政権の政策が不公正と非正義性であったことは明らかだった当時，個人は政府と統治者と争えなくとも沈黙することは可能であった．沈黙も法を遵守することではなかろうか．ハイデガーのような著名で国際的な大哲学者が自律的であれば，沈黙し通すことは可能ではなかったろうか．たとえ沈黙が許されていなかったとしても，適当な言葉で対応できたのではなかろうか．なぜナチスと協力（短期間ではあっても）しなければならなかったのか，さらにナチスを賛美し，ナチスのために弁護を行ったのはなぜだったろうか．これは自律機

能が働かずモラルを軽視したため，怯えて負けてしまったからである．

　個人利益について再度分析していきたい．個人が物質的利益をインセンティブとする仮説によれば，個人行動は物質的利益によって支配される．また，ここでいう物質的利益とは個人の収入や財産増加を指す．個人の広義的利益をインセンティブとする仮説によれば，個人の行動は物質的利益と非物質的利益の支配を受ける．非物質的利益とは一般的に個人の得られる栄誉や精神的満足感などの増大を指す．個人収入水準が向上するにつれ，非物質的利益が広義の利益に占める割合は増加していく．インセンティブが個人利益（個人の物質的利益と非物質的利益を含む）だけでないと仮定する場合は，個人行動は部分的に利益以外の要素（公共の利益，公共の目標への関心など）の影響を受けるとしている．このように，個人にとって，個人利益と公共的要素という二つの要素に同時に影響される行動基準がある．法律と自律はともに，この二つの要素に影響を与える．法律の制約下で，個人が自己利益や目標実現のため，または公共の利益や目標のために努力するとき，その行動は法律の規定する境界を越えてはならず，自律により法律を遵守する必要がある．通常，モラルによる影響の下，公共の利益と目標のために努力するときに，モラルによるインセンティブが生じ，個人は目標設定や利益評価において，モラル基準によって自らを制約しなければならない．努力する価値のないことはすべきでなく，不適切な方法ならば，その方法も切り捨てるべきである．このときに自律性はモラルによる制約として現れる．

　このように自律性とは個人の最終防衛線のようなものといえよう．自律によってモラルの力が十分に発揮される．なぜ法律の遵守が個人の最終防衛線ではないのか．これは法律の遵守にあたっては，それがどのような法律であるかに関わっており，誰が制定し，誰が解釈し，誰が実行するかという問題があるからである．横暴な専制政治における法律は，モラル原則に一致するのか．「本音を言えない場合には，決して嘘をつかない」という沈黙も法律の遵守であるが，このような沈黙は何より自律的な行為である．支配者が法律の名の下でモラル規範に違反して勝手にふるまう場合，厳格な自律性は，人々が，調子に乗らず盲目的ではなく，また媚びない行動をとることを可能にする．厳格な自律性は劣悪な環境でも少なくとも沈黙を守り，モラル規範という最低限の防衛線を守るように作用する．

　このように，個人行動は同時に個人的要素と公共的要素の両方の影響を受け，

個人行動における準則はこれら二つの要素の影響を受けた準則となる。また、個人行動はモラル規範の制約を受けるため、個人行動の評価をする場合は、個人の利益の上に社会における誰しも守るべき原則である公共の利益の原則があることを忘れてはならない。社会構成員によって、個人行動が異なっているが、これは正常な現象であり、個人行動が公共利益に違反しない限り、それらは合理的で存在するべき理由を有している。自律性が支配するモラル規範の防衛線とは、公共の利益に違反しない防衛線でもある。

三　懲罰の公正性と自律の限界

　自律性が慣習とモラルによる調整を表しているならば、自律性は何を基準に判断されるのだろうか。慣習やモラルは少数の人間で形成できるものではなく、長期間を経て徐々に形成され多くの人々に認められてきたことから、常に客観的な判断基準が存在している。より多くの人々に受け入れられるように、公共の利益と公共の目標がその基準として使われるが、この場合、公共の利益と公共の目標はどのような基準で設定されるのか。公共の利益とか公共の目標の名を借りて、モラル規範に反する事件が歴史上頻繁に発生しなかっただろうか。また、公共の利益と公共の目標の解釈は複数あるのではないだろうか。公共の利益と公共の目標は、公にできないさまざまな悪徳行為を隠すための口実に利用されることもある。腐敗した勢力であっても、個人の利益をいとわない「殉道者」や「殉難者」が存在する。このような人たちは自律性を持たないのだろうか。自律性を持たないというわけではないが、そうなった原因は、彼らが、腐敗勢力の実現すべきでない価値のない目標を公共の目標だと勘違いしたことにある。これは自律性には限界があることを示している。この自律性の限界は、公共の利益と目標が曖昧な場合に、人々を公共利益と目標の実現に反する道へと誘導することにある。このような場合、自律性が高い人ほど、間違った立場に陥り抜けだせなくなる可能性が高い。

　ここでは、公正か正義を自律について判断する根拠としよう。公正とは何か。正義とは何か。リチャード・ノーラン（Richard T. Nolan）らは著書『*Living Issues in Ethics*』で、「アリストテレス以来、人々は公正を、懲罰の公正と分配の公正の二つに区別してきた。懲罰の公正とは、他人の権利を侵害した行為を処罰するか、権利回復を図ることを指すのに対して、分配の公正とは適切と認められる違いに応じて、社会の人々に権利と特権を公平に分配することであ

る」と記している[7]．公正かつ公平な分配に関する問題は既に第三章で述べたので，ここでは懲罰の公正さのみについて考えていきたい．懲罰の公正さは正義が主張されているかに関連しており，中国の民間の言葉でいえば，「目には目を，歯には歯を」，「因果応報」のとおりで，例え一時的に懲罰から逃れることはできても，いずれ「自業自得」となるということである．不公正とは善悪の区別がつかず，あるいは善が逆に悪と見なされ，善良な行いをしても報われず，悪行が本来受けるべき懲罰を受けることない状態を指す．モラルの力が機能している場合，善悪の区別がつかず，善が悪とみなされているような情勢には対抗できないとしても，個人は自律性を発揮することで，善悪を区別し，悪事を行わず，悪に従わず，悪を戒め，悪を批判しようとする覚悟を持てるはずである．しかし，自律性そのものは公正に報われる結果に結びつかず，到底悪を罰することもできない．

　政府が形成されて以降は，個人の自律性のみに頼っているだけでは，公正な報いが実現することは到底あり得ない．これは疑いの余地もない事実である．自律性はあっても，「目には目を」の言葉どおりには報われることはない．公正な法的判決に頼らなければ，公正に裁かれることはない．法律で公正に裁けないのならば，他の方法を用い正義を貫く法律を作らなければならないのである．これは依然として人々の自律のみに頼っては解決できない課題であり，自律の限界はここにも現れている．

　このように，公正さの維持やその持続的な存続は法律と自律性の共同作用に依存する．法律により，自律性だけでは実現できないことが，成し遂げられることがある．さらに，立法者と執行者の自律性は，法律の公正性を保証する．言い換えると，自律性の視点からすると，社会においてより多くの人がモラル規範に従い自らを律することができれば，悪をより多く減少させえる．法律の視点からすると，法律は善を守り悪を処罰することで，公正に報われる状態が実現できるのである．

　社会生活では，立法者が公正であり制定された法律も公正であるが，法の執行者が公正でなく法律にも準拠しないため，法律で保護されるはずの国民の権利が保護されない状況も見られる．例えば，法律執行者が法に違反して任意に国民を捜査・拘留したり，その人身自由を制限したり，場合によって違法者を

---

7 ）　Nolan, et al.：『倫理学与現実生活』，華夏出版社1988年，第406-407頁．

庇うような状況が挙げられる．このような状況では，懲罰の公正性は実現できない．当然，法執行者は自律すべきであり，法執行者が自律しているならば上述したような違法行為や法律の公正性を侵害するような事態も生じないはずである．しかし，法律執行者が自律した人間でない場合はどうすればよいか．他の人の自律性は，法律執行者の自律性を代替せず，公正でない者を正すことはできない．したがって，この状況では，法律をもって法律執行者の不正行為を正し，すべての違法者を処罰することしか方法はない．

四　非正常状態における自己規制

　政府が形成されて以降，政府職員の汚職，収賄，腐敗問題は併存してきた．政府の監督部門による取り締まりが強化されるとき，腐敗は若干減少するか表沙汰にされなくなるが，監督部門の取り締まりが緩んでくると，腐敗は大幅に増加し横行するようになる．何より，監督部門自身による汚職，収賄，腐敗は容易に根絶できる問題ではない．

　市場経済では公平競争や正常な取引秩序を必要とする．正常な取引秩序は，市場メカニズムによる調整の効果，また経済や社会生活における腐敗現象の抑制にとって有益である．腐敗現象の発生と蔓延は，市場秩序の混乱や権力に基づく不正競争に関係し，権力による不正競争は，監督不足や権力濫用と共存する．権力の濫用者は，不当競争を支持しそこからさまざまな利益を得ようとするが，不正取引を通じて利益を望む者は，権力者に希望を託し権力濫用によってその目的を達成しようとする．このように，権力と金銭取引は密接に関係しており，汚職，収賄，腐敗は生まれ，広がっていく．このため，法律と自律の共同作用は，市場秩序と取引の正常化に役立つだけでなく，腐敗の抑制，権力に対する制約，権力者に対する監督，権力濫用の防止などにも寄与する．

　この意味において，政府職員にとっての自律性には少なくとも二つの意味が含まれる．第一に，政府職員が自らを厳しく律し，いかなる状況，とりわけ市場秩序が正常に働かない場合において，職業モラルに反せず，法律を遵守し職務を遂行することを指す．第二に，政府職員は慎重に権力を用いて，けっして権力濫用し私利を得ようとせず，個人の好き嫌いで権力を行使しないことを指す．政府職員の自律は社会の公正さを守るためにある．制約を受けず，恣意的で，勝手な意思決定というような偏見を持って権力と規則を運用し，独断的に決断を下す行為は社会の公正さに反する．法律で禁じられているこれらの行為

に対して，自律性を持つ政府職員が自主的にこれを戒め，反対し，さらに類似行為を摘発することで，その職責を全うできる．これらはモラルによる規制の役割と結果である．

　政府職員が自律を強化することの重要性は，異常な状態を分析することで，その認識を深めることができることにある．実際，異常な状態は現実生活において散見される．正常な状態では法律は完備され，法律の執行は厳格であり，訴訟は一定のプロセスを経て行われるが，異常な状態では，これらの要素は満たされない．正常な状態では，仕事を進めるにあたっては，準拠すべき法律があり，関連境界線や責任も明確であり，人々は政府行為に対して意見を示し，申し立てることも可能である．しかし，異常な状態では，法的根拠がなく，境界や責任が曖昧で言論や思想の自由が不足する．企業の場合，最も憂慮すべきは異常な状態における経営であるが，個人の場合，一番恐れるのが異常な状態において仕事と生活を維持していかなければならないことである．異常な状態が企業と個人の行動を混乱させるからである．まさに自動車の運転手が交通規則，交通管理，信号や標識の表示が不明瞭な状況で運転するようなものである．このような状況でどんな運転をしても罰せられる可能性があるだけでなく，罰則も恣意的なものであるため，弁解もできず，処罰から逃げられず，運転手は途方にくれることだろう．

　異常な状態では，自律性の足りない政府職員にとっては，権力を濫用し私利私欲を得やすく，個人の好き嫌いで他人に損害を与え，社会経済生活において腐敗の温床となりがちでもある．異常な状態ではゲームのルールが存在しないかそれほど効力を持たないため，ルールが勝手に解釈される可能性が高まり，それに従う者もいなくなってしまう．政府職員に自律性が欠けていると社会経済秩序の悪化が予想される．異常な状態では，政府職員に対する監督形式は往々にして機能せず，監督者をコントロールし自分の利益獲得に利用することもある．政府職員の自律が不足している場合，彼らに対する法律による制約にどれぐらいの効果があるだろうか．これは研究し解決を図るのに値する問題である．この点に関しては第六章でもう一度論述することにする．

第四節　モラルによるインセンティブ

一　個人モチベーションの継続と意欲の源泉

　通常，自律性は個人のモラルによる自己規制であると考えられているが，このような理解は少し不足している．自律は意欲やモチベーションの意味合いも含んでおり，これはどの場所で，どのような仕事に従事していたとしても，仕事に対する熱意と意欲を持ち，努力して成績を上げることを指す．モチベーションは重要である．モラルによるインセンティブは自律性の一部分とすることができ，またこのモチベーションとモラルによる制約は補完関係にある．

　個人のモラルによるインセンティブと職業精神・意欲との関係は，経済生活を起点として分析できる．経済分析において個人のモチベーションは物質的利益に起因すると考えることには限界がある．前述したように個人利益は物質的利益に限定されず，人は「社会的人間」であり，その利益は物質的利益や経済的利益より広範囲にわたる．いかなる収入水準においても，個人行動は利益以外の要素に影響されており，しかも個人収入が増加するにつれ，物質的利益以外の要素に対する配慮はより強くなる．つまり，個人収入が一定レベルに達すると，個人のモチベーションや意欲に対する物質的利益の刺激は減少し，利益以外の要素がより重要になる．経済活動における個人のモチベーションや意欲は一部もしくは大部分はここに由来しているといえよう．

　個人のモチベーションには非物質的利益から生まれるものもあるため，経済活動の中においては個人のモチベーションが低下する現象は一般的に考えづらい．ここでいうモチベーションの低下とは，個人が経済活動に従事するとき，経済活動の進行と収入増加に伴い，個人のモチベーション，意欲が弱まることを指す．モチベーションが物質的利益からのみ起因する場合，収入の増大は前ほどには大きなインセンティブをもたらさないため，モチベーションが低下する可能性がある．これは，収入と収入を得るための努力との間にある代替関係に関わっている．個人が収入水準増加後も引き続き努力を継続して一定収入を得ることに価値があるかを再考し，余暇や自分の関心事の方が大切だと判断するようになるだろう．このようにして，収入・物質的利益へのモチベーションの低下がもたらされる．物質的利益以外の要素が個人の経済活動の中でますます大きな割合を占めるようになれば，たとえ個人の収入水準が向上したとして

も，必ずしもモチベーションの低下につながるとは限らない．この場合，個人は平常どおり，あるいは平常以上にモチベーションと意欲を持つようになる可能性が十分ある．これは，経済的な利益は既に問題とならず非利益的なインセンティブが働き，そのために主な時間と力を投入できるようになるからである．

この視点からすれば，モチベーションが個人の物質的利益によるものであるという仮説の限界は明らかである．ここから，社会経済活動における持続的なモチベーションと意欲の源泉について分析してみよう．

私たちにとって無視できないのは，個人の持続的なモチベーション・意欲は個人の視点からのみでなく，客観的条件に対する分析も必要となるという点である．個人が持続的に意欲を保つ場合，個人の努力はもちろん大切である．企業で働いている場合，企業が従業員のやる気や意欲を引き出すよう配慮し経営することは重要である．企業が従業員の意欲やモチベーションの発揮を軽視すれば，個人の持続的なモチベーションや意欲の発揮はありえない．企業が個人の意欲やモチベーションを発揮させることができるかどうかは経済体制にも関わっている．例えば，計画経済から市場経済へ，差別競争から公平競争へ，国家による企業収支の統制から企業の市場化経営へと経済体制が変化した場合，企業は必然的に従業員のやる気・意欲を伸ばすことを重視するようになる．

経済体制と企業体制が市場経済の条件に合致している場合，個人の意欲やモチベーションはどのように生まれ，持続するのだろうか．個人の持続的なやる気・意欲の源泉はモラルによるモチベーションに関わるため，ここから議論を始めたい．

二　モラルインセンティブと利益インセンティブの両立

個人のモラルインセンティブは，仕事時の利益インセンティブと両立できるだろうか．これは検討に値する問題である．単純に利益インセンティブがあれば，モラルインセンティブが消失すると考えてはならない．同じように，個人がモラルインセンティブによって持続的なモチベーションと意欲を有しているかといって，全く利益インセンティブの影響を受けないと単純に考えてはならない．個人のモチベーション・意欲は利益インセンティブから生じる部分とモラルインセンティブから生じる部分があるとされる．持続的なモチベーションと意欲も同じであるが，モラルインセンティブの役割がより大きいのが特徴である．また，個人が利益を動機として活動している場合においても，プロフェッ

ショナルとしての意識が必要であり，他人と取引する際には信用を重んじなければならないため，この中にはモラルインセンティブが含まれる．

　社会における多くの人には，個人の利益を目標としながら公共の目標を実現したいという願望がある．個人的利益の実現と公共の目標の実現は矛盾せず，両立できるからである．例えば起業して成功した場合，企業がますます繁盛すれば，個人的利益だけでなく社会への公共の利益も増加するため，これが公共の目標の実現に役立つと考えられる．また，企業で働いている個人は，自分の仕事が家庭に収入をもたらし生活を改善できるだけでなく，仕事を通して企業利益を増加させ，企業利益の増加が社会貢献であると考えているなら，個人的利益インセンティブと公共の目標の実現は統一され，両立できるようになる．個人的利益を全く考慮せず，公共の利益のみを追求する個人はどの時代においても存在しないわけではないが，少人数に過ぎない．

　個人的利益と公共の目標が衝突し，片方しか選択できない場合，これは両方を両立させようとする個人にとって一種の試練のような状態である．既に述べたように，社会における大多数の人間は個人的利益と公共の目標が両立し，また両立できると考えているため，片方のみを選択する必要はない．個人的利益の実現は公共の利益の実現に有利に働き，公共の目標の実現に個人的利益の実現が含まれているからである．しかし，個人的利益の実現か，公共の目標の実現の片方を選ばなければならない時，すべての人が正しい意思決定ができるわけではない．モラルはこのような場合に機能し，個人的利益を選択し，公共の目標を放棄する人間は，モラルによる作用が委縮していることを意味する．歴史をみると，公共の目標を選び，個人的利益を捨てる例が数多くあり，いずれも自律のもたらす結果である．自律することで，モラルによる規制やインセンティブが機能を果たすのである．モラルによる自己規制は，人々にモラル規範を守らせ，公共の利益と公共の目標に反しないようにし，個人的利益と公共の目標がトレードオフで，片方しか選べない場合は公共の目標を選ぶようにする．モラルによるインセンティブは，公共の利益と公共の目標を実現させるための個人の意欲や情熱を引き出し，個人的利益と公共の目標が衝突した場合は個人的利益よりも自発的に公共の目標の実現を優先させる．このように，モラル制約はモラルインセンティブと同様に重要である．

　社会経済活動の中において，モラルによるインセンティブに対する誤解もある．これは個人が利益インセンティブによって利益を得ることは，個人が利益

を重んじることに起因している．この場合，モラルによる自己規制が存在している可能性もあるが，モラルによる自主的インセンティブは存在せず，機能しないという誤解である．このような誤解が広まって受け入れられたのは，モラルによるインセンティブと利益追求のインセンティブが両立しないと認識されているからである．以上の分析から，次のような結論が得られる．

　個人は常に個人的利益と公共の目標のトレードオフに直面しているわけではなく，個人的利益と公共の目標の実現は相互に相容れ，両立できる．モラルによるインセンティブは，公共の目標実現と個人的利益実現に同時に役立つものであり，このような状況では，個人はプロフェッショナルとしての意識と誠実・信用原則のインセンティブが働き，利益目標を達成するためによりよい仕事をし，よりよい製品とサービスを提供する．このことで，社会にも歓迎されるようになるため，モラルインセンティブと個人利益のインセンティブが一致する．

　個人的利益と公共の目標のどちらかを選ばなければならない場合，どちらの選択肢を選んだとしても，個人は二つの選択肢のトレードオフ関係，衝突に直面する．公共の利益より個人的利益を選択した場合，モラルによるインセンティブは働かず，利益的インセンティブとの両立が実現できないことを意味する．公共目標を選択した場合，この時点でモラルによるインセンティブが機能しており，モラルによるインセンティブは，個人的利益と両立するため，しかるべき選択が行われたことになる．公共の目標と利益に反せずに個人的利益を実現する，または二つの選択肢が両立できないときに公共の目標を選択することは，すべてモラルによるインセンティブの影響を受けている可能性がある．このように，モラルによるインセンティブと個人的利益インセンティブがトレードオフではないこと，また個人的利益が公共の目標に含まれることで両者が両立できることを表している．

　このように，モラルによるインセンティブと個人的利益インセンティブは両立できるが，必然的に両立できるとは限らないのである．どちらか片方しか選ばなければならないときは，モラルと利益インセンティブのトレードオフが露呈することになる．

三　自律はモラルによる自己規制とインセンティブの統一であること

　以上の分析から分かるように，モラルによる自己規制とモラルによるインセンティブは両方ともに重要である．社会経済生活の中において，モラルによる

自己規制のみ働き，モラルによるインセンティブが働かない場合，社会は活気や活力を失うだけでなく，人々は過度にミスさえしなければと考えるようになり，慎重に行動し前向きに取り組む意欲も減退するだろう．逆に，モラルによるインセンティブのみ働き，モラルによる自己規制が働かない場合，人々は警戒心や自分の行為に対する制約を緩め，モラル規範の境界線を越える恐れが出てくる．モラルによる自己規制とインセンティブが両立できれば，社会に活気と活力を取り戻すと同時に，公共の目標と個人的利益を両立させることができるようになる．自律した生産者や労働者は，同時に献身的で向上心に溢れプロフェッショナルとしての意識を併せ持つ誠実な人であり，事業においても成功を収め収入がどんどん増えていく人であり得るだろう．これらはいずれも個人のモラルによるインセンティブと自己規制に関わっている．

　非日常的で異常な条件下では，個人にとってモラルによる自己規制だけでなくモラルによるインセンティブも必要となる．現実生活でいうと，個人は社会の中で生存・生活し，さまざまな生活環境と仕事環境に適応していかなければならない．人は正常な環境のみならず，異常な環境下でも生存していかなければならず，そのような能力がなければ，生存能力が低く挫折や障害に耐えることはできない．また，人々が通常いう適応能力とは，正常な条件に適応する能力ではなく，非正常な条件にも適応できる能力を指す．人の能力や生命力を判断する重要な基準は，異常な条件下で生存でき逆境に適応できるかどうかなどである．

　同じ異常な条件下におかれたとしても，環境に打ちのめされる人間もいれば逆境に打ち克つ人間もいるのはなぜだろうか．それはモラルによる自己規制とモラルによるインセンティブが機能していることによる．異常な条件下でモチベーションを維持できる要因を探る場合，精神面に着目するのがよいだろう．ここで特に言及すべきはモラルによるインセンティブの機能である．モラルによるインセンティブによって人は，信念・理想・目標実現のために困難に適切に対処・克服しようとし，厳しい環境を自分に対する試練だととらえる．このようにして異常な条件へ適応し自らを発展させる．この意味でいえば，より激しい異常な条件下にあるほどモラルによるインセンティブが必要になり，モラルの役割もより明らかになる．

　どのような人でも，惰性とそれによる自らへの制約を避けることはできない．では，どのように惰性を克服するのだろうか．これは一方では良好な社会的風

紀形成とその影響に頼るが，一方ではモラルによるインセンティブに関わる．良好な社会的風紀の影響下で，人々が惰性に打ち克ち，常に前向きに創造に取り組むようになれば，たとえ一人が惰性的になったとしても，周囲の影響によりその状態から脱却できる可能性が高まる．このような状況でモラルによるインセンティブがより重要になるのは，周囲の人間が惰性に打ち克ち，創造性や積極性を発揮できるかどうかに関わらず，モラルによるインセンティブによって自らが奮起するのであれば，周囲の人間にも惰性に打ち克つ自信と気力を与えることができるからである．

　自律性はモラルによる自己規制とインセンティブの統合として社会から大きく注目されている．モラルによる自己規制があるならば，人々は社会経済活動の中で自分を厳しく律しモラル規範に反することをせず，公共の利益と公共の目標を損なう行為に対抗するようになる．モラルによるインセンティブがあるならば，意欲，奉仕精神，プロ意識によって惰性・困難に打ち克ち，逆境の中でも仕事で良い成果と優れた業績を作り出すことができる．

第五章

第三次分配

第一節　第三次分配に関する概論

一　第三次分配の定義

　第四章で議論したモラルによるインセンティブは，プロフェッショナルとしての職業精神，意欲と積極的な姿勢，非日常的な環境への適応，惰性からの脱却，逆境に打ち克つ意志や忍耐などに関わっている．これらすべては生産性の向上，国民財産の増加などにつながり，生産領域に積極的な影響を及ぼすと考えられる．そして，この章では，議論の範囲を収入分配領域にまで拡大し，その中でモラルによる自己規制，インセンティブを含む慣習とモラルによる調整機能も同様に所得分配に明らかな影響を与えることを分析し，理解を深めていきたい．

　通常，市場経済においては，市場による所得分配が第一次分配，政府による分配が第二次分配と呼ばれている．第一次分配は市場の経済効率によって行われ，各生産要素の供給者の収入は，それぞれが提供した生産要素の量と質にあわせ，そして市場による検証と承認を経て，適正な金額が決まってくる．市場経済における第一次分配の基本原則は，経済効率が高ければ高いほど，収入は増加するが，経済効率がなければ，収入は発生しないのである．つまり，市場経済においては，単純にどれだけの生産要素を提供しただけでなく，市場による検証と承認が必要であることを忘れてはならない．市場は無情であるため，提供された生産要素が市場に認められず，経済効率がなく市場検証に成功できなければ収入は得られない．第二次分配は政府によって行われるものである．政府には政府の目標があり，この目標達成のために所得調整手段を講じることができる．例えば，ある一定収入レベルに達した者に対し所得税を，また，相続が発生した者に対し相続税・贈与税・財産譲渡税を課すことができる．一方，貧しい家庭に対しては，補助金や手当などで調整し，所得再分配を行うこともできる．経済学の専門書では，税引き後の個人収入を可処分所得と呼んでいる

が，この部分は消費支出や貯蓄などに回される．

　それならば，なぜ第一次分配と第二次分配の後に第三次分配が存在しているのか．もし，存在するならば，第三次分配はどのような性質を持っているのか．所得の第三次分配については，『株式制度と現代市場経済』の中で初歩的な考察を行った．そこでは，「第一次と第二次所得分配の他に第三次所得分配，つまり，モラルや信念に基づいて行われる所得分配が存在している」と述べた[1]．これは，第一次分配は市場による調整機能，第二次分配は政府による調整機能，第三次分配は慣習とモラルによる調整機能であるということを示している．

　第三次所得分配は個人による所得移転の一つの形態である．「モラルの力が機能することで，個人所得の移転や自発的な納税，寄付などが広く行われている．例えば，個人が故郷の発展のために行った寄付，障害者福祉団体への寄付，被災地への寄付，文化・スポーツ・教育・衛生・宗教団体への寄付などさまざまなものが挙げられる．これらの行為はすべて強制的に行われたものではなく，モラルの力が機能した結果である[2]」．言い換えれば，「第三次分配はモラルの働きによる所得分配であり，個人の信念や社会への責任感，特定事業分野に対する感情・情熱と関連している．基本的には政府による調整行為とは無関係なため，政府によるいかなる規制や強制などの影響を受けない．これは，政府による調整が行われた上で，各個人による自発的な所得移転行為である[3]」．

　ここで述べた各個人の信念や，社会への責任感，特定事業分野（教育・芸術・慈善活動・宗教活動など）への感情に応じて行われた個人による所得分配行為こそが，モラルによる動機付け・インセンティブから生じるものである．自発的に寄付をする人たちは，外部からの圧力によって寄付を行っているのではない．寄付をしないことは，違法でもなければ，特定団体（その団体に加入している場合）の規定に違反するわけでもない．それならば，なぜ人は自発的に寄付をするのだろうか．モラルによるインセンティブこそが，人をこのように行動させたのである．なぜならば，この人は寄付を自分の社会的責任や社会貢献のような行動だと考えているからである．宗教心・人道主義的思考・愛情などによる行動である可能性もあるが，これらもモラルによるインセンティブに基いた行動で

1）　厲以寧：『股份制与現代市場経済』，江蘇人民出版社1994年，第77頁．
2）　同上，第78頁．
3）　同上，第79頁．

ある．このように行動する個人は寄付を完璧なモラルを追及する行為だと考え
ているからである．

　モラルによるインセンティブが働くとき，会社を創立し，収入を増加させ，
財産を蓄えた後に，また寄付を繰り返す人も多くいる．個人財産の増加が寄付
の増加をもたらし，両者がともに増加していく傾向が見られている．個人財産
の増加が寄付を促すと同時に，寄付行為によって人はさらに仕事や企業に励み，
財産を蓄積していくように思われる．歴史と現実生活の中では，このような事
例が数多くある．筆者が『株式制度と現代市場経済』の中で指摘したように，「社
会におけるこのような信念，責任感もしくは特定事業分野に対する特別な感情
を抱く人が増えれば増えるほど，自ら寄付を行う人が増加し，寄付金額も増加
し続けていくように，モラルによる不均衡所得を是正する役割も拡大し続けて
いくと考えられる．現段階では自発的に収入の一部を寄付するのは少数にとど
まっており，その影響力はまだ小さいものである．しかし，長期的な視点で考
えれば，モラルによる所得格差縮小の役割は緩やかではあるが，徐々に強化さ
れていく」[4]．

二　第三次分配に関する説明

　第三次分配の定義についての説明は以上のとおりであるが，それに関わるい
くつかの解釈が必要であろう．

　第一に，第一次と第二次分配が存在しないと仮定すれば，社会の分配機能は
いかに機能するのか．

　これは既に議論したように，慣習とモラルによる調整をもって，この空白状
態を補うことである．例えば，政府と市場誕生する以前の長い歳月では，人類
社会が最も早期の段階における生活物資の分配は慣習とモラルによって決めら
れていた．そうでなければ，老人や子どもたちは生活できなかったかと思われ
る．部落形成後は，長期間にわたって慣習とモラルの調整によって，生産や生
活に必要な物資は部落内で分配されてきた．この時代には市場による分配や，
政府による第二次分配は存在しなかったのである．その後，市場と政府が相次
いで誕生したにもかかわらず，市場と政府による所得分配の調整機能を順調に
果たせなかった辺鄙な山村や社会動乱の激しい年代においては，慣習とモラル

---

4 ）　同上，第79頁.

による調整機能がその効果を発揮し，社会経済の運営を正常にサポートして
きた．

　人類社会において，慣習とモラルの調節機能による分配が存在し，その機能
を果たしてきたことは歴史的にみても明らかである．しかし，市場と政府の所
得分配が機能する前提で，慣習とモラルによる分配は名実ともに第三次分配と
して機能するが，市場と政府による調整が機能しない場合においては，慣習と
モラルによる調整は唯一の所得分配方式となる．

　第二に，市場と政府が形成された後，所得分配の領域における第三次分配は
補完的な役割を担ってきた．第三次分配が社会の所得分配に対する影響は，第
三次分配に使用される分配金額に関わっているが，この分配金額は総所得とそ
こから政府税収を差し引いた課税後金額，モラルが人々の行動に与える影響力
の大きさによって決まる．

　第三次分配を無視し，市場と政府による第一次分配・第二次分配のみを認め
ることは，社会経済活動を過度に単純化し，経済活動主体としての人々の目標
の多様性や，モラルインセンティブによる所得分配への影響を見落とすことに
なりがちとなる．しかし，社会において第三次分配が存在しなかったときも，
経済は依然として正常に機能していた時期があった．これは，第一次分配と第
二次分配が機能していたためであるが，第三次分配によって，社会所得分配は
より適切に行われ，社会経済の運営もより順調に行われるようになると同時に，
モラルの影響によって，社会文化・公共サービスなど各分野の事業は第三次分
配の調整によってより効率よく成長することが可能になる．

　第三に，第三次分配は通常，小規模の集団において存在，機能している．そ
して，集団規模が小さければ小さいほど，構成メンバーにとって第三次分配が
より普遍性を持つが，集団が大きくなればなるほど，メンバーにとって第三次
分配はより特殊性を持ちがちである．

　家庭は最も小さな集団・グループである．家庭内において，個人各自の収入
やお金を稼ぐ能力は異なり，家庭内の相互扶助は所得移転として表されている
といえよう．そして，この所得移転は市場や政府の調整とは無関係であり，純
粋に慣習とモラルによる調整の結果である．

　大家族は核家族より大きな集団ではあるが，社会全体的にみれば依然として
小さな集団である．市場経済の下では，都市部でともに生活している家庭構成
員による自発的な所得移転はみられるものの，よく見られる現象とはいえなく

なってきている．一方，農村地域では，家族メンバー同士の間における所得移転はよくみられる現象である．特に天災や結婚式，葬式，出産などの際における相互扶助の一環で依然として所得の移転が行われている．

　しかし，都市，省，国家のように，メンバーが数多くいる規模の大きい集団においては，メンバーの間で所得移転が日常的に行われることは不可能であるが，一部のメンバーが依然として他のメンバーを助けるために自主的に収入の一部を寄付することがある．これも慣習とモラルによる調整機能が働く結果である．

　通常，集団の構成メンバーが一部の所得を寄付する際には，直接面識のない集団メンバーに寄付するか，公益組織や慈善事業を行う仲介組織を経由して寄付するかである．即ち，寄付金は受け取った仲介組織を通して，他の集団メンバーに寄付されるか，公益事業関連活動に使用されるのである．このため，集団が大きくなればなるほど，慣習とモラルによる収入移転はより貴重でありがたいもの，よりモラルの力を表現できるものになる．

　第四に，慣習とモラルによる所得分配は二種類に分けられる．一つは，市場による第一次分配および政府による第二次分配後の可処分所得を，個人の信念や社会への責任感，愛情あるいは特定事業に対する情熱により，自主的に寄付する行為である．第一次分配と第二次分配後のこの寄付行為は第三次分配と呼ばれ，モラルによるインセンティブを表したものである．もう一つは，市場と政府による調整が存在しない，もしくは両方とも十分に機能を果たしていない状況では，慣習とモラルに頼って分配を行うしかない．この分配方式は慣習とモラルが機能を果たした結果でもあることから，第三次分配と呼ばれるようになったのである．

　慣習とモラルによるこの二種類の分配方式には以下の区別がある．まず，自主性の度合いが異なっている．前者は，慣習とモラルによる調整後に，個人の完全な自主性によって行われる寄付である．つまり誰かに強制されるわけではなく，自発的に寄付を行うことである．後者も，基本的に慣習とモラルの影響を受けているが，市場と政府による所得分配の調整がない中で，習慣や慣習に基き形成された集団内部の規則によって所得分配が行われるため，集団の構成メンバーの集団に対する共感，集団の分配規則への賛同，分配の結果に対する同意などによって，慣習とモラルによる分配は自主的であるかどうかが決まってくる．もし，ある集団の構成メンバーが上述の分配方式に関して共感度が高

ければ，彼らは集団内の分配規則に従うように寄付するため，分配における自主性も高くなる．逆に，上述した要素に対する共感度が低ければ，集団の規則や慣習には従うものの，その自主性は低くなると考えられる．そして，個人の集団に対する所得分配方式への意見が既有の規則と食い違いがある場合，それを公言するかどうかにかかわらず，個人は集団に対して隔たりを感じるであろう．このような状況になれば，個人と集団における他のメンバーとの関係にも影響を及ぼすことになる．ある集団において，構成メンバーの多くが集団内部の慣習による所得分配に共感できなくなれば，異議や異論を唱える者が増え，集団に対する疎外感も大きくなるため，集団内部から危機が発生することになる．

　もし，このような状況が発生したら，次のどちらかの結果になるものと思われる．異なる意見を受け入れ，慣習に基づいた分配方式を調整することで，構成メンバーの集団に対する共感度を向上させること．あるいは，集団内部の亀裂が拡大し，集団は集団としての名はあっても実際には中身がなく，少しずつ崩壊していく場合である．歴史や現実世界をみわたすと，このような事例はいくつかみられる．

　第五に，市場と政府による調整の後に行われる慣習とモラルによる所得分配は，自発的なものであり，強制的な所得移転ではないが，市場や政府とは全く無関係なわけではない．例えば，政府が遺産税（相続税）の徴収方法を制定するにあたって，公益事業や慈善事業への寄付金額を課税金額から控除する決まりがあれば，人々が生前における公益事業，慈善事業へ寄付するインセンティブは強くなると考えられる．または遺言を残し，収入の一部，もしくはすべてを公益，慈善事業に寄付するよう働きかけるだろう．このような寄付行為は自主的なものであり，強制されたものでもなく，個人のモラルによるインセンティブと関連しているのであるが，遺産税（相続税）からの控除が強いインセンティブ・動機付けとなっていることは否定できない．

　また，別の例として，市場による調整の下で，生産要素提供者が提供した生産要素の量と質は経済効率によって決まるため，寄付は所得と関係することが挙げられる．仮に投資家が経済発展の遅れている県や村に投資し，企業を立ち上げたと同時に，寄付して学校や病院を設立したとしよう．前者は市場を考慮した純粋な投資行為であるが，後者の投資（寄付）は慈善行動であり，モラルによるインセンティブに基づくものである．しかし，この二種類の投資には関

連性がある．（1）学校を創設し教育を行うことで，現地の文化・教育水準の向上に寄与し，労働力生産性の向上が期待でき，企業の発展にも有利になる．また，病院は現地の医療衛生状況の改善，労働者の健康に有益であるため，疫病を減らし従業員の健康と出勤を保障し，企業の発展にとっても有利なものとなる．（2）学校と病院があれば，従業員が安心して生活でき，企業はより多くの人材を引き付けることができる．長期的にみれば，これも企業発展にとって有利になる．（3）投資家として，企業を立ち上げると同時に病院や学校を整備すれば，現地住民の企業に対する好感度を上げることができる．このように，社会公共関係の改善も企業の発展にとって有利となる．ここでは，学校や病院への寄付は慣習とモラルによる調整の結果で，第三次分配の内容であり，市場行為ではないことに留意しなければならない．投資家は誰かに命じられて寄付をしたのではなく，自主的に寄付を実行していたのである．

第二節　社会の協調的な発展における第三次分配の役割

一　第一次と第二次分配の空白

　市場経済という条件の下で，社会の協調的な発展に対する政府による第二次分配の役割は既に学術界で重要視され，関連研究も行われつつある．しかし，慣習とモラルによる調整の下，第三次分配による社会の協調的な発展への役割に関する問題は，いまだ学術界から注目されておらず，関連研究が行われていないのが現状である．これは，所得分配関連研究が不十分であることを示している．

　第一次分配においては，経済効率に応じて分配することが基本的な分配原則である．経済効率に応じる分配を通して，生産要素の供給者に品質や商品の需要状況への注意を促し，市場需要に基づいて供給を調整させる．それと同時に，経済効率に応じる分配原則のもと，生産要素の需要者も生産要素の使用状況に応じ生産要素の利用率向上を図り，非合理的な生産要素の使用や無駄をなくすように促される．その結果，必然的に国民の総所得は増加する．国民所得の増加は，社会の協調的な発展にとって不可欠な条件である．このため，経済の効率性に応じる分配，国民所得の増加，社会の協調的な発展という三つの要素は一致している．しかし，直近20年間の中国における経済改革と発展の経験から，第一次分配とはいえども公平性に注意を払うべきだと多くの研究者が感じてい

るところである．これは，経済体制転換の過程において，各生産要素の当事者，所有者は地位が異なり，平等なスタート地点に立っているわけではないため，第一次分配においては機会均等のスタートラインに並べることができず，有利な立場に立つ人もいれば，数多くの農民のように不利な立場に立たされる人もいる．彼らの間にある第一次分配で生じた所得格差は，時間の経過と共に拡大していくのである．したがって，政府は第一次分配においても，公平性に配慮し，総収入に占める労働収入の割合が低下しないように，適切に引き上げる必要がある．

第二次分配において，政府が従うべきものは効率と公平を両立させる原則である．効率のみを重要視し，公平性を軽視するならば，所得分配の格差は拡大し，社会の協調的な発展が難しくなる．また，公平性のみ注力し，効率を軽視すれば，国民所得の増加に悪影響を及ぼし，これも社会の協調的な発展を阻害することになる．したがって，第二次分配において，政府が効率と公平の両立を図ることは，社会の協調的な発展を促すことになる．

しかし，第一次分配であれ，第二次分配であれ，社会の協調的な発展の実現においては一定の制約を受けている．これは主に市場経済の経済効率性による分配原則自体に限界があるためである．個人は単純に「経済的人間」だけでなく，「社会的人間」でもあるため，平均収入が上昇するにつれて，非物質的利益の要素が重要になり，人々の価値観も変化していく．その結果，国民所得の増加に対する経済効率に応じる分配のプラス効果も逓減していくと考えられる．次に，第二次分配についてみてみると，政府による第二次分配，つまり課税政策や貧困扶助措置の実施により，社会の協調的な発展は，第二次分配が行われる前と比較して改善されるが，効率性と公平性を両立させる原則の維持は困難である．政府による調整がより効果的に機能している場合には，効率性と公平性の両方が配慮されるようになるだろうが，効率性重視に偏れば，公平性の実現は理想から遠く離れてしまうのである．一方，公平性の実現だけを強調すれば，効率性の向上が望めなくなる．政府による調整が不十分で，もしくはその調整措置に偏りがあるならば，結果的に非効率的・不公平なもので終わってしまう恐れがある．このような状況を生み出す要因は二つある．第一の要因は制度設計や政策設計の欠陥である．その欠陥による不都合で，効率性や公平性の両立ができない，もしくは片方に偏る状況が生じ，結果的に非効率性や不公平な状況を生みだしてしまう．第二の要因は，政策実行の過程における監督

体制の不足によって，制度や政策がその趣旨のとおりに執行されないことである．この二つの要因に対して，政策・制度設計の欠陥を修正して対処すると同時に，政策実行過程における監視・監督体制の強化をもって，政府行政関連部署と人員の能力向上が求められることになる．

　上述の分析は，第一次分配と第二次分配の後に，社会の協調的な発展のためにはまだ空白が残されていることを示している．そして，第一次分配と第二次分配が適切に行われた後の空白は比較的小さいが，第一次，特に第二次分配が十分機能しない場合では，この空白は大きくなる．大きさに関わらず，空白が残されていることは社会の協調的な発展の実現には，まだまだ施策が必要であることを意味している．

　このような理由から，所得分配の視点からすれば，第三次分配の重要性が明らかになる．第三次分配は人々の自発的な寄付によって行われているため，その影響は大きく，その働きは市場と政府による調整が匹敵できないものである上，その範囲も市場と政府による調整が及ばない領域にまで到達できる．それだけでなく，第三次分配は慣習とモラルによる結果であるため，感情を伴わない市場による所得移転とは異なり，感情を伴う所得移転といえる．そして第三次分配は，実利や強制力のある政府による調整と異なり，利己的でなく強制的な収入移転でもない．このように，社会の協調的な発展過程において，第三次分配は一次と二次分配に残された空白を補うため，その効果はより顕著なものとなる．

二　社会の協調的な発展に対する異なる解釈と第三次分配の役割

　所得分配（第一次，第二次，第三次分配を含む）が社会の協調的な発展に対する役割を議論する前に，社会の協調的な発展の意味合い，その具体的な内容を明確にしなければならない．筆者は著書『転換発展理論』において，社会の協調的な発展に関して三つの解釈を述べている[5]．

　第一の解釈として，社会の協調的な発展は，所得分配の協調を指す．つまり居住地区や家庭による所得格差が適切な範囲に収まっており，大きな格差が存在していないことを指す．

　第二の解釈として，社会の協調的な発展は，社会ある各部門が協調的に発展

---

5 ）　厲以寧：『転型発展理論』，同心出版社1996年，第186-187頁.

することを指す. 例えば, 各経済部門が発展するだけでなく, 社会構成メンバーのさまざまなニーズを満たすことができるように, 文化, 教育, 衛生, 環境保護, 福祉, 公共サービスなどの部門もそれぞれ発展する必要がある.

　第三の解釈として, 社会の協調的な発展は, 生活クオリティの向上を指す. さまざまなニーズを満たすよう生活の質的な向上を達成することは, 社会の協調的な発展と呼べる.

　この三つの解釈はそれぞれの根拠に基づいており, 異なる視点から社会の協調的な発展に関わる内容を反映している. 第三次分配による社会の協調的な発展を促進する役割はこの三つの解釈に基づいて議論を展開できるが, その前に示すべきことは, 解釈の内容にかかわらず, 社会の協調的な発展は計画経済体制の下では実現できないことである. 計画経済体制は対立や問題を覆い隠し, 表面上は大きな問題が生じていないようにみえるが, 実際は, 社会の協調的な発展は順調にはいかず, 対立は多くなり, 問題の深刻さはさらに増大し, 最終的には問題が爆発し社会危機が生じるであろう. 例えば, 計画経済体制下では, 農民は狭い区域に閉ざされ, 働いてもわずかな収入しか手に入れられなかった上, 異なる地域への移住も厳しく制限されていた. これは社会の協調的な発展に反したものである. また, 計画経済体制下では, 人々は自分の好みや専門知識に基づいて得意分野や職業を選択できず, 知識やその才能を発揮できなかった. さらに経済がそれほど発展しなかったため, 就業ポストが限られている上, 就業していてもやるべき仕事はなく, 効率的でない職場や隠れ失業状態にある人は数多く存在していた. これも, 社会の協調的な発展とは程遠いものである. さらに, 計画経済体制では市場規模が小さく, 物不足が深刻で, 生産力の発展が制約を受けていたため, 少量の消耗品と配給券による消費財の供給は農民を排除した形で行われ, 極めて不合理であった. これらはすべて社会の協調的な発展が順調に進んでいない深刻さを示している. 配給券による消費財の供給と物不足を社会の協調的な発展の証であるという認識は根本的に間違っている. 社会の協調的な発展を実現するためには, 計画経済体制を手放さなければならず, これは社会の協調的な発展を実現するための前提条件である.

　以下では, 上述した社会の協調的な発展に関する三つの解釈を用いて, 第三次分配が社会の協調的な発展を促す役割についての説明をしていく.

（一）第三次分配と社会的所得分配との協調

　前述した第一の解釈によれば，社会の協調的な発展は，所得分配の協調を意味する．前述で指摘したように，市場による調整の下で，各生産要素の供給者は市場の需要に基づいて社会に一定の量と質の生産要素を提供するが，所得分配は経済効率性に基づき行われるため，所得格差は必ず存在し，しかもそれは長期間にわたる．

　それだけでなく，経済効率による分配制度では，他人との所得格差はさらに拡大する恐れがある．これは動的にみれば，現在までの所得状況が将来の所得に影響を及ぼすためである．仮に，異なる市場参加者がいるとしよう．双方の生まれ持っている才能はともかく，家族背景や出身地でみたとき，片方が相手より恵まれた家庭と居住地区にいる場合，前者は市場競争で優位に立ち，所得も多くなるが，後者は劣位に立たされ，所得もより少なくなるであろう．これは最初の市場競争の結果とみることもできよう．これに続く競争をみると，既に市場で優位に立った者はそれを維持しようとするが，劣位にいる者は依然としてその状況から脱却できないため，このように競争が繰り返されていけば，双方の市場参加者における所得格差はさらに拡大していくと考えられる．これが，市場における経済効率に応じる所得分配原則の限界と欠陥を示している．

　政府による第二次分配の限界については，既に指摘したように，政府による調整施策が適切であるか否かに限らず，必然的に以下の四つの状況を生み出すことになる．それは（1）効率性と公平性の両立を実現する，（2）効率性は実現できるが，公平性に問題が残る，（3）公平性は実現できるが，効率性に問題がある，（4）効率性も公平性も実現できていない，という結果である．政府による調整で，（1）のような結果，即ち効率性と公平性の両方を実現できることは，一番理想的であるが，その実現は非常に難しいとされている．（1）以外の三つの結果では，いずれも所得分配において空白が残され，第三次分配による補いが必要なケースである．つまり，自発的な寄付による所得分配が格差を是正することで，社会の協調的な発展を促し，同時にモラルの力によって社会の結束力を増し，人間関係における衝突を減少させ，効率性を向上させることである．たとえ，上記（1）の理想的な状況であっても，第三次分配が不必要なわけではない．なぜなら，効率性向上には常に改善すべき余地が残されており，公平性の実現が国民の公平性への共感に関わっているため，この場合においても第三次分配は依然として社会の協調的な発展を促す役割を果たす．

低所得家庭への扶助や公益事業への支援のために，自発的に自分の可処分所得から資金を寄付する行動に対しては，寄付者の動機を探ってはならないし，その必要もない．動機を探ることはむしろ問題をより複雑にしてしまう．人はそれぞれ異なり，またそれぞれの考え方も異なっているだけでなく，同一人物でさえ，寄付行為の動機は，毎回異なることも考えられる．多くの人は理想，信念，責任感に基づき寄付を行うが，同情心から，または自己実現の達成感によって寄付を行う人もいる．即ち，自分が達成できた成果，あるいは事業で成功した成果を寄付という形で表現しており，寄付は事業成功の印として，または，精神的な拠り所として，慰められ，願いがかなえられた印として用いられることもある．さらに，災害に遭遇し，生還できた後に，助けられたことへの感謝として財産を寄付することもあれば，持つべきでないと考える富を社会に還元することで，心の穏やかさを求め解脱を目的として寄付することもある．このように，寄付行為は自発的な行為で，それぞれ動機が異なるか，動機がはっきりしないこともあるため，その動機を知ろうとする必要はない．客観的な視点から，寄付が所得分配を通して所得格差の縮小，さらには社会の協調的な発展に貢献していれば，それで充分であると考えられる．

（二）第三次分配と各部門の協調的発展

　社会の協調的な発展の第二の解釈に関する議論を進めよう．それは，経済・文化・教育・衛生，環境保護，福祉・公共サービスなど各部署の協調的な発展を指す．

　市場による調整の下で，文化・教育・衛生部門は社会的な収益が大きいが，経済的収益は少ないため，投資が不足しがちで，正常な発展が保てない状態に陥ってしまうことがよくみられる．これは，市場による調整に，これらの部門の発展に対する働きに限界があることを示しているが，政府による調整の下で，公的資金が充分に投入され，効率的施策が行われているならば，これらの部門の構造的な欠点は改善されるように思われる．逆に，公的資金が不足し，施策も合理的でなければ，構造的な欠点は改善されず，場合によって悪化することさえあるだろう．

　このように，市場と政府による調整が行われた後に，各部門の協調的な発展に関して，第三次分配が担うべき空白が存在する．社会において，理想・信念・社会的責任感や文化・教育・衛生・環境保護・福祉・公共サービスのために，

情熱や思い入れを持って自発的に寄付を行う人がいる．一方，慈善基金や非営利団体などが存在しており，上記事業発展のために寄付を受け取り，事業発展に寄与し，結果的に社会の協調的な発展を促す力となっている．

　第三次分配による各部門の協調的発展への影響は，直接的な影響と間接的な影響とに分けられる．直接的な影響とは，個人所得の一部，もしくは財産が，直接文化・教育・衛生・環境などの部門，もしくはこれらの部門の発展に寄与する基金や団体に寄付されることである．これらの部門は追加投資を受けることで，効率的に各部門との協調的な発展を実現できるようになる．間接的な影響とは，所得もしくは財産の一部が貧困地域の経済発展に役立てられ，貧困地域の人々が貧困から脱却する援助が行われることを指す．寄付された所得や財産は直接的に文化，教育，衛生，環境などの部門に投資されたわけではないが，寄付を受けたことで貧困地区の経済が発展し，地域住民の収入が増加し，結果的に文化，教育，衛生，環境部門などの事業の協調的な発展につながるのである．

（三）第三次分配と社会生活の質的向上

　社会の協調的発展に関する第三の解釈は，社会の協調的発展が生活の質的向上を指すというものである．生活の質的向上とは以下の内容を含んでいる．人々の基本的な生活需要がどれだけ充足されているか，居住環境がどれだけ改善されているか，どれだけの教育・医療・文化的サービスを社会から提供されているか，自由にできる余暇時間はどれだけあるか，どのような環境で仕事と生活を両立させているかなどである．もちろん，生活の質に関わるものは上記項目にとどまらず，この他にもいくつか列挙できるが，生活水準の質的向上は社会の発展が協調的になっている証拠でもある．

　生活の質的向上は，経済成長にのみならず，生活改善に社会がどれだけ投資できるかによって決まる．したがって，市場と政府による調整が，生活の質的向上を促す役割を持っていることは明らかである．市場による調整の下で，経済成長が持続できることは，生活の質的改善のための前提条件が整えられていることを意味する．政府による調整の下で，政府が経済成長を持続させながら生活改善のための投資をコントロールできることは，生活の質的向上や社会の協調的発展を促進する力があることを意味する．

　既に指摘したように，市場と政府による調整が生活の質的向上に与える影響

は，以下の三つの限界があると思われる．第一は，市場と政府が提供する生活改善への投資は限られるため，一般的に社会生活の質的向上には民間からの追加投資が必要とされる．第二は，社会生活の質的向上は，風紀や雰囲気，調和的な人間関係，老人，病弱者や障碍者への関心とケアを含んでいるため，これらは政府と市場だけで解決できる問題ではない．第三は，社会生活の質的向上は，余暇の合理的な過ごし方，消費理念と消費行動の変化なども含まれるため，市場と政府だけでは，これらの問題は解決できない．このように，市場と政府による調整が行われた後，社会生活の質的向上が実現しつつも，空白が残されたままであるため，第三次分配であるモラルによる調整をもって，この空白が補われる必要がある．

　第一次分配と第二次分配に次ぐ第三次分配が存在し，社会構成メンバーである人々が自発的に行った寄付の一部が，生活の質的向上に関わる文化・教育・衛生・環境部門などに投資され，これらの部門をよりよく発展させようとする．その他にも，モラルによる調整と第三次分配を通して，社会的風紀が改善され，老人や病弱な人への関心とケアは，第三次分配が行われる前より進展するため，社会の協調的な発展はさらに順調に進展する．いかに合理的に余暇を過ごすか，またいかに正しく消費行動をとり，かつそれを評価するかなどは，第三次分配とは直接に関わらない．しかし，社会生活の質に注目し，時間と労力だけでなく，自身の可処分所得の一部を社会生活の質的向上に自発的に投資する人が増えていけば，人々の余暇時間の使い方や消費行動がより合理的になると考えられる．これも社会の協調的な発展を促すのに役立つものである．

第三節　第三次分配と世代関係

一　「生活の上昇志向」と第三次分配

　家族おける個人可処分所得の移転は，大家族も同じであり，必ずといってよいほど世代間関係と関連する．これは，個人が自発的に収入もしくは財産の一部を寄付すれば，子どもや親族に残される財産はその分減少するため，慣習とモラルの間で衝突が生じる可能性が出てくる．個人の財産を子どもや親族に残し相続させることが伝統であり，モラルに基づく配慮も含まれる暗黙の了解と共感される慣習によるものであるため，この衝突が生じたと考えられる．しかし，個人が理想・信念・社会的責任感などによって，財産を家族・家計以外の

社会メンバー，あるいは公益団体や慈善団体に寄付することは，ある程度慣習と関連している部分もあるように思われるが，モラルに影響される意思決定であることには変わりない．

　この問題をさらに詳しく説明するためには，まず「生活の上昇志向」についてみていきたい．社会を構成する人々は，常に生活の向上を求めており，子どもたちには，自分よりよい暮らしをしてほしいと望んでいる．これは「生活の上昇志向」と呼ばれている．社会における経済発展の原動力も「生活の上昇志向」から生まれている．生活に絶望を感じている人や，努力をしても生活が改善されないと考えている人は，原動力が持てない．視点を変えれば，生活に託した希望や，子ども世代によりよい生活をして欲しいという望みは，現在の生活に満足していないことを意味している．満足していないことは経済発展の動力となり，「生活の上昇志向」を実現するための方法を考えるきっかけとなる．これは，個人に限らず，家族・社会にもあてはまるのである．満足されていない社会には，常に前へ推し進められる原動力があると思われる．

　社会において，通常，家族は，現在の生活より一つ上のランクの生活水準を目標にすることでモチベーションを高め，一日も早くその水準に到達しようと励んでいる．そして，目標水準に達しても，さらに一つ上の目標を目指すようにモチベーションを高めていく．このようにして，「生活の上昇志向」は一歩一歩着実なものとなり実現されていくのである．しかし，なぜ家族が一つ上の生活水準を目指すのか．これは，努力により，短期的に達成できる目標だからである．現在の自分より低い生活水準を目指す人はいないが，手が届かないほど高い生活水準を目指すことは，短期的達成が困難であるため，人々は通常自分の生活水準より一つ上の目標を目指すのである．

　家族にとって現在の生活水準は，それ以下にならないように，同時に現在より高いレベルを目指すための基準として，目標を実現しようとするモチベーション向上の役割を果たしている．家族の生活的目標とは，通常このようにより高水準の生活を求めることである．「生活の上昇志向」は，このような目標に加え，子ども世代の生活水準の向上と現役世代において目標が達成可能であるという希望を指している．

　しかし，家族構成員の多くにとって，家族は二重の役割を果たしていると考えられる．第一に，家族のサポートで，自分の生活が改善されること，少なくとも家族が自分の生活改善を妨げる障害とならないことを望んでいる．第二に，

個人にとっての家族は，ある意味において自分の保険機関であるかのような存在であることを望んでいる．苦境に立たされた時には経済的に頼ったり，特定のメンバーから救済を受けたりすることができる．最終的には万が一のときのセーフティネットとして守ってくれる存在でもある．世論は弱者に同情するのが一般的であるため，家族の中で窮地に陥ってしまったメンバーに対して，正当な理由がなく家族が援助や救済を拒めば，世間から非難されるだろう．アジア文化においては，この現象は特に一般的で普遍的でもある．

　家計・家族において，子ども世代によりよい生活をして欲しいと親世代は願っているが，家計・家族の子どもに関する考え方は徐々に変化している．つまり，経済と社会が発展するにつれて，両親が子どもに求めるものも変化している．例えば，欧米の市場競争社会において，子育てのための支出が高額で家計の負担となり，生活水準向上の妨げになっていると考える親もいる．また，将来的には子どもの家計に対する貢献は重要ではなくなり，子どもに家庭に対して義務を尽くして欲しいとあまり期待しない親もいる．アジアにおける文化背景では，このような変化は緩やかであろうが，似たような傾向にあるといえよう．

　親は子どもに自分よりよい生活をして欲しいと望むが，これは子どもから物質的な見返りや，家計への貢献を期待してのものではない．この二つを混同して議論をしてはならない．生活水準が継続的向上している中では，子どもは家庭の慰め，宝物としてみなされ，大事にされるようになる．さらに出産・育児自体が目的となり，親はそこに見返りを求めなくなり，ただ子どもによりよい成長の機会を与えることを望むのみである．このような考え方は，家計の支出の構成に影響を与える．まず，子どもにより多く成長の機会を与えるために教育への支出を可能な限り増やすことで，家庭の所得に占める教育支出の割合が上昇する傾向となる．さらに，親が子どもに老後の世話や，実家への見返りを求めなくなるため，親は自分たちの老後に備え，老後の準備資金が個人貯蓄の大部分を占めるという家計の支出構成になるだろう．最後の影響は，親が子どものために財産を残すことをそれほど深く考えなくなると思われる．子どもが未成年のうちに親が亡くなった場合，子どもに学業と結婚のための費用を残そうとするだろうが，子どもが成人し，自立している場合には，親はすべての財産を子どもに残す必要はなくなる．これらの影響要素の存在は，理解しやすいものである．

　このことからわかるように，第三次分配は，出産・育児や子どもに関する考

え方の変化に影響される．第三次分配とは，自発的な個人の可処分所得の移転を指している．公共の利益，慈善事業，個人の特定事業への感情による寄付が含まれている以上，上述した家計支出の内訳に影響を及ぼす三つの要素は，第三次分配にも影響を与えることになる．具体的な影響について，高所得の家計と一般所得の家計に分けてみてみよう．

（1）　家計所得に占める教育支出の割合は上昇傾向にある．
　　　中間所得の家計にとって可処分所得に占める教育費支出が上昇するにつれて，財産残高は減少していく．これに伴い，第三次分配における財産金額も減少する．一方，高所得の家計では教育事業への寄付を増額する可能性がある．

（2）　自分自身の老後への備えが個人貯蓄の大半を占めるようになる．
　　　中間所得の家計では，可処分所得のうち，老後への備えとしての金額が増える分だけ，第三次分配に投入できる財産額が減少する．高所得の家計では，老人福祉施設への寄付を増額する可能性が高くなる．

（3）　未成年の子どもに学費と結婚の費用を残すケースを除き，親は必ずしも子どもに多くの財産を残すとは限らなくなる．

　この場合，中間所得の家計では第三次分配に対する顕著な影響はみられないが，高所得の家計では，社会における公益事業，慈善事業への寄付を増やす可能性がある．

　つまり，出産や育児，子どもに関する考え方の変化は，さまざまな面で高所得の家計の第三次分配により大きな影響を与える．これは，多くの家計（高所得の家計を含む）が，「生活の上昇志向」を実現しようとする願いとは矛盾するわけではない．既に述べたように，親は子どもに対して，自分よりよい暮らしをして欲しいと望むのは，物質的な見返りや，家計への貢献が欲しいわけではない．そしてこれは，第三次分配（主に高所得の家計の第三次分配を指す）が経済と社会が発展するにつれて増加していく傾向とも切り離して扱うべきである．

二　第三次分配と家計内における対立

　親の出産・育児，子どもに関する考え方の変化は第三次分配に対する態度（主に高所得の家計への影響）については，上述のとおりである．しかし，親の第三次分配への態度と，子どもの第三次分配への態度は別のものであり，それが異なっていることは家計内部の対立や世代間対立の原因となりえる．これを説明

するために，「生活の上昇志向」を切り口に議論を始めたい．

　家計の子どもに関する考え方が変化し，子どもたちが昔のように家計の将来収益増加の使命を背負う存在ではなくなったが，それは「生活の上昇志向」は家計発展のモチベーションでなくなることを意味しない．各家計における生活水準の格差が広がっていることは，同じ生活水準にある家計同士でも，比較される場合の不満足はより明らかであるため，生活水準向上へのモチベーションは高まり続けるだろう．これを妨げる要素があるとすれば，家計自体の考え方による束縛に他ならないであろう．例えば，「生活の上昇志向」は家計所得の増加と生活水準の向上のみだけでなく，貧しい生活でも楽しんでいればよい，あるいは禁欲主義を信仰とする生き方，家計収入を増やすことは無駄な苦労であり，運命に従うべきであるなどといった考え方，生き方を持っている者であれば，家計所得の向上と生活改善に取り組むことはないだろう．

　家計所得の増加を望むモチベーションを妨げる他の心理的な要因として，ある種のリスク回避，損失を嫌う姿勢，目立つことや競争に負けるのが怖いなどといった考え方がある．人々が努力をもって裕福になることが認められている体制において，金儲けのためのスキルを持っていない以外に家計所得増加の障害となるものは，意欲や起業精神，競争心，自信および現在の状況を自分の努力で変える決意と強い意思などの不足がある．これらは一種の惰性といえよう．このような惰性は，すべての家計にとって，その発展と成長のネガティブ要素である．

　ここで述べたすべての要素は，各家計における親が子ども世代へ財産を残すかどうかの姿勢に影響を与えるものである．問題は，成人した子ども自身がどれだけの財産を保有しているかではなく，むしろ子どもが親に頼る意思や，現状に満足しているメンタル，リスクや競争を恐れる考え方にある．子どもたちが親の家計に頼る意思が少なく，企業家精神・競争心が旺盛で，積極的にリスクを取りにいく姿勢があるならば，たとえ財産や収入が比較的に少なくても，親のモラルに基づく寄付行為や，親から相続できる財産の金額に対して不満を持たないだろう．しかし，親のすねをかじって，企業家精神・競争心に欠けており，リスク回避姿勢が強い子どもならば，財産・所得を多く持っていても，両親のモラルによる寄付や残してくれる財産について不満を持つだろう．言い換えれば，家計内部から第三次分配を妨げる要因として前者に比べ，後者は大きな障害となっている．

ソースティン・ヴェブレン（Thorstein Veblen）は，生活水準は本質的には慣習であり，ある刺激への反応が長年にわたって積み重なり，標準化されたものであると述べている．既に慣れた生活水準から離れることは，形成された習慣の型を破ることと同様に難しいことである．人はそのライフスタイルを，現在までの生活水準に合わせようとするため，これまで維持されている生活水準に合わせることは正しいと考える傾向がある．そして，現在までの生活水準が周りの人々に認められているため，個人はこの生活水準を維持しなければ，見下され，排除されると思うようになる．[6] ヴェブレンの第三次分配と世代間の関係性に関する洞察は大きな示唆に富んでいる．ある家計の子ども世代において，既に一定の生活水準が習慣化しているとき，彼らは生活水準と周囲の尊敬を維持するため，その生活水準を落とすことはできないであろう．したがって，親の自発的な寄付が子どもの生活に影響を与える場合は，多くの家計において，世代間の緊張関係や家庭内部から寄付を阻止しようとする力が働くことは理解できる．これは第三次分配に内在する一種の制約メカニズムであろう．

家計における世代間関係と第三次分配の関係を議論する場合，もう一つ重要で議論すべき問題がある．それは，伝統的な考え方から脱却し，家計財産や個人の将来に対する子ども世代の考え方が大きく変化する可能性はどれだけあるかという問題である．地域および国の双方において，市場経済の影響力が大きければ，より現代的な道を歩むことで，市場化・現代化の度合いも高くなるとされる．このような環境において，子ども世代における　家計に関する考え方も大きく変化するものであろう．より多くの次世代の人々は，豊かな生活は自らの努力で手に入れるものであり，親の遺産に頼ってはならないこと，親世代が次世代の成長のために適切な条件と機会を提供してくれるが，自分自身が努力しなければ，両親から多くの機会や財産を受け継いでも，生活水準を向上させるのは不可能であることなど理解できるようになる．親世代の公益事業や慈善事業への情熱と寄付，社会への責任感や信念は，次世代にとって良い手本となり，良い影響を与えるものである．

家計における世代間対立は，第三次分配，あるいは遺産金額などに関わる研究を見ても否定はできないが，総合的にみて，次世代の考え方が変化しつつある中で，世代間の対立も緩やかになる傾向にある．筆者は著書『経済学の倫理

6） Thorstein Veblen：『有閑階級理論』，商務印書館1982年，第82頁．

問題』で,「現役世代,将来世代を問わずに,周囲の人や次世代へ配慮すべき
社会的な倫理観を築いていく必要がある.社会には,常に快楽を求め,欲望の
ままに資源を消費する人がいるが,決してこういう人ばかりではない.勤勉で
仕事に励んでいる人が多数を占めている.社会発展はこの人々の努力に頼って
いる.次世代で快楽のみを追求する者がいるとしても,ごくわずかにすぎない
であろう」と記述した.[7]

第四節　第三次分配のトレンド

一　生活の質に対する理解

　第三次分配のトレンドはどうなっているのか.この点について生活の質に対
する理解と関連付けながらより深く議論していきたい.

　人間は労働力の提供者のみとして生活をしているわけではないため,いかな
る社会においても,生産そのものが目的とはならない.人は生産のために存在
するのではなく,生産が人のために存在するのである.生産の目的は,人々の
生活を絶えずに改善していくことである.より多くの製品を生産することにだ
け注力し,人々の生活が改善されず文化教育水準が向上しないのであれば,生
産目的とはなりえない.この素朴な理由により,社会を構成する人々にとって
重要なのは,アウトプットをどれだけ増加させたかということではなく,アウ
トプットが普遍的に向上してきた局面においては,「生活の質」にも「幸福」
にも新しい意味合いが加わっていると感じられることである.実際,物質的豊
かさが向上するにつれて,文化的な生活に対する人々のニーズは高まり,物質
的豊かさに加えて,よい環境,健康,精神的豊かさも求められるようになった.
物質的豊かさが満たされた後は,時間に対する考え方も変化する.過去の人々
は財産を最重要としていたが,物質的豊かさが満たされた世代では,お金より
時間の方が高価であるととらえている.お金は貯蓄できるが,時間はお金のよ
うに貯蓄できない.つまり,より効率的な時間の使い方が,より多くの幸福を
もたらす.

　これは,人々の生活の質に対する理解が,経済発展と所得水準の普遍的な向
上に伴い,絶えず深まっていくことを示している.この生活の質に対する理解

---

7)　厲以寧:『経済学的倫理問題』,生活・読書・新知三聯書店1995年,第216頁.

の変化は，第三次分配のトレンドと関連している．生活の質への理解が深まるにつれて，人々は文化・教育・健康・環境・公共衛生などの発展を重視し，自発的にこれらの部門に寄付をして，社会生活の質を高めようとする．一方，所得が向上し，可処分所得に占める自発的寄付の割合が高まるにつれて，人々は生活の意義に対する新しい考え方を持ち始め，より生活の質，社会・未来への関心が高まっていく．

　生活の意義について議論するときに重要な問題は，経済発展の過程において，いかにして旧来の考え方から脱却し，新しい考え方に転換していくのかにある．ここでいう旧来の考え方とは，以下の二つがある．即ち，「衣食が満たされれば，それ以上の贅沢は求めない」という考え方と，「各自が自分の家の前の雪を掃き，よその家の瓦の上に降りた霜にはかまわない」という考え方である．これらの旧来概念は，生活の意義に対する正しい理解を妨げるだけでなく，第三次分配に対しても消極的な影響を与える．

　「衣食が満たされれば，それ以上の贅沢を求めない」という考え方の影響により，経済が発展しない地区の農民は，競争意識，技術，市場の情報などが欠け，衣食さえあれば低所得であっても現状に満足し，生活の目標が衣食を満たすところにとどまり，それ以上を求めない．この旧概念の影響下では，経済は停滞し，収入を増加させることも難しくなる結果として，質の高い生活を追求できなくなり，第三次分配への金額も減少するに違いない．

　自己本位で物事を考える旧概念の影響下では，社会公益事業，慈善事業などの発展は必然的に制約をうけ，第三次分配の潜在的な可能性も発揮されえない．さらに，社会経済発展は人との交流，協力が必要なため，結果的に「各自が自分の家の前の雪を掃き，よその家の瓦の上に降りた霜にはかまわない」という考え方が蔓延し，経済のさらなる発展を阻害し，第三次分配に割り当てる金額も増やせせなくなる．

　これらの状況に対して，経済発展の過程において，人々の生活意義に対する理解を深めいくことは，所得向上，公益事業，慈善事業への関心を阻害する旧弊（旧来）概念の影響を徐々に取り除くことに寄与する．

二　「人より物を重視」から「人間本位」へ

　第三次分配のトレンドを理解するには，社会経済発展戦略の視点から分析を行う必要がある．社会経済発展戦略における重要な問題は，人と物とのどちら

が重要かということである.

　物質的豊かさが満たされた後,社会経済発展の原動力は,人々を物質的に満たすことだけではなく,精神的な満足感も必要とされる.この「精神的に人々を満足させる」ということに関しては,さまざまな解釈がある.

　例えば,自分のことは自分でやるというのは精神的な満足であると考える人もいる.金銭的に裕福になったとしても,家事が好きで自分でこなしたいと思う人もいる.この人にとって,家事労働は体力を使うが,一種の息抜きでもあり,「精神的な要求」が満たされるものでもある.

　また,文化・芸術・体育・旅行に使われる消費支出も,精神的な満足につながり,これで「精神的な要求」が満たされていると考える人もいる.

　公益事業・慈善事業への寄付は自分の意向に添っており,自分の意向を代弁しているため,「精神的な満足感」であると考える人もいる.

　このように,自分のために何かをやること,文化・芸術のための支出,公益事業・慈善事業への寄付,この三者は矛盾しているわけではない.同じ人に三者が共存し得るものである.公益事業・慈善事業への寄付行為は,一部の個人による自発的な行動であるが,物質的豊かさと所得が増加するにつれて増加する傾向にある.

　自分のために何かをやること,文化・芸術のための支出,公益事業・慈善事業への寄付などの行為は,いずれも「人より物を重視」という伝統的な考え方と対立している.なぜなら,これら三つの考え方は人間本位で,物質を中心とした考え方よりも,生活の質的向上を重視しているからである.社会経済発展戦略の視点から,もし社会が物質中心主義の伝統的な価値観から人間本位とする価値観に転換できれば,発展戦略の転換につながり,第三次分配の社会所得分配作用に及ぼす影響も大きくなると考えられる.これは,第三次分配が人々のモラル・信念,社会的責任感,同情心によって生まれ,言い換えれば,他人への関心や他人を育成することを出発点としているためである.社会経済の発展戦略が転換した後,社会の発展トレンドは第三次分配のトレンドと基本的に一致するようになっている.社会がより他人に関心を持つほど,社会経済発展戦略の転換における第三次分配の役割が増大していくと考えられる.モラル・信念,社会的責任感,同情心などによる寄付行為をする人が増えるほど,所得分配におけるモラルの役割も大きくなっていくと同時に,第三次分配の影響力もますます高まっていく.

社会における「人より物を重視」から人間本位とする価値観への転換は，決して，物質的な生産増加に注力せず，「精神的な満足」のみに注目し「物的需要」を満たすことを配慮しないということを意味しているわけではない．実際状況として，社会は依然として物質的生産を増やし，ますます成長する「物的要求」を満たそうとするが，生活の質的向上や「精神的な満足感」が重視されるように変化してきている．このため，「人より物を重視」あるいは「物より人を重視」といった表現は不適切になってきている．「人を重視」することは，必ずしも物の軽視につながるとは限らず，両方を重要視することは可能である．「人を重視」することは人への関心，人を育てることを優先することを意味する．つまり，人は生産拡大のために存在するのではなく，生産が人のために存在し，生産の目的は，人への関心や人の育成である．また，「物を重視」することは，確実な経済的・物的基礎がなければ，生活の質的向上は実現できず，人への関心や人の育成も経済力不足で実現が難しくなるためである．したがって，「物を重視」することは，「人を重視」するためのものである．「物を重視」することを物のみを重視するととらえ，人を軽視し，その育成を疎かにするという認識は誤っており，「物を重視」に対する曲解になる．このような意味で，社会は伝統的な「人より物を重視」から，人間本位の発展戦略へと転換していかなければならない．

　何より重要なのは，「人間本位」とした価値観は，単なる発展戦略だけでなく，社会的に守られるべき基本原則として位置付けなければならないことである．そして，「人間本位」は所得分配の中でしか反映されないものではなく，社会・経済・政治・文化などの多様な領域においても維持されるべきゆるぎない基本原則である．

第六章

社会経済の運営におけるモラルによる制約

第一節　制約と監督のメカニズム

一　スクリーニング・メカニズム，保障とインセンティブのメカニズム，制約と監督メカニズムの統一

　第四章では，法律と自律の問題に関する分析を行った．第六章では，社会経済の運営におけるバランスの観点からモラルによる調整と社会的チェックアンドバランス（抑制と均衡）機能の関係について述べる．

　どの国においても，政府官僚に必要な権限を与えることで政府目標を実現させる一方，これらの官僚に対して制限や監督を行い，権力濫用，汚職などを防がなければならない．古代の中国では，政府官僚に対する考課システムと監督制度が設けられていたと同時に，「官俸で清廉を養う」といわれるように官僚に適正な給料が支払われていた．近代における一部の国では，官僚監察制度が完備されていたほか，「高給で清廉を養う」という好待遇が腐敗防止の方法として採用されていた．「官俸で清廉を養う」，「高給で清廉を養う」といったやり方にはある程度の合理性があると考えられる．政府官僚の待遇が悪ければ，優秀な人材を引き留めることも，引きつけることもできないだけなく，権力を私利私欲のために用いられやすく，腐敗を招きかねない．しかし，高給は限られた役割しか持っていない．そのため政府機関に勤める者に対するスクリーニング，保障とインセンティブ，制約と監督という三つのメカニズムが必要である．筆者は著書『転換発展理論』において，この三つのメカニズムについての解説を行った[1]．

　スクリーニング・メカニズムとは，国家公務員の任命と昇進が競争を通して行わなければならないことを指す．競争は一種の選別であり，優秀な人材は競争を通して選出される．募集するポストが公表され，競争も公に行わなければ

---

1)　厲以寧：『転換発展理論』，同心出版社1996年，第291頁.

ならない．このようなシステムがあれば，条件に適ったすべての人が任命され，昇進の機会を手に入れることは可能となる．

　保障とインセンティブ・メカニズムとは，国家公務員任命後の生活や待遇が，「事業単位」（中国の「事業単位」とは，公的事業を行い，経済的利益の追求をしない団体であり，主として教育，科学技術，文化，衛生管理などの活動を行う事業体である）に勤めている同じ学歴や職歴の者より低くならないように設定し，国家公務員としての安定を保証するすると同時に，生活に困らないように，定期的な考課制度をもって，昇進と収入増加の規範化を図る制度である．

　制約と監督メカニズムとは，国家公務員がそのルールを遵守し，また，その行動と勤務態度が社会の監督を受けなければならないことを指す．そして，違反者は規定されたとおりの処分を受けなければならないが，国家公務員自身による自律の強化，厳格な自己規制が求められる．

　上述三つのメカニズムは統合的で一体化されているため，その中のどれかが欠けることになれば，国家公務員という職業に対する不安感が増したり，公務員としての意欲が十分に発揮できなくなったりするため，腐敗の根絶はいっそう難しくなると考えられる．

　ここから，さらに政府機関に勤めている職員権力の源泉という問題について議論してみたい．イーゴン・ニューバーガー（Egon Neuberger）とウィリアム・ダフィー（William J. Duffy）らは，『比較経済体制』における論述を通して，権力は主に四つの要因によって生まれるとした．即ち，「伝統」，「強制」，「所有権」，「情報」という四つの要素であるが，それぞれは必ずしも相互排除で相容れないものではない．[2] 権力者はこの四つの中の複数要因を通して，権力を手に入れることができる．具体的には以下のとおりである．

　「伝統」とは慣習である．権力の最も早期の始まりは伝統と慣習を礎としたものである．国家が形成される以前は，部落やそれに近い組織による統治が行われていたため，この種の権力は伝統と慣習から受け継がれていた．国家形成後も，端末の組織においては，依然として伝統と慣習をもって権力を手に入れることは可能であった．

　「強制」とは暴力である．政府による統治は強制力に依存しており，権力は強制という前提の下で築かれていた．専制政治における政府権力は強制・暴力

2）　Egon Neuberger and William J. Duffy：『比較経済体制』，商務印書館1984年，第34-35頁.

第六章　社会経済の運営におけるモラルによる制約　*157*

に依存していたが，たとえ民主政治においても，政府権力は強制力や暴力に依存しなければならなかった．両者の違いは，政府が強制力や暴力を行使する際に準拠すべきプロセスがあるかどうか，そのプロセスを踏んでいるかどうか，政府が強制力を行使する前と行使した後に制約を受けているかどうかであった．

「所有権」とは経済力を有していることを意味した．経済力という基礎がなければ，限られた生産要素に対する明確な所有権は持てず，権力を手に入れることはできない．経済力がなければ，たとえ権力を手に入れたとしても，また失いかねない．市場経済においては，この傾向は特に顕著である．

「情報」は特殊な資源である．この特殊な資源を持っている人は持っていない人に比べ，有利に立ち，かつ権力を得ることができた．

権力がどこから生まれてくるのか，その源を分析することは，政府機関の職員に対する制約と監督メカニズム確立の必要性を理解するのに役立つ．権力が伝統や慣習を起点としているならば，それはどのような伝統と慣習なのか，どれだけの合理性があるのかを分析する必要がある．伝統や慣習から受け継がれてきた権力に対しても制約と監督が必要であるが，より重要なのは，強制力から生まれた権力への制約と監視・監督である．その中には，政府が強制的な力を行使と履行する場合のプロセス，政府がこのような権力を獲得したプロセスに対する制約と監視も含まれている．これは，「強制―権力―強制」は二つのプロセスに分けられるためである．その一つは「強制―権力」，つまり暴力によって得た権力である．もう一つは「権力―強制」，つまり権力を獲得した後に強制や暴力を行使することである．権力獲得のプロセスに対する制限・監督がないまま，政府による強制的な手続きの行使とその状況のみを制限・監督するのは不十分である上，制約と監視・監督が持つ重要な役割を無視することになる．

所有権と情報の把握状況，およびこれに基づく権力行使の状況に対する制約と監督は，非常に重要な意味を持っており，政府が経済活動における権力を行使する根拠となる．政府機関職員の権力行使に対する制約と監督を行うならば，政府の持っている所有権，情報資源，独占の程度に関する情報公開を促し，国民の理解を得る必要がある．情報公開は制約と監督の効果を高めることに寄与する．世論による監視・監督も権力濫用に対する抑制力になる．権力行使は政府の行動基準に適合しなければならないが，世論による監督の重要なポイントは政府自身や政府機関職員の行動が規定の行動基準に合致しているかどうかを

モニタリングすることにある.

　政府および政府機関職員の権力はモラル規範にではなく，法律によって与えられたものであるが，政府とその職員による権力の濫用は，法律違反であると同時に，モラル規範にも背くものであるため，政府職員の行為に対する制約と監督には，法律と自律が両方とも必要不可欠である．新旧体制の交代期において，政治情勢が急激に変化し，経済活動が過熱になりがちであるのに対して，法整備の立ち遅れによる政策と法律の空白が生じやすく，政府職員の行為に対する制約・監督に関わる法的根拠が欠ける可能性がでてくる．このような場合は，モラル規範による制約と世論による監視・監督はことに重要となる．

二　モラルによる制約と権力に対する規制

　政府や政府職員に対する権力制限とは，いかなる政府ポストとその職務を担当する職員も，権力を行使する際に，権力濫用や権力の私物化による蓄財を行えないよう制約と監視・監督を受けなければならないことを意味する．そのためには，権力行使の規範化・公開化が求められる．例えば，すべてのプロセスは厳格に規定・公開され，規範的な手順で業務をすすめるよう，担当者は別規則を作れないよう，職務履行を怠らないようにすることで，越権行為を減らすことにつながる.

　より範囲を広げてみてみると，権力行使は特定のマクロ的な環境や組織と切り離して考えることはできない．著名な哲学者のバートランド・ラッセル（Bertrand Russell）は著書の『権力論』で，権力行使は秩序ある構造の中で組織的に行わなければならないと述べた[3]．鄧勇氏はラッセルの論点を「権力は秩序ある構造に依存しており，秩序ある構造の中で行使されなければならない」と要約した．この秩序ある構造とは組織を指しており，組織が崩壊すると組織に属していた人間は権力を失うことになる．組織があれば，そこから権力が生まれるのである．ラッセルは，組織を同じ目標のために活動し集まった人々であると解釈している．このため，権力の発生は同じ集団の人たちがある目的のために集まっていることと関連するとしている．ラッセルの組織観によれば，権力は伝統的な権力と新たに獲得した権力の二種類に分けられる．伝統的な権力は慣習によってその役割を果たすため，より世論に依存する．これに対して，

---

3)　B. Russel, *Power*：『権力論』，東方出版社1988年.

第六章　社会経済の運営におけるモラルによる制約　*159*

新たに獲得した権力は，武力によって手に入れた権力と新しい教義・綱領・感情によって一致団結した革命的な権力が含まれている．古い信仰に代わって新しい信仰の誕生がその特徴である．ラッセルの論点に対する上記の要約は，権力が組織を起点とし，組織の中にある以上，権力に対する制約と監視・監督の重要なポイントは，社会による組織に対する制約と監視・監督および組織によるメンバーに対する制約と監視・監督とが切り離せないことを意味している．

　社会による組織への監視・監督とは，組織が同じ目標を求める人の集まりである以上，集団利益のために国民や公衆利益を損なわないように，組織形成と権力の獲得・行使の過程に対して社会が制約と監視・監督を行うことが必要である．

　組織がその構成メンバーに行う制約と監督とは，構成メンバーが権力を行使する過程で個人利益のために組織利益を損なうことがないよう，権力行使の過程を制約と監視・監督することである．

　社会による組織への制約と監視・監督と組織による組織構成メンバーへの制約と監視・監督は表裏をなしており，どちらも必要不可欠である．

　次に，特殊な資源としての情報が権力濫用につながることについて再度議論をしてみたい．情報の提供は重要な意義を持っており，当事者に十分な情報を提供することは，当事者行動リスクの低減だけでなく，当事者に利益をもたらす可能性もある．情報の価値は提供された情報の正確さ，タイミング，適用性によって決まってくる．権力者は自分自身が情報を獲得する立場にあると同時に，情報を与える立場にあるという特殊で，かつ状況によって独占的な立場にある．そのため，情報獲得の優位性を持つことになり，それを利用してさらに利益を得ることが可能になる．また，この立場にいれば，権力行使と情報提供を結び付けることで利益が得られるため，情報独占は権力濫用につながる．つまり，権力は往々にして競争を許さない，あるいは不正競争の下で濫用されるようになる．ある意味では，競争は権力濫用を抑制する効果的なものである．これは，権力行使に対する制約と監視・監督の運用プロセスにおいては，公開競争メカニズム導入の必要性を示唆している．

　認識上の混乱，是非を判断する標準の曖昧さ，誤った価値志向および歪んだ心理状態などによって，権力に対する制約と監視・監督機能が持つべき役割を

4）　鄧勇：「権力的剖析：読羅素的『権力論』」，『読書』，1989年第4期，第19頁．

果たせなくなる恐れがある．これは長期間にわたって存続してきた「官本位」という認識とも密接に関わっているといえよう．「目上の人からのプレッシャーで潰されそうになっても，文句ひとつ言えない」，「偉い上級官僚より現場で職務にあたっている人の権力がものをいう」，「権力を行使できる間にそれを行使しなければ，権力は期限切れになる」などの言い方は民間で流行しているが，社会的認識と深く関連している．これらの流行語は，政府機関職員に対する制約と監視・監督メカニズムを確立するだけではまだまだ不十分であることを反映している．制約と監視・監督機能を有効に機能させるには，より深入りした議論を展開し，社会的チェックアンドバランス施策を模索する必要がある．

当然，権力を濫用する者に対する罰則は必要であるが，権力の濫用によって被害を受けた者に対する賠償制度の確立も同じく必要である．被害を受けた者を対象にした賠償制度の確立は，権力の濫用に対する抑制力にもなる．被害者に対する経済的賠償（ここでは，国家による賠償ではなく，権力の濫用者個人による賠償を指す）も含めて，権力を濫用すれば処罰されることを考慮すれば，権力行使に対して制約をかけることになるであろう．処罰（賠償を含む）の実行にあたっては，依然として多くの制約があるが，賠償制度はないよりあった方が優れている．被害を受けた者に対する賠償の実施状況を含めた政府機関職員に対する監視・監督は必要とされている．

以上の論述を踏まえたうえで，再びモラルによる調整の問題をみてみたい．政府職員にはモラルによる制約とインセンティブが必要である．モラルによる制約は政府職員の自律性によって表されるが，モラルによるインセンティブは政府職員の職業に対する忠誠精神，公衆への奉仕精神およびその堅持と発揮に現される．これらは既に前段で述べたが，ここでは議論すべきは，権力行使が組織とマクロ環境に関連している以上，権力が依存している組織内部において，モラルがその役割を果たし，組織とその構成メンバーに対する制約と監視・監督機能をより効果的にするにはいかにすればよいのかという問題である．また，権力が依存しているマクロ環境の中で，モラルがいかに機能し，権力およびその行使に対する制約と監視・監督に人々と世論の関心を集めるべきだろうか．

ここで提起されている問題は，政府職員に限らず，権力が依存している組織の自律も含まれている．ラッセルは組織を同じ目標を追求するために集まった人々と解釈したように，組織の自律性はこの組織内で結束した者が自らの行動を律しながら目標を実現させることであり，組織内の人間は誰一人も権力を濫

用し目標実現を阻害してはならないとした．組織の自律は個人の自律と同様に重要であり，組織自身の自律から着手しなければならない．つまり，組織の行為は組織目標実現の妨げになってはならないということである．これこそモラルによる規制である．組織行動の規範化と組織行為の行動基準への適合は，組織における構成員の行動が規範化される前提と保証となる．つまり，組織のメンバーにとって，権力の濫用で組織に淘汰されてしまうことは，権力を手に入れるための道が尽きてしまうことを意味する．

　マクロ環境の視点から，政府職員の権力濫用および権力の私物化による蓄財を防ぐために，公衆による監督への参加が必要とされる．しかし，公衆は権威や報復を恐れずに正義を主張できるのだろうか．権力を濫用している権力者と戦う勇気はあるのだろうか．これは国民全体の素養に関わる問題であるとみなしてよいと思われる．社会には公共利益のために政府職員の権力濫用を暴く人はいるが，この摘発行為が単に違反行為に対する怒りにとどまっているものであれば，とうてい公衆による監視・監督が形成されたとはいえない．違反行為に怒りを感じて告発したとしても，社会的に孤立し極めて少数にとどまる可能性がある．勇気ある行為に対して内心感心するものの，尊敬の意を公にできず，距離を置くようにしなければならない人が多くいる状況では，公衆による監督社会が形成したとは決していえない．公共利益を守るために権力を濫用する政府機関職員と戦う人が増えているならば，それは国民素養の全体的な向上を反映している．国民全体の素養の向上ができなければ，公衆による監督は確実にかつ効果的には機能しない．このように，国民全体の素養向上に対するモラルの役割は無視できない．言い換えれば，権力者に対する効果的な監督を行う場合におけるモラルの役割は無視されてはならないのである．

　モラルが権力に対する制約と監督の役割（権力を行使する者の自律性と公共の利益のために権力を行使する者に対する公衆による監督を含む）について議論する場合，明確にしなければならない問題はもう一つある．それは，政府は社会秩序の管理者で市場調整を行う主体であるが，社会を凌駕する立場にあるのかという問題である．政府は社会を凌駕する管理者であってはならない．政府として自身が社会を凌駕する存在であると考える下では，国民による政府行動に対する制約と監督メカニズムの確立は難しくなる．

　社会は公衆によって構成されており，公衆は社会秩序を必要とするため，政府は社会秩序の維持者として，法律と規定手順に従いすべての人（政府機関職員

を含む)の行為を規範化させ,国民の合法的権益を保護することが求められるが,これは政府が社会を凌駕する立場にあることを意味するわけではない. 自身の存在を政府が社会を凌駕できるものとして位置付けてしまう場合,権力の濫用,社会経済秩序に対する破壊を引き起こしかねないのである.

第二節　選択と競争

一　選択と競争における心理的要因

　社会経済の運営において選択肢や競争がなければ,意欲,積極性,起業家精神,創業精神が発揮できないだけでなく,惰性を克服できずに社会が停滞・硬直化しがちである. こうなれば,権力の濫用が横行しても,それに対抗し,摘発することは不可能になってしまうだろう. 国民による権力に対する監督への参画は,公共の目標,公共の利益の実現への意欲と切り離せないものであり,国民の前向きで積極的な精神を前提としている. 公共の利益に無関心で,積極的な精神と創業精神を持っていない人は,権力に対する監督に積極的に参加できるとは考えられない.

　社会経済の運営におけるチェックアンドバランスはまず法律と社会を構成する個人各自による自律性に依存している. 自律性とはモラル規範によって形成された行動基準で自分を律し,動機付けることである. 法律は人によって制定,執行されるものであるが,行動基準は国民の共感,受け入れと遵守があってこそ成り立つものである. 社会における制約と監視・監督は,権力者,権力行使者,社会のすべての個人にとって適用されているものであるため,権力者であろうと,そうでなかろうと,世論の監督を含む個人行動に対する制約と監視・監督が必要とされるのである.

　制約と監視・監督の効果は国民全体の素養に関わっており,選択と競争は国民の素養の向上を保証する役割を担っているが,この場合の選択は機会均等の下,競争は自由・公平・公開の原則の下で行わなければならない. 競争の自由とは,競争過程において,人為的な妨害や制限を与えてはならないことを意味する. 競争の公平性とは,競争への参加者にとって機会が均等であること,独占的,排他的な競争資格が存在しないことを指す. 競争の公開性とは,競争に参加するすべての主体が知るべき競争のルールと周知事項が公開されていることである. つまり,選択と競争に対してこれらの原則は普遍的に適用されるべ

第六章　社会経済の運営におけるモラルによる制約　*163*

きであり，事前に特定の参加希望者を排除したり，また，選択をブラックボックス化したりしないということである．これらの原則が守られていなければ，大きな不公平が生じることになり，社会安定にとっても大きな弊害でしかない．

　社会的チェックアンドバランスに関わる選択と競争の役割を議論する場合，就業機会の均等と職位の公平的な競争は特に重要であることに注意するべきである．職業に対する制限，職業の排他性は，数多くの人の意欲と積極性を損ない，経済の停滞・硬直化を引き起こす一方である．実際，歴史的に非常に早い時期から，この関連の問題は注目されるようになった．封建時代では，貴族は社会の高級職を独占し，世襲制は政府官僚の職位配置にまで浸透していた．彼らは世襲した地位と財産を維持するために政治的な縁組を含めてさまざまな手段を講じてきた．その結果，社会の上層階級と中間層以下の階層との間の溝が深まっただけでなく，社会上層階級における家族間の憎悪や争いも避けられなくなった．ヨーロッパにせよ，中国にせよ，職位や職業の世襲化は社会経済に大きな被害を及ぼしたため，封建時代のヨーロッパ，中国には，世襲制の打破を図るためのさまざまな対策が講じられていた．中国における職位世襲化への対策としての科挙制度はよく知られている．中世ヨーロッパでは，教会が大きな権力を有していたため，教会権力の世襲化を阻止するために，教皇グレゴリウス七世（Gregory Ⅶ, 1073〜1085年）は聖職者の独身主義の徹底を強行した．ラッセルは次のように述べている．「聖職者たちが結婚をすれば教会の資産を自分の子どもたちに残そうとするのは自然なことである．その子どもたちが聖職者になったら，引き続き合法的に財産を子孫に残すことができる……このため，聖職者の独身維持は教会道徳的権威のために不可欠である」[5]．グレゴリウス七世の決定は当時の民衆から支持を得ていたため，ラッセルは「民衆はいかなる場においても司祭が独身でいることを強く望んでいた．結婚した司祭やその妻子たちが，グレゴリウス七世に煽られ暴徒化した民衆によってしばしば残酷に虐待されることもあった」と評した[6]．このように，教会財産の世襲制と家族化に対する強い恨みは，まさに国民の選択と競争における公平性・公開性への強い希望の表れでもある．

　実際，就業機会を促進し，職業制限を打ち破る重要な措置として，社会の水

---

5 ）　B. Russel：『西洋哲学史』（上），商務印書館1986年，第501-502頁．

6 ）　同上，第506-507頁．

平的・垂直的流動性を増加させることが挙げられる．社会において水平的流動
があることで，地域，部門，企業の間で個人が自らの長所を発揮できる職位職
業を選び，仕事への意欲と積極性を引き出すことができる．また，社会的流動
性が競争と切り離せないため競争によって社会的流動性は高まるが，社会的流
動がある所に必然的に競争が生じるため職業制限も少しずつ打破されていくの
である．社会での垂直的流動性は人々を職業等級制度から解放し，世襲制度を
抑制することで，人々の意欲・積極性を引き出すことに大きく貢献すると同時
に，世襲制と等級制によって政府高官の職位についたすべての人に対する挑戦
ともなる．中国の科挙制度やヨーロッパの教会で出身を問わず教職員人材を抜
擢した制度が当時の歴史的条件の下で長期間維持されたのは，社会の垂直的流
動性が飛躍的な発展を遂げたこととも関連している．

　職業制限の撤廃，就業の開放と公平な競争は，社会的運営におけるチェック
アンドバランスの維持に有利に働くが，競争がある限り，そこには必ず勝者と
敗者が存在する．勝者は少数であるが，敗者は多数となるだろう．敗者の中に
は，勝者が必ずしも自分より優れているとは思わない，選択が公正でない，競
争にさまざまな障害があるといった不満を持っている人も多くいるだろう．こ
のような不満は必ずしも根拠が全くないわけではないが，敗者であっても，選
択と競争が存在しないよりもあった方がずっとよいことを知っているはずであ
る．これは競争状況の改善，真の公平な競争の実現のための条件を作ったとい
えよう．敗者の不満からも分かるように，選択と競争に関するさまざまな障害
があるが，制度上のもののほかに，人々の精神による障害も無視できないもの
である．精神的な障害は主として個人の向上心と競争意識の欠如，惰性の存在，
選択される機会を自ら放棄することを意味する．同様に無視できないのは，制
度上の障害は人々を悲観，失望させ，その心理的負担を強めることである．こ
れは，人々が選択と競争に対する制度上の不合理な制限があると感じたとき，
個人がいくら努力をしても効果がわずかしか得られないため，もともと持って
いた起業家精神や競争意識が減退し消失しそうになる．それに伴い，惰性は増
大し，最終的には天に運命を任せるしかないと思うようになるだろう．

　選択と競争の難しさにも注目すべきである．就業を目指す競争にとって，機
会均等は単に将来の約束でしかないように見える．例えば，法律の規定によっ
て，資格のあるすべての人に職業が開放され，恣意的な排他行為を禁止すると
すれば，特権を有する人が特定の職業・職位を独占することを禁止できる．し

かし，法律は資格のない人がその職位を獲得できないことを保証できても，その職位に最も相応しく，勝ち取る可能性の最も高い人がその職位を獲得できることは保証できないのである．法律によって，競争の非正当性に関する規定が作られたとしても，選択の正確性を保証することはできない．また，選択にはかなりの自由度が残されているということは，モラルによる調整の余地があることを意味している．

　就業機会，職業選択と競争の自由はプロセス化されるべきである．規定の手順に従うことは，選択と競争に関する制度的障害と精神的障害を取り除くための重要な手段である．職位の選択と競争の公表に関わるプロセス化には主に以下の内容が含まれている．誰がどの欠員職位に補充されるかは，事前に決められたプロセスを公表し，状況を理解したうえで競争に参加してもらうようにしなければならない．選択された人がその競争に参加するプロセスは開放的で，公平でなければならない．選択者が競争に参加した候補者に対して偏見を持ってはならず，決まったプロセスおよび基準によって人選を行うよう，監督を受けなければならない．選択と競争がプログラム化され，監督される下で行えば，選択の効果が改善されるだけでなく，選択と競争に対する精神的な障害も取り除かれるだろう．

二　選択と競争における法律とモラルによる制約

　選択と競争の問題についてさらに議論を深めていく．

　選択と競争を公正に秩序化させるためには，選択と競争に関する規則・法律およびこれらの規則などの実施状況を監督する法律を整備する必要がある．法律は，権力を濫用して選択と競争の規則を破る人に対する制約であると同時に，選択に参加する選択者と被選択者，競争参加者に対する制約でもある．しかし，法律は適格者を競争に参加させることはできるが，最も適任である人が競争で他人に勝つことを保証するものではない．つまり選択と競争の中では法律による制約が必要であるが，法律だけでは不十分である．

　企業を例に取り上げると，企業が常に効率を向上させながら発展していくためには，優秀な人材を選抜する必要があるが，法律のみに依存してもそれを実現できる保証はない．企業管理においても，人員の選抜規則，採用規則，解雇規則などがさまざまな規則が定められており，これらの規則は役立つものの，優秀な人材が企業で重用されることは保証できない．なぜなら，通常の仕事を

含む日常生活の中で，以下のような正常ではない状況があることに読者も気づいたように思われる．それは「凡庸者の沈殿」と呼ばれ平凡な人が集まると優秀な人材が定着しないという現象である．「凡庸者の沈殿」は公平な競争とは相容れないものであり，社会や部門の活気や効率を失わせ，効率の低下，忠誠度の低下を招きやすい．「凡庸者の沈殿」の悪影響はそれだけにとどまらず，社会運営におけるチェックアンドバランスの維持要素の欠乏を引き起こし，制約と監督メカニズムが十分に機能できなくなる恐れさえある．

　なぜ一部の職場に「凡庸者の沈殿」現象が生じるのか．この疑問に対して，筆者はかつての著書『転換発展理論』の中で分析を行った[7]．要点をまとめると以下のようになる．「凡庸者の沈殿」現象は，競争メカニズム，人材流動メカニズムの不備と結びついており，これらのメカニズムに欠陥があればあるほど「凡庸者の沈殿」現象が顕著に表れ，その解決がますます難しくなる．このため，どのように効果的に人材を選出すればよいのか．優秀な人材を埋没・排除・流出させないように，競争メカニズムを人材選出に活用し，その機能を果たせるには，より広い面で研究を深める価値がある．

　社会でより多くの人が公正的な競争を通じて自身の才能に適した仕事に従事できるように，また一つの職場において真に誰もがその才能を活かし貢献できる人を選出できるように，職場が選抜された人に対する深い理解，また求職中の人，転職希望者，選抜される人たちに仕事や職場に対して深く理解してもらう必要がある．このような状況では，法律は選択と競争のために公正と公開の条件を提供し，選択と競争が法の定められた範疇を越えないようにその境界線を規定するだけであり，万能ではない．したがって，選抜された人への理解を持っていれば最適な人材を選出できること，競争に参加した人が職位に対する理解を持つことで，自分にふさわしい職場を確保できることを保証するものではない．法律による制約は選択者，被選択者に限らず，誰もが法律を知り，それを守らなければならず，すべての違法行為に対して抑制と摘発を行う責任があることを意味している．しかし，依然として法律による制約があるからといって，最適な人材が選出され，適切な職場や職位につけることは必ずしも保証されているとは限らない．

　この残された空白に関しては，モラルによる調整で補うしかない．選択と競

7）　厲以寧：『転換発展理論』，同心出版社1996年，第279-282頁．

争におけるモラルによる調整の役割は多岐にわたっている.

　まず検討すべきは，モラルによる制約の存在とその必要性である．モラルによる制約は人材選出過程において，選択者，被選択者の両者に影響を与えている．選択者は社会が認めた規範を遵守し，公正に行動し，私情にとらわれないよう行動しなければならないが，被選択者も同様に社会が認めた行動規範を遵守し，嘘をつかず，誠実・信用できる行動をすべきである．言い換えれば，両者とも選択と競争の過程における自律性を強化することを求められるのは，選択の有効性と競争の秩序化を保証することにつながっている．このような保証は非強制的なものであるが，各自がモラル規範で自らを律することで，選択と競争の過程で生じ得る弊害を減少させ，根絶することができよう.

　モラルによる調整は，選択者と被選択者双方にモラルによる自主的インセンティブを与えることにも反映されている．前述したように，自律性には自分自身への制約とモラルによるインセンティブが含まれる．人材選抜と配置は職場の効率とその将来に影響を及ぼす重要な要素であるため，選択者は責任感とプロフェッショナリズムを持って人材を選抜し，職務を遂行していくべきである．そして，これは選択者が持つべき必須の職業精神でもある．このような職業精神があれば，選択者は仕事をさらに細緻にこなし，職場にとって最適な人選を行うことができよう．被選択者は，競争に参加する過程で同様にモラルによるインセンティブが必要となる．職場選択は自分の才能を発揮する場所を見つける貴重な機会であり，競争に参加するときは誠実に取り組む精神を発揮し，困難を恐れず，現実的で自分らしい姿勢をみせるべきである．このような誠実な精神と実務的精神を併せ持っていれば，たとえ競争で負けたとしても気落ちしたり，自分を見失ったりせずに次の目標へとチャレンジできよう.

　職場において，企業文化の創出は，人間関係の調和にとって非常に重要であるが，人材選抜と配置の場合においても人々の相互理解を促し，選択者，被選択者の交流と信頼を促進するなど，さらに重要な役割を果たしている．企業文化の創出だけでは「凡庸者の沈殿」現象を根絶させることはできない．しかし，部門内などで優れた人材を選抜し，メンバーの長所や短所に対する理解，上司と部下のコミュニケーションの円滑化が実現できれば，「凡庸者の沈殿」現象の発生を抑制できるようになる．企業文化の創出はまさにモラルによる調整の結果である.

　選択と競争の過程で，頻繁に「非合理的であるが違法ではない」という行為

を目にすることがあるが，これらの行為に対して法を用いて処罰することはできない．これは，法的根拠が十分でなければ，法律で罰することはできないことによる．しかも，違法行為でない場合，法律で処罰するための根拠も不十分である．しかし，法律上の罰則が科されないことは，それが道徳的評価を受けないということは意味せず，またモラルによる調整を用いて人材選出と業務改善しなくてよいというわけでもない．この面において，モラルによる調整の役割は法律によって代替できないのである．人材の選出と人材の配置の問題を社会経済運営におけるチェックアンドバランスに関わる問題として認識できれば，職場における企業文化の創出が持つ意義をよく理解できるようになる．

第三節　信仰と社会的チェックアンドバランスの維持

一　信仰に対する理解

　社会経済運営のプロセスにおけるチェックアンドバランスの維持は人々の信仰にも関わっている．信仰はモラルによる調整を構成する部分として，それを効果的に働かせる重要な役割を持っている．そして，信仰は政治や経済発展と切り離すことができない．

　信仰とは，ある意味において一種の忠誠である．ここでの忠誠心は，特定の信仰を持つ人が個人や家族・家庭に忠誠を尽くす必要がある，という意味ではない．封建時代の臣民の君主およびその家庭・家族に対する忠誠，各地域の藩主が君主およびその家庭・家族に対する忠誠，奴隷の主人に対する忠誠など，さまざまな形はあるが，これらは信仰と関連する部分もあれば，全く関連していないものもある．忠誠心は基本的に権力による支配の結果であり，政治や経済的利益が含まれているため，一種の儀式や誓約の可能性がある．社会のチェックアンドバランス維持に関する問題を議論する場合，対象となる忠誠は信仰と密接に結びついているため，基本的に権力支配や個人利益とは関係なく，理想に対する忠誠心であり，人と接する際の処世的原則への忠誠心，倫理観に対する忠誠心などを指す．個人が持っていた信仰を放棄することは当時持っていた忠誠心を放棄することを意味し，つまり元々堅持し信仰していた理想，原則，倫理観の放棄を意味する．

　信仰と密接に結びついた忠誠心は自らの自主的意思によるものであり，自らの信仰に対する忠誠心でもあるといえる．杜維明は中国の儒教文化に関する素

第六章　社会経済の運営におけるモラルによる制約　*169*

晴らしい記述をしている．彼は著書で，「不幸なことに中国の政治文化におい
て実際に機能していたのは聖王思想ではなく，むしろ王聖思想である．王聖思
想と聖王思想は真逆である．聖王思想は優れたモラルと尊厳を備えた人材だけ
が政治的リーダーになる資格があると考えるが，王聖思想は権力闘争，叛乱，
暴力によって権力を奪取した政治指導者が，民主主義そのものに対する忠誠で
はなく，政治的・道徳的な忠誠を求める思想である……モラルと政治の結合が
適切に行われているのであれば，何を優先すべきか明らかだと思う．つまりモ
ラルが優先され，政治はそれに次ぐ存在であるべきである．しかし，この順序
が逆になってしまう場合は，非常に厳しい制御手段が現れるだろう」と述べて
いる[8]．この記述は以下の事実を反映している．つまり，自発的な信仰と道徳的
な忠誠が先に生まれ，それに次ぐ形での政治的な忠誠心があれば，これは儒教
の人文主義の伝統と合致している．逆に強制的な政治的忠誠心が先に生まれ，
それに次ぐ形で思想を統一した上モラル的な忠誠心であれば，それは儒教の人
文主義に反するだけでなく，横暴な専制統治者によって実施される統治手段と
なるため，このような忠誠心は，ここで議論しているモラルによる社会のチェッ
クアンドバランス維持とは真逆なものである．

　ここでは，儒教文化より，信仰および信仰に対する忠誠心と社会的チェック
アンドバランスの維持との関係に焦点を当てて論じていきたい．特定の理想，
原則，倫理観に対する信仰はそれと対応する行為と結びついているのが一般的
な見方である．信仰のある人は，自分が信仰するものを行動として表そうとす
るため，社会経済の発展における一種の精神的な力を形成するようになる．信
仰のある人は社会経済生活において，楽観的で意欲的な姿勢をとり，比較的落
ち着いた態度で困難に直面する勇気を持っているとされている．そして，信仰
に励まされ，自分の理想，原則，倫理観が必ず勝ち，この勝利が社会に利益を
もたらすと信じている．このような精神的原動力こそ，社会のさまざまな地域，
職業，階層における公共利益に強い関心を持つ人々が，自分のモラル規範と合
致しない権力者に向かって抗争する力である．信仰を持っていない，または自
分の信仰に忠実でない場合は，権力者に挑むことはできない

　このため，社会経済運営におけるモラルによるチェックアンドバランスの維
持とは，まず信仰を持っており，その信仰に忠実な人が理想，原則，倫理観念

8）　杜維明：「儒学伝統価値与民主」，『読書』，1989年第4期，第97頁．

に対する堅持から，自らの行動を規制しながらモラル規範に違反した権力者に対して抵抗・抗争をすることを指す．このような抵抗・抗争は，社会の制約と監視・監督メカニズムを大幅に強化するものである．

　ここでいう信仰は宗教的な信仰だけでなく，非宗教的な信仰も含まれている．例えば，特定の社会理想や政治信念に対する堅持，社会政治における不合理な構造に対する改革の意志，特定の原則や倫理観を徹底させる決意などがある．信仰のある人にとって，信仰と実践は，互いに制約・浸透しあうものである．信仰は実践を促進し，実践は信仰を検証し，充実させるものである．信仰のない実践は精神的な支えが欠如することで，持続できなくなり，目標をなくしてしまう恐れがでてくる．実践のない信仰は単なる信仰で終わってしまい，次第に空虚なものとなってしまう恐れがある．社会においては，実践のみで信仰のない人，あるいは信仰のみで実践しない人も数多くいるが，信仰と実践の両方を結び付けて考える者も数は少ないが存在している．これらの人々は公共利益に関心を持ち，公共政治活動に参画し，社会経済運営にモラルによるチェックアンドバランスの維持の要素をつけ加える．

　信仰についてより意味を広げて理解することができる．つまり，特定の人生哲学的な信念を信仰に組み込むということである．特定の人生哲学を信奉している人が敬虔な信者でもある場合，このような信仰は宗教信仰と結びついている可能性もあれば，いかなる宗教的信仰と全く関係ない可能性もある．つまり，人生哲学を信奉する人は宗教を信仰しておらず，自分の信じている人生哲学だけが正しいものであると認識しており，人との関係や処世は人生哲学に従い判断すべきだと考えている．特定の人生哲学を信奉している人が信者であるかどうかに関わらず，人生哲学を信奉している以上，自分にとっての精神的な支えができる．これを原動力にし，自信，強い意志と勇気に溢れた行動をとるようになれば，社会的にチェックアンドバランスの維持にとって有益である．

二　社会的チェックアンドバランスにおける信仰

　信仰が社会経済運営におけるチェックアンドバランスの維持に役立つことは個人の視点のみに基づいた分析結果ではない．個人の視点からすれば，信仰を持ち，その信仰に基づいて行動することで，個人は信仰を物事の是非を判断する基準と意思決定の尺度とみなしている．それにより自分の行動を律する一方で，他人に対する評価基準としても使用するため，社会経済運営においてチェッ

クアンドバランス維持の要素をつけ加えることになる．その結果が自律性の強化である可能性もあれば，権力の濫用に対する抵抗と抗争として現れる可能性もある．上述したこれらの要素を社会的モラルによるチェックアンドバランスの維持と呼ぶことができる．つまりモラルの力で社会のチェックアンドバランスを維持することである．それだけでなく，権力の濫用が違法であり，処罰されると法律に明記されている場合，モラルによるチェックアンドバランスの維持は暴かれた権力濫用問題を法律的に重視するように働きかけ，法律執行者が法律に基づいてこの問題をどのように処理したかを監督するため，同時に法律によるチェックアンドバランスの維持と結び付けられるようになる．このように，個人視点からの分析は大きな役割を果たしており，必要不可欠である．

しかし，社会的なチェックアンドバランスの維持における信仰の役割はこれだけに限られていないため，集団・組織の視点からさらに考察を行うことも必要である．

前述したように，個人は一つあるいは複数の集団に属しその組織の一員でもある．個人から集団への共感と集団から個人への共感は，モラルや精神的支えとして信仰され，社会経済の運営において大きな役割を果たしている．したがって，宗教的信仰と非宗教的信仰を区別して述べていきたい．

宗教的信仰の場合，宗教的信念を持っている人で構成された集団に，より正確には宗教的信念を持っている人が既に存在している宗教組織に，加入するケースである．宗教的信仰を持つ人は理想，原則，倫理観において宗教組織という集団の影響を受け，個人の判断もこの組織の基準に従うのが普通である．また，同時に個人も軽微ではあるものの宗教組織の行動に影響を及ぼしている．いかなる宗教も新教徒に自律を促し，宗教上のモラル規範に違反しないように，またモラル規範に違反する行動に抵抗するように求めている．自分の信仰する宗教組織のメンバーであっても，モラル違反は許されないのである．それは宗教上の理想実現と宗教のイメージを毀損ことになるからである．宗教組織という集団の影響により，信者たちは自律性が強化されるだけでなく，共通の理想，原則，倫理観に導かれ，権力濫用やモラル規範に違反した行為に抵抗・抗争し，社会のチェックアンドバランスの維持メカニズムがより効果的に機能できるように働きかけている．

非宗教的信仰を持つ人は，共通の理想，原則，倫理観に基づき作られた組織に参入するか，あるいは共同の理想，原則，倫理観を持つ人と連携して新たな

集団・組織を作ることが考えられる．非宗教的信仰を持つ人がこのような組織の一員となると，個人の信仰と行動が組織の他のメンバーに影響を与えると同時に，組織の信仰と行動が個人にも影響を与えるため，組織の信仰と個人の信仰を切り離すことは難しくなる．非宗教的組織の中で，個人によって組織に対する共感に差異は見られるが，この差異は彼らが共通の理想，原則，倫理観という前提の下で自律を強化し，これらに反する行為を抑制し抵抗する支障にはならない．組織の信仰とその結果としての集団的行動が社会経済運営のチェックアンドバランスの維持に対する役割は個人のそれより大きいに違いない．

　信仰のないメンバーで構成される社会は，将来性のない社会である．社会を構成する人々が信仰を持っていなければ，社会は無秩序に陥り，社会的チェックアンドバランスは維持されるどころか，崩されていくだろう．宗教的信仰にしても，非宗教的信仰にしても，信仰は既定の理想，原則，倫理観に対する忠誠であると同時に，信奉者自身に対する制約であり，他者への制約と監視・監督，社会にとってのチェックアンドバランス維持である．まとめていえば，これは社会経済運営における信仰の役割である．

　個人本位の社会においても，個人が所属組織の一員として組織の影響を受けることは明らかである．例えば，個人の組織に対する責任感と組織の個人に対する関心は両者の信仰が一致することをベースにしているため，一致した信仰を持っていて，はじめてお互いに認め合うことができる．組織や集団の中における個人の権利と義務は併存している．組織において，メンバーの個人はそれぞれの人間関係を構築しているが，組織はメンバーの組織への信頼，共感およびメンバー同士の調和によって支えられながら存続していく．組織の構成メンバーが自分の権利のみを求めて義務を放棄したり，または自分への関心のみを求め組織に対する責任感が薄れたりする結果として，個人がいつか組織から離脱し，組織は名目だけの存在になってしまうか，名実とも消失し，成り立たなくなるであろう．このような個人と組織・集団の関係は，信仰が社会経済運営におけるチェックアンドバランス維持の役割を果たす基礎となっている．組織の存在と活動が信仰の一致を前提とすることは，その組織には秩序があることを意味し，組織と構成メンバーとの関係も秩序がある状態で構築されていることを物語っている．いかなる組織・集団も大小に関わらず独自の目的，目標，ミッションを持っており，常に信念と理想に基づいて行動している．つまり，組織活動の有効性と秩序は最終的に構成メンバーの信仰をベースに確立されてい

第六章　社会経済の運営におけるモラルによる制約　*173*

る．社会経済運営におけるチェックアンドバランスの維持は，各組織による信念と理想を実現する過程において推し進められる．構成メンバーの努力や献身がなければ，社会秩序を破壊する行為に対抗できない．組織と構成メンバーは必ずしも認識していないが，彼らが自分の信念と理想を実現しようとする力が，必然的な結果として，社会的チェックアンドバランスの維持や社会秩序の維持に大きな促進効果を与えている．

三　理性と信仰

　組織は多種多様である．すべての組織には理想や原則があるのだろうか．すべての組織メンバーは組織の理想や原則に魅力を感じたからその一員になったのだろうか．すべての構成メンバーが組織と一致した信念や共感を持ち，この信念に忠誠を尽くし，そして組織の理想や原則を実現するために努力できるのか．これらはかなり複雑な問題である．実際，組織はそれぞれ異なる上，個人が参加している組織の状況もそれぞれ異なる．自分で考え，自主的に組織に加入した人もいれば，選択の余地がなく，やむをえず組織に加入した人もいる．または事前に考えもせずに組織に加入したが，その後組織の理想や原則に共感が持てないことに気付いたとしても，さまざまな原因で脱退できない人もいる．これらは問題が複雑であることを意味している．組織にも明確な理想や原則がなく，統率がとれずに趣味や興味といった要素で形成されたものがある．この場合は構成メンバーと組織の信念が一致しているとはいえない．このような組織は本章で議論する対象ではない．

　総じていうと，多くの組織は理想や原則を持ち，少なくとも組織の継続的な発展を目標とし，組織自身の利益を守ることを原則とする．構成メンバーがこの点について共感すれば，組織と一致した行動がとられ，信念の力も生まれるようになる．規模の小さい組織には，家庭，小さな村落，町などがあり，個人は家庭の一員であり，村や町の一員でもあるに違いない．家庭は常に家族の繁栄を望み，村や町は無事，平和と家庭生活の安定を願うため，家庭の一員である個人は家や村，町といった組織と目標が一致するのである．政党，宗教組織，社会団体の場合は，その理想や原則がより明確である．これらの組織の構成メンバーは組織の理想や原則に共感すれば，組織と行動をともにすることができる．社会経済の運営におけるチェックアンドバランスの維持機能は，このような共感とそれによる組織行動と結びついている．しかし，組織の大小に関わら

ず，メンバーたちの信念が理性より優先されるか，それとも理性が信念より優先されるかに関しては，意見が分かれている．

実際，信念が理性より優先されること，もしくは理性が信念より優先されること，この二種類の状況が併存している．信念が理性より優先される場合，信念はより自主的なものになり，理性がある中で実践される信念の役割も大きくなる．一方，信念より理性が優先される場合，信念がより自覚的なものになり，信念を持つことで理性をさらに深化させることができる．信念が優先される場合もあれば，理性が優先される場合もある．また，信念をより優先する人もいれば，理性をより優先する人もいる．これらは現実状況と合致していると思われる．

信念と理性のどちらが優先されるにしても，両者が結びついていることを示している．しかし，日常生活において，「超理性的信念」や「非理性的信念」を目にすることもあり，このような信仰は社会的なチェックアンドバランス維持に対してメリットはなく，社会経済を停滞させ活力を失わせている．中国の計画経済体制をその一つの例として取り上げてみる．中国では，計画経済体制は長期間にわたって支配的な地位を占めていた．このような体制の下では，個人の権利と自由が厳しく制限されてきた．当時は，人も生産財と同様に統一的に計画分配されていたため，職業，住所，居住地域，ライフスタイルを自由に選択する権利は不十分であった．自由選択できないため，個人は往々にして行動が受動的で支配される立場にあった．このような状況では，個人の経済的リスクもすべて国が引き受けており，「すべてが手配されている」ことは，個人が選択する必要もなければ，リスクテイキングする必要もないことを意味していた．生活水準は非常に低かったが，隠れた失業はあっても公表された失業はなかった．同様に，隠れたインフレはあっても公表されたインフレはなかった．「どんぶり勘定（大鍋飯）」とは皆が同じ鍋のご飯を食べるのではなく，「ランク別のどんぶり勘定（大鍋飯）」が実施されていた[9]．但し，せめても腹を満たすこ

9）　筆者が『股份制与現代市場経済』では以下のように述べている．「大鍋飯を食べることは平均主義であることを疑われる余地はないが，大鍋飯は決して同じ鍋でご飯を食べているわけではない．興味のある読者に是非『水滸伝』をご覧いただきたい……梁山泊には大鍋二つあったが，それぞれの鍋では平均主義がとられていた．しかし，二つの鍋があった中，自分の身分相応の方のご飯を食べることになる」（厲以寧：『股份制与現代市場経済』，江蘇人民出版社1994年，第69頁）．

第六章　社会経済の運営におけるモラルによる制約　*175*

とのできる「大鍋飯」があったのである．「鉄のお碗（鉄飯碗）」も誰もがお碗をなくす（失業する）ことはなく，計画経済の配置に従えば，持つべきお碗（職）があることを意味する．計画経済体制の束縛からの脱却や体制に対して異論を唱えようとすれば，まだお碗を手に入れていない人はそれを手に入れることができなくなり，また，既に手に入ったお碗も落ちてしまう恐れがある．場合によって，公職を失うことさえあった．ただ計画経済に従う者には「鉄のお碗」が確実に存在していたのも事実である．上述したすべての状況から考えれば，計画経済体制が優れた制度であり，「大鍋飯」，「鉄飯碗」などが即ち社会主義であるという印象を人々に与えることで，超理性的・非理性的信念が生まれるようになった．このような超理性的・非理性的信念はある種の精神的な力となり，「大鍋飯」，「鉄飯碗」制度自体やこれらの制度が社会主義であるという考え方を維持する方向に働いていた．しかし，このような信念は現実や現実の体制と大きな隔たりがあるため，長続きしない上，社会的なチェックアンドバランス維持の役割を果たすこともできない．なぜなら，これらは実体経済と合致しない体制であり，生産力の発展を阻害するからである．その結果として，個人能力の鈍化，リスク意識の喪失，起業家精神の欠如を招き，社会はこれらにより活気を失う．計画経済体制の下で，配分を決定・実行する者が大きな権力を握っていたため，既得権益者は持っている権力を用いて計画経済体制の束縛から逃れようとするすべての人間に対して処罰を与えることができる．彼らによる権力の濫用はこのような体制の根源から発生したのである．しかし，計画経済に対する超理性的・非理性的信念が存在していた状況では，権力の濫用に対して疑問視し抵抗することなく，盲目的に従順な態度がとられていたため，社会的にチェックアンドバランスを維持するメカニズムの形成も不可能であった．前述したように，信仰のないメンバーで構成された社会は，希望のない社会である．これをさらに補足するのならば，超理性的・非理性的信仰を持つメンバーで構成された社会は，将来性がないにとどまらず絶望的な社会である．

---

10)　「計画経済体制の下，個人も行政部門の付属でしかなかった．個人は労働者として，どのようなポストに就くか，どのような仕事を担当するかはすべて労働人事機関の計画に沿って配置されていた．個人の思うように転職ができなかった．このような配置に従わずに抵抗することは再就職の機会も失うことになる」（厲以寧：『股份制与現代市場経済』，江蘇人民出版社1994年，第446頁））

第四節　社会経済運営における安全弁

一　政府による社会衝突緩和の限界

　社会経済の運営における安全弁とは，社会経済の発展プロセスにおいて，社会的対立が激化し一部の者が大きな不満を持っている場合においても，これらの対立が激化し，不平不満が膨らみ，収拾がつかないような事態にならないよう，はけ口を作っておくメカニズムである．つまり，社会経済発展のプロセスにおいては，可能な限り対立を蓄積させず，社会的な不満を緩和・解決するよう進めておくべきである．社会には内在的な衝突緩衝機能や問題解決メカニズムが求められるが，社会経済運営における安全弁はこのような機能を果たすためのものである．

　ここでは政府による調整の限界について述べておく必要がある．ここでいう限界とは，政府が社会衝突の緩和と不平不満の軽減における限界である．

　調整機能において，政府は主導権を握っており，調整が必要だと判断した時に調整を行い，必要でないと判断した時には調整を行わなくてよいとされる．しかしこれは，必ずしも政府調整が理想的な方法で行われていることを意味せず，その調整結果も必ずしも理想的なものになるとは限らない．政府による調整は現実的に行われるものであり，理想的に行われるものではないため，通常いくつかの限界がある．まず，主観的条件と客観的条件に制約され，政府が意思決定するにあたって，必要な情報をすべて把握できるとは限らない．また，政府と国民との関係からみると，政府は自らの行動を理想的に実行しようとするが，国民は過去の経験に基づいて現実と未来を考慮・予測しながら，意思決定を行い，対策を実行しようとする．このように，現実的な状況は政府が考えるように完璧ではないため，実際の効果は期待していたものとはギャップが生じやすい．それに，政府は一つしかないが，企業や個人は数えきれないほどある．数多くの企業と個人の注目を一身に集める政府であるが，すべての企業と個人に目を向けることはできない．政府の行動は国民に認識されやすいが，個々の国民や企業の行動は政府にとって理解し難いものである．このように，政府による調整が非理想的であることは，否定できない事実である．

　国民に特定の思想を誘導しておけば，国民がそれを受け入れ，政府調整を妨げる要素が存在しなくなる，という間違った認識は，いままで長期間存在して

いる．しかし，このような認識は現実には存在しない二つの前提に基づいている．第一に，国民は政府の措置がすべて正しく，かつ国民の利益に適ったものであると信じているため，政府の主張をそのまま受け入れ，国民が政府を絶対的に信頼しているという前提である．第二に，国民が政府の「誘導」を受け入れるほか選択する余地がないという前提である．即ち政府による誘導を受け入れないことは許されない状況にある．この前提では，国民が政府による調整に異議を唱えれば，取り締りの対象にされてしまうため，結果として，納得しているかどうかにかかわらず政府の「誘導」を受け入れなければならない．たとえ計画経済体制の時代においても，明らかにこの二つの前提は存在しなかった．「誘導」の役割が過大に評価されると，政府は自己陶酔に陥りがちで，政府行動が理想的であるという幻覚に深く沈みこんでいくであろう．

　政府が調整を行う前に国民に説明する必要があり，政策による説明は政策の効果を向上させるための条件である．政府は調整を行う前に，国民に十分に説明し，国民が抱えている懸念を解消できれば，政策の調整効果を向上できるに違いない．しかし，国民への説明は「誘導」とは異なるものである．「誘導」は政府行為に対する非理性的信仰を持っている人のみに効果がある．実際，既に非合理的な信仰者になった人は，「誘導」されなくても，政府が万能で永遠に正しいと考えているため，「誘導」すら必要ない．

　この「誘導」の副作用があるのは明らかであり否定できない．国民が受身として扱われるため，情報はトップダウンでしか流されず，ボトムアップのフィードバックが不足しがちであり，情報が常に政府から発信され，国民にとって他のルートからの情報が足りないのである．この場合，個人という存在は行政部門の付属物にしか過ぎなくなる．多くの国民にとって，政府による調整措置に対して公に反対を表明せず，あるいは反対を表明する勇気を持っていなくても，目立たぬように静かに抵抗し，逃れる方法を模索することはできるように思われる．こうなれば，政府による調整効果は大きく低下させられることになる．

　上記の政府による調整の限界を理解した上で，社会的衝突の緩和と不満解消に関する政府調整の限界について，三つのケースに分けて議論していきたい．

　第一は，政府が民情を知らないため，社会的対立と社会的不満に関する実情を知らない場合である．

　民間における社会的対立と不平不満を理解していない場合，政府は社会が順調に運営されており，何ら解決策・解消策を実施する必要はないと誤った認識

を持つため，社会に内在する緩衝メカニズムの必要性について議論しようとしないであろう．しかし，社会においては，対立と不満が存在しないという状況はありえない．この状況が続けば，対立や不平不満が山積し，最終的には社会の動揺を招き，政治危機が爆発するだろう．歴史的にこのようなことは散見される．

　第二は，政府が社会的対立と社会的不満の実情をある程度理解し，措置をとっているが，その措置が適切でない場合である．

　これは医者が患者を治療する場合と似ている．医者は，患者が重い病気にかかっているのを発見し処置を行うが，処方した薬が適切でなければ，結果として若干の症状軽減はみられるものの完治しないことや，症状が長引いたり，病気が悪化したりすることもあり得る．政府が社会的対立と不満に対処する状況では，その深刻さを理解していても，措置が適切でなければ，社会的対立と不満が持続していくだけでなく，これらの対立がさらに激化し，社会的不満が高まる可能性さえある．その原因として，政府の情報が十分でないため，政府対策の効果を過大に予想し，副作用に対する予測が足りないこと，また政府による調整は客観的状況に応じて適切な変化や調整ができないことなどが挙げられる．これらは政府による調整の限界を反映している．

　第三は，政府が社会的対立と社会的不満の実態を理解し，正しい措置をとっている場合である．

　このような状況下では政府の社会的対立と不平不満の緩和に関する措置は効果的であるはずであるが，歴史上多くの事実が示しているように，この場合においても政府による調整には限界があり，これらの措置は必ずしも政府の予想に合致するとは限らない．これに関しては二つの方向から分析できる．まず，社会的対立は双方の不協和から生じる．所得分配や就職，福祉，生活状況などの面で対立する双方は自分が正しい，損をしたのは自分であると思っているが，どちらが正しいかの判断は難しい．このようなトラブルや争いは行政機関としての政府が裁決し解決できるものではない．政府は公正な裁決を下すことができるが，必ずしも双方に満足してもらえる結果になるとは限らない．このような問題は民間協調や双方の理解と譲り合いの精神に基づいてはじめて解決・緩和されるものである．これらは主管機関としての政府の力を越えている．民間では，多くの問題は必ずしも誰が正しいかを判断し裁決される必要はなく，曖昧のままにしておいた方がよい場合もあるとよく言われているようであるが，

政府による調整で「曖昧のまま」にすることは難しい．理論的には政府の措置は正しくても，社会的対立と不満の解消には無力の場合もよく見られる．次に，多くの社会的対立と不平不満は日々積み重なるように形成され，激化していくものであるため，それらが芽生えた時期に問題を解消し争いが生じない方向に誘導する方法も効果的である．しかし，政府は行政主管機関として常に決められた手順と事務プロセスに従う必要があり，さらに政府の情報が必ずしもタイムリーで完全でないため，政府は問題発生後に正しい措置を講じられるようになったとしても，既に社会的対立と不満は初期の芽生え状態を過ぎてしまった可能性もある．このような状況では，政府による調整の効果は大幅に低下する恐れがある．これも政府による規制の限界を示している．

このことから，社会的対立や不満を緩和・解消するためには，政府による規制以外に社会における内在する緩衝メカニズムの構築を検討する必要がある．慣習とモラルによる調整の役割はこの分野において，再び注目されるようになる．

二　社会に内在する緩衝メカニズムと問題解決メカニズムの確立

政府による調整が理想的でない状況の下で，社会経済運営における安全弁がどこにあるのかを検討してみたい．社会に内在する緩衝メカニズム，問題解決メカニズムはどのようにして構築されるのか．政府による調整以外の角度から考察すると，社会における新たなチェックアンドバランスの力を生み出すことは，社会に内在する緩衝メカニズムと問題解決メカニズムの確立に有利に働くと考えられる．

この場合において新たに生まれた社会のチェックアンドバランスの力には，政府と市場は含まれない．市場にはバランスを維持する力があり，需要と供給メカニズムによって資源が効率的に配置され，各生産要素の供給者間のバランスが保たれる．つまり，人々はそれぞれ市場で検証され，提供された生産要素の数量と品質によって収入を手にするのである．同時に市場は取引者双方のバランスを維持し，公正競争の原則に従い，買い手と売り手の関係を調整する．市場には，本来バランスを維持する力があるが，少なくとも二つの限界がある．第一に，非取引領域が市場原則に従って運営されないため，市場の均衡作用は非取引領域のさまざまな活動と関係には適用できない．第二に，取引領域において市場の均衡作用には限界がある．市場による調整は経済的利益だけを考慮

するため，非経済的要素を含むことができない．しかし，人は「経済的人間」だけでなく「社会的人間」でもあるため，人間関係を扱うには市場の力だけでは不足である．

　政府もバランス維持の力として機能する．政府はさまざまな調整措置を用いて所得分配，地域間や部門間の関係，経済成長と社会発展との関係などを調整し，市場が対応できない分野におけるバランス維持機能を担っている．しかし，前述したように，政府調整が常に理想的に行われているものではない．このことに加えて，人間関係を扱う場合において，個人を凌駕する行政主管部門として現れるため，社会紛争の解決にあたって対立する双方を共に満足させることは非常に難しい．即ち，人と人の対立や衝突は，単に政府介入に頼って緩和できるものではない．そして，社会経済の発展と技術進歩に伴い，人間関係において政府がバランス維持機能を果たすことはさらに難しくなってきている．企業と従業員の関係でいえば，紛争時に政府が介入した場合，企業は，利益や経済効率により関心を持っているため政府が維持しようとするものは企業目標とかけ離れたものであり，税金，政府規定に沿って支払う福利厚生費用，政府規定水準に沿って引き上げた給与水準などといった企業が支払う代価に対して，受け取れる利益は低いと思いがちである．このため，企業は常に政府の行動に満足しているわけではないが，それを表に出さないようにする場合もある．これと対照的に，従業員の立場からみて，政府が企業により関心を向けていると認識しており，就業，給料，福利厚生などにおいて自分たちの要求が満たされないとき，彼らには企業のように公表を避けることはせず不満を公にすることを選択する．このように政府による介入があれば，企業と従業員の間の対立は緩和される場合もあるが，状況によっては激化する可能性もある．

　では社会における新たなバランス維持の力はどこにあるのか．この新しい力が存在しているならば，どのように機能し，どれほどの効果があるのか．限界はないのか．これらはすべて踏み入れた議論を展開するに値する問題である．

　『20世紀のイギリス経済：イギリス病に関する研究』という著書の中で，社会において公衆は新しいチェックアンドバランス維持の力であると提起した．[11]公衆とは，特定の階級や階層ではなく，社会における異なるいくつかの階級と

---

11)　羅志如，厲以寧：『20世紀的英国経済：「英国病」研究』，人民出版社1982年，第461-462頁.

第六章　社会経済の運営におけるモラルによる制約　*181*

階層のメンバーを含んでいる．例えば，政府，企業，従業員の三者間で対立が発生した場合，政府も企業もなす術を持たず困り果て，従業員も怒りで不平不満を溜めるだろう．このような状況では，公衆がバランス維持の力としての役割を果たすことになる．公衆は社会の構成メンバー，一公民として要求を訴えることができる．彼らが要求するものは正常な社会秩序，公民の合法的権益に対する保証，個人の仕事と家庭生活を安定させる環境や条件である．仮にある都市で，ストライキやデモが発生し正常な社会生活に支障をきたす場合，子どもたちが通学できなくなり，バスや地下鉄などの公共交通機関も停止状態に陥り，また空港が閉鎖され，路上のごみ清掃や牛乳の配達，病院における患者の受け入れなどすべてが停止し，水や電気などインフラの中断が生じれば，公衆はこれらの現象を秩序の乱れ，法に対する違反行為としてとらえる．それにより，ストライキやデモを行う者に対する同情が薄れるだけでなく，最終的にストライキを支持しなくなるように思われる．このような状況になれば，ストライキやデモ参加者の妻，子ども，親戚，友人，隣人までもが彼らに対し不満を覚えるようになる．ストライキ参加者は自分が孤立していることに気づき反省し，ストライキやデモの主催者の意思決定に疑問を持ち始め，これはやりすぎではないか，適切な時点でストライキを停止すべきではないか，と思うようになる．このように公衆は，社会経済生活における新たなバランス維持の力として密かにその役割を果たし，社会的対立を少しずつ緩和している．

　同様に，企業の環境汚染によって近隣住民が被害や脅威を受け，企業と住民の対立が激化した場合においても，政府は企業に生産停止や工場を閉鎖するよう圧力をかけることはできるが，企業で働いている従業員がこのことで失業する恐れがある．失業した従業員は政府に再就職できるよう求めるが，この時政府はジレンマに陥ってしまう．その結果，企業，従業員，近隣住民全員が不満を感じるようになると考えられる．政府がどちらか一方に肩入れすれば，対立する側から不満が出るだろう．このような状況で，公衆は各ステークホルダーの関係を調整しバランスを維持する力となり得る．公衆は常に社会秩序を維持しようとする視点からさまざまな問題に対処し，公共目標と公共利益を重んじているため，各ステークホルダー間の関係を調整できる．汚染地域に住んでいる住民も公衆の一部であるが，汚染をもたらした企業の従業員も公衆の一部である．政府は公衆による代表選挙で選出されているため，国民からの制約や監視・監督を受けなければならない．企業の経営管理者，意思決定者もまた公衆

の一員であり，その行為は同様に国民からの制約と監視・監督を受けなければ
ならない．このように，環境汚染などを原因とする社会的対立はすべて協議に
よって解決，緩和でき，激化や極端状況の発生が免れるのである．公衆はこう
いう意味で社会のバランス維持力として存在しているのである．また，この力
は無形ではあるが，政府と市場によって代替できるものではない．

　社会には社会的対立の緩衝メカニズムや問題解決メカニズムが客観的に存在
するのか，存在するとすればどこにあるのか，どのようにして構築されるのか
などの問題については，以下の結論が得られる．社会に内在する緩衝メカニズ
ムと問題解決メカニズムは，公衆の公共活動への関心と参加の中に存在してい
る．公衆による公共活動への関心が高いほど，より積極的に社会活動に参画し，
公衆が社会バランスを維持する協調作用はより大きくなり，社会的対立の解消
と不満の軽減に役立つと考えられる．公衆に社会活動に関心を持ってもらい，
公共活動に積極的に参画してもらうには，公衆による社会秩序への重視，公共
の目標と公共の利益への関心およびそれを実現するための努力を前提とする．
このため，公衆の社会的責任感，公共精神，社会活動への関心が高ければ高い
ほど，公衆による社会のバランスを維持する力はより大きくなるが，逆に社会
において多くの人が自分のことのみに関心を持ち，社会秩序，公共の利益，公
共の目標などに関心をもたず，公共活動に参画する意欲や積極性が不足する場
合，社会バランスを維持する機能どころか，社会に内在する緩衝メカニズム，
問題解決メカニズムの構築が非常に困難になる．

　公衆が有する特有のバランスを維持する機能を発揮する過程は，同時に個人
が社会変化に適応し，変化した社会に対応する新観念を構築する過程でもある．
社会と個人は互いに影響しているが，そこには前向きで積極的なものもあれば，
消極的なものもある．社会において，公共の目標と公共の利益を重視し，自ら
の行動で社会の調和を促進しようとする人が多くいる場合，彼らの影響により
多くの人が社会・公共活動に関心を持ち，公衆による社会のバランスを維持す
る機能は増大する．これは個人が個人に与える積極的な影響である．逆に社会
の多くの人が自分だけに関心を持ち，他人や社会に関心を持たない場合，彼ら
の影響で社会の多くの人が社会公共活動に無関心で消極的になる．これは個人
が個人に与える消極的な影響である．このように，社会・公共活動に対する個
人の関心や情熱は周囲の人々に影響される．また，変化する社会に適応できれ
ば，変動しつつある社会にふさわしい新しい考え方を受け入れやすくなり，伝

統的な人間関係に対する考え方も変化しやすくなり，社会公共活動に関心を持つようになる．つまり，社会の一部の人は公共活動に無関心ではあるが，このことで，多くの人の社会公共活動に対する熱心な取り組み，公衆による社会バランス維持力の向上といったトレンドが変わることはない．

三　有形と無形の社会的安全弁

　社会に内在する緩衝メカニズム，問題解決メカニズムについて理解した上で，社会的安全弁の形成に関する心理的要因について考えていきたい．

　社会的安全弁には有形のものと無形のものがある．前述した公衆による社会バランス維持の役割は，社会的対立を緩和し解決するよう働きかけるため，無形の社会的安全弁に属する．有形の社会的安全弁は主にリソースとして，社会的対立を緩和する．または組織機関として，社会における不満を解消するよう，その役割を果たししている．

　例えば，歴史上，国内外の広大な未開発地帯への移民と地域開発は，社会的安全弁としての役割を果たし，つまり移民に開発のための土地を与えることで，社会で能力を発揮できない人たちにこの土地で生産・経営活動を展開する機会を与え，社会的対立を緩和してきた．同時に社会に対して不満を感じる人たちに，このような未開地で発展の機会を与えることでその不満を和らげることができた．北米がイギリスの植民地だった時代およびアメリカが独立してから領土が西部へと拡張された時代に，これらの土地はヨーロッパからの大量の移民を引き付けた．移民は異なる国，異なる都市・田舎から集まってきており，貧富や身分の格差もあったが，北米に来ることで故郷社会に存在した対立はある程度緩和された．北米ではヨーロッパ社会の安全調節弁となってから，200〜300年かそれを超える長い期間それが続いていた[12]．中国の歴史においても多くの事例が見られる．中国の東北地方はかつて，山東省，河北省からの開拓者を受け入れていたこと，広東省，福建省から東南アジア一帯に移民し，独自に商売を立ち上げたことなど，いずれも移民することで故郷の社会的対立を緩和したことは否めない事実であった．移民が現地の社会的対立を完全に解消できるとまでその役割を過大に評価できないが，少なくとも現地における人口問題，就業問題，土地不足問題を軽減でき，一定期間において社会的不満を減らすこ

---

12)　F. J. Turner, *The Frontier in American History*, New York, 1920: 259-260.

とができたといえよう．この意味では，国内外において，開発と移民可能な地域が存在していることは，一定期間内において持続的に働く社会的安全弁であった．

社会救済事業やそれに関連する機構・組織の存在と，これらが果たした役割，同様に社会経済運営における有形の社会的安全弁であることを認めなければならない．社会救済は，政府による救済（中央政府と地方政府を含む），コミュニティによる救済，民間慈善団体による救済の三種類に分けられる．この三種類の社会的救済の共通点は，社会救済金の運用を通じて被災者に対する支援を行うことで，餓死・凍死の防止，貧困家庭の扶助と生計を立てる能力の育成，身寄りのない老人や障碍者の生活改善などを実現することである．社会的救済事業が発展すれば，社会救済機構や組織がよりその役割を果たすことができ，社会的対立も容易に解決されるようになる．このように社会的救済事業と社会救済機構・組織が有形の社会的安全弁としてその役割を果たしていることは周知のとおりである．

都市や農村住民で構成される自治組織は，場合によって社会的対立や不満を解消する別の社会的安全弁となる可能性がある．ここで「可能性」という三文字を使ったのは，それがこの自治組織の性質が変化するかどうかに関わるからである．性質に変化が生じた自治組織は社会的対立を緩和するどころか，それを激化させることすらある．この自治組織が変化することで自治体としての質に変化が生じた場合，公衆としての質が消え，特定の人間の支配によって公衆を抑圧する組織になる恐れがある．この自治組織の性質に変化が生じていなければ，公衆の願い・利益を代言する組織として，公衆の意見を尊重しながらその利益のために役割を果たすのである．このようになれば，社会的対立の緩和，不平不満の解消という働きを発揮することになる．

これまでに挙げた未開発地帯への移民，社会救済機構や組織，自治的公衆組織はすべて有形である社会的安全弁である．これらの社会的安全弁を効果的に機能させるには，依然としてモラル要素の重要性を無視してはならない．移民は開拓過程で強い団結力が必要であり，頑丈な起業家精神と創業精神でさまざまな困難を克服しなければ，移住を成功させることはできない．社会救済機構や組織の成立と発展は，社会的救済事業に従事する人々の高い責任感と思いやり以外にも，社会から集まった公益事業や慈善事業を愛する人々による寄付から成り立っている．自治組織がその理念を貫き，公衆利益を代表し機能するの

は，これらの機構や組織の指導者が自らを厳しく律し，公衆の信頼を裏切らないように真剣に責任を負うことと，公衆が組織運営に対する責任感を持っており，原則を守りながら公衆利益に反する行為と対抗する勇気を持っていることに関わっている．このことから，有形の社会的安全弁の背後には，モラルの力による働きがあると考えられる．モラルによる支えがなければ，有形の社会的安全弁が機能することは考えにくい．

　次に，無形の社会的安全弁について考えていこう．人々にとっての心理的，精神的な安全弁は，有形のものより効果的であり得ると考えられる．無形の社会的安全弁には社会衝突の解決や社会的な思考を誘導する役割を持っている．これは具体的には，人々の社会という大きな集団に対する共感であり，社会発展と生活向上の将来に対する自信である．共同の努力を通じて社会発展の目標が実現し生活がますます向上すれば，知性が発揮できる機会も増えると人々は考えるようになる．社会に対する人々の共感は以下の認識を反映している．即ちそれは，現実生活では満足に至らない点が存在したとしても，改革，改善，社会のチェックアンドバランスメカニズムの構築と完備を通して改善し，問題解決できるという心構えがあることである．心理的，精神的安全弁は社会的対立を解消し，社会を正しい方向へと導いていくことができる．これは，政府や市場による調整では代替できない機能である．

　すべての社会において最も望ましくないのは，絶望した人々が存在していることである．歴史的にみても，一部の人が困窮し，絶望的な状態の中で生活をすれば，その多くは将来への自信を失ってしまう．彼らは社会と個人の将来に絶望しているので，社会に対して共感することもない．絶望した人の存在は，法律違反や社会秩序の破壊行為へとつながり，社会に破滅的な影響を与え，その心理状態は周囲にも影響し，社会の活力を減退させるようになる．絶望した人間が少数ならば社会経済の発展に与える影響は少なくて済むが，多くの人間が絶望している場合，社会問題が生じ，多くの時間と労力を投入することで社会的対立を解消し，不満の鎮静化を図らなければならなくなる．このように，社会経済運営の中で安全弁が必要であることについては，絶望する人の数を減らし，絶望者をなくすという観点から認識を深めることができる．

　思考や考え方の変化は，心理的，精神的な安全弁の形成と深く関わっている．前述したように，モラルの作用は人々の行動を規制・規範化するのみならず，インセンティブを与えることで，個人の自己発展と自己完成を促進する．経済

発展の状況と速度を判断基準とすることは無論重要であるが，一方で社会発展の観点から人に対する関心，尊重，育成も考慮しなければならない．短期においては，人に対する関心，尊重，育成を無視しても，比較的高い経済成長を実現できる．しかし長期においては，人に対する関心，尊重，育成がなければ，それが，経済の持続的な発展を阻害しさらに深刻な場合は，社会的対立と不満を激化させ，最終的には絶望者の増加につながることで，社会全体を揺るがすことになる．思考や考え方を転換する重要な要素は人への関心，尊重，育成を社会発展の目標と判断基準として設定することである．このようにすれば，モラルによる調整機能が十分に機能できるようになると同時に，社会経済運営における心理的，精神的安全弁の形成も順調に進められる．

四　古いバランス状態から新しいバランス状態への移行

社会は常に統治から混乱へ，混乱から統治へ，そしてまた混乱へと「一治一乱」で移行・交替している．異なる時代の異なる状況において，統治と混乱の程度は異なり，それぞれ大，中，小に区分できる．統治の「治」とは均衡・バランスのとれた状態の形成を指すが，混乱とは元の均衡・バランスが崩れることを指す．「一治一乱」とは，元のバランスのとれた状態が一定期間維持され，その後崩れて，また新しいバランスが形成されることを指す．

社会経済の運営における安全弁の役割は，古いバランス状態の維持に有利に働き，また元のバランスが崩れた後の新しいバランスの形成にも有利に機能するとされている．これは，社会的安全弁の存在が衝突や対立を解消し，それらを激化させずに鎮静化させるように働くからである．このため，有形・無形にかかわらず，社会的安全弁にはこのような役割が備わっている．

和解，折衷，調和の意味をどのように理解すべきかということも，重要な問題である．一部の書籍や言論では，調和はマイナスの意味合いで，折衷も多く場合においてマイナスの意味を含むものととらえられている．特に「主義」の二文字が付け加えられた場合，その傾向がより強くなる．例えば，「調和主義」，「折衷主義」の言葉は多くの場合，マイナスの意味で使われる．実際，調和も折衷もそうであるように，特に「和解」という表現は対立を解決すべきであり，激化させ深刻な状態にしてはならないという意味合いを持っている．

新しいバランスはどのように形成・維持されていくのか．相手に勝ち，あるいはその成果を奪うにすぎないのだろうか．必ずしもそうではない．確かに新

第六章　社会経済の運営におけるモラルによる制約　*187*

しいバランスは相手に打ち勝った結果として形成された場合もあるが，双方が和解した結果の場合もあり得る．和解とはお互いが一歩譲って，共通点を見つけ，異を残しながら同を求め，バランスを形成することを指す．調和，折衷も同じ意味と役割を持っている．相手に打ち勝つことで新しいバランスを形成し維持することができるのか．必ずしもそうなるとは限らない．通常これは新しいバランスを形成する前提条件の一つに過ぎず，この前提の下で調和，折衷，和解が存在すると考えられる．新しいバランス状態は，異常な緊張状態であってはならない．緊張状態が続くようでは，新しいバランスは形成されても長く維持できないかと思われる．そのため，通常，片方の勝利に次ぐのは調和，折衷，和解でなければ，新たに形成されたバランスは維持できない．

　調和は臆病と裏切りを意味するという思い込みもみられる．このような考え方を持っている人は，妥協せずに抵抗し続けることだけが臆病や，裏切りではないと考えているようであるが，これは複雑な社会環境を単純化する不適切な考え方であると指摘しておきたい．社会は多元的であるように，個人や集団の利益や目標も多種多様である．この世界は複雑で，「黒か白」の二極端だけではない．二極状態は理想主義者の理論の中にしか存在しえないものであり，世界には黒と白以外にも黄，赤，緑，灰などもある．調和や折衷が必要なのは，中間の状態が存在するためであり，和解が必要なのはさまざまな可能性があるためである．調和，臆病，裏切りはそれぞれ全く異なる概念であり，混同してはならない．

　社会的安全弁の欠如した社会は社会的な安定の維持が困難であり，危険要素が満ちている社会であると結論付けられる．闘争と対立しか知らずに，調和，折衷，和解という考え方を知らない思想や行動様式が社会の主流になれば，効率的な社会的安全弁の形成が困難になり，社会の危険要素をなくすことはできなくなると思われる．闘争と対立は避けられないだけでなく，社会にとっての必要な部分でもある．同様に社会にとって，調和，折衷，和解が必要であり，社会のあらゆる所に常に存在している．調和，折衷，和解がなければ，社会的安全弁が構築できないだけでなく，社会的バランスの維持も困難である．

　調和を臆病と貶す者は違う形をした臆病者であり，多元化した世界を直視できず，現実に挑戦する勇気もなく，簡単至極な方法で現実逃避をして，自分が思い描いている非現実的な世界に逃げ込んでいる者でしかない．

　調和を裏切りだと貶す考え方は，そう思う人自分自身に対する大きな皮肉で

ある．対立や妥協したことのない者はいるのだろうか．対立と調和はいずれも避けられないものであり，戦うべき時には戦い，調和すべき時には調和をする．現実生活において，人はこのようにしているのではないだろうか．調和を裏切りだと貶している者だけが例外であるわけはないのではなかろうか．

　裏切りは非難されるべき行為であるが，調和を裏切りとみなすことは，全く異なる二つの行為を混同しており，社会にとっても有益なものではない．見て見ぬふりをして，このような混同を放置してもよいと思う者は誰一人いないと考えられる．

第七章

モラルの再構築と社会経済発展

第一節　ウェーバー理論に関する思考

一　ウェーバーの倫理的要素の重視

　社会経済発展における慣習とモラルによる調整の役割を議論する際に，ドイツの著名な歴史学者・社会学者・経済学者であるマックス・ウェーバー（Max Weber）の理論について考える必要がある．ウェーバーは多岐にわたる著作を世に残し，特に『プロテスタンティズムの倫理と資本主義の精神』は世界的な影響力を持つ名作である[1]．20世紀初頭，この本が出版された当時は，学界からは注目を集めたが，まだ広く社会一般から注目されるようにはならなかった．しかし，第二次世界大戦終了後，特に20世紀60年代以降，世界で「ウェーバーブーム」が巻き起こった．ではなぜ，ウェーバー本人とその学術的視点がこれだけ強い関心を集めたのか．なぜ彼が亡くなった数年後にウェーバーブームが訪れたのか．それはウェーバーの論点や第二次世界大戦終了後の情勢と関連しているからだと考えられる．

　ウェーバーの理論では，経済発展における精神的原動力の問題に関する議論も展開されている．彼は経済発展における物的要素の重要性を強調していたと同時に，精神的要素の重要性についても論及した．ウェーバーは，精神的原動力は倫理観から生まれるが，倫理観は常に宗教的倫理と結びついており，精神的原動力が強ければ強いほど，経済発展もより加速されると指摘した．

　ウェーバーの理論によれば，資本主義精神は資本主義社会の誕生を前提とし，西欧の社会経済発展の過程において，プロテスタンティズムの倫理がなければ資本主義を発展させる精神的原動力も生まれることなく，資本主義社会も存続できなくなる．

　しかし，南欧の経済は封建制から脱却し，資本主義の敷居を越えることはで

---

1)　Max Weber：『新教倫理与資本主義精神』，生活・読書・新知三聯書店1987年.

きなかった.

なぜ資本主義は南欧ではなく西欧で誕生したのか. 歴史的にみれば, 南欧は比較的早い時期から経済が発展し, 14, 15世紀頃のイタリアには既に手工業の工場と賑わいのある商業都市が出現していた. しかし, 南欧の経済は封建制から脱却し, 資本主義の敷居を越えることはできなかった. ウェーバーは, この現象に関する正しい答えを見つけるには, 宗教倫理から着手し分析を行わなければならないと考えた. カトリックに支配されていた南欧では, カトリックの影響が社会の各分野に浸透していた. カトリック宗教の観念では, 人々は神様のしもべであり, 罪を背負っているとされていた. このような前提では, 人々は辛抱強く修行と禁欲に励むこと, 教会へ金銭を寄付することで罪を償おうとする. 当時, 教会が販売していた贖罪券について, ウェーバーは以下のように論じていた. 「人々が懲罰を受けるべき罪の一部あるいは全部を赦免するためのものであり, さもなければ, 現世や煉獄で罰せられる. 例え苦行や贖罪の洗礼を受け罪から免れ得たとしても, このような罰から逃れることはできない. 神様に認められその御恩を受けることは, 絶対的な先決条件である. その他にも教会が定めた祈祷, 斎戒, 克己に関わるルールや教会施設への寄付, 礼拝, 教会への巡礼, 教会, 橋, 道路, ダムを建設するといった慈善事業や公益事業への従事などが要求されていた. このようなやり方は本来ならば宗教事業の発展を促進するはずであったが, 教会が金銭を取り立て, 横領する手段の一つになっていた[2]」.

ウェーバーからみれば, 苦行・禁欲をしても, 全財産を教会に寄付しても, さらなる経済発展を実現できず, 資本主義の誕生を促すことはできない. このように, カトリックの倫理では資本主義精神を育むことができず, 社会を資本主義段階へと転換させることもできない. 彼は, 商売が盛んに行われていた南ヨーロッパは一時的に繁栄していたが, その社会を支えていたのは中世のカトリック倫理であったと指摘した. 「聖トマスは, 富を求める欲望は卑怯で恥知らずである (この用語は必要不可欠で, 倫理的にも完全に正当な利益獲得を指す場合さえあった) とし, この考え方は当時真理として崇められていた[3]」. この教義によって思想が支配されていた地域では, 商売で金を稼げたとしても, カトリック倫

---

2) Potter, G.R：『新編剣橋世界近代史』, 中国社会科学出版社1988年, 第122頁.

3) Max Weber：『新教倫理与資本主義精神』, 生活・読書・新知三聯書店1987年, 第53頁.

理の束縛から脱却できずにいる人も多くいた．「教会の伝統を手放さない限り，彼らが一生を費やして従事してきた仕事は，道徳上何も新たな意味を持たないものとされる……関連資料によれば，富裕層は自分の良心が恥じる行為を償おうとして，死の間際に巨額の金銭を教会に寄付するのである[4]」．ことに「中世の倫理観では，乞食の存在が許されていただけでなく，事実上托鉢僧が物乞いを誇りにしていた．世俗的な物乞いであっても，富裕層に善行を行う機会を提供したことで，一種の財産として扱われることさえあった[5]」．このような倫理観に，資本主義の誕生と発展を促進する役割は期待できるだろうか．

南欧の経済が隆盛のピークを迎えた時期，東洋諸国，特に中国は南欧よりも経済が発展し繁栄していた可能性がある．では，なぜ資本主義は当時の中国で誕生しなかったのだろうか．ウェーバーはこれも宗教倫理で説明できると考えていた．東洋中国の宗教倫理は，資本主義の誕生には適していないとされていた．例えば，仏教徒は現世より来世を重んじるが，来世は漠然としているだけでなく輪廻も普遍的に信じられているわけではないため，このような思想の下では資本主義が生み出されることは想像できない．また，中国の在来宗教である道教が主張している潔白無為の思想からは，資本主義の誕生を導くことは明らかにできない．その後，道教の思想には変化が起こり，社会の上流階級では不老長寿，個人の享楽を図るための信仰であったのに対して，農民の蜂起軍は，平等主義を実現するために道教を信仰したのである．これも，資本主義の誕生に有利に働かなかった．

ウェーバーは，儒家の思想を儒教と呼び，特に中国において儒教思想の影響が大きいと考えた．儒家は自分自身の修行を重んじ，個人モラルの完善化を追求し，精神的な満足感で物質的利益への追求を代替することを目指している．その後，儒教思想が封建社会の正当な思想として位置付けられ，忠君と自己犠牲が提唱され，商いと裕福が恥とされるようになった．これは資本主義の誕生と発展にとって不都合な倫理観念である．このような倫理観の下で，多くの中国の庶民は，苦しい生活と環境に辛抱強く耐え，農業本位の現実を当然ととらえ，商業利益を追求する行動を軽蔑したため，努力し富を蓄え，経済を発展させる願望とモチベーションは大きく減退していった．このため，中国は歴史上

4）　同上，第54頁．
5）　同上，第139頁．

繁栄していたにもかかわらず，資本主義を生み出すことはできなかった．儒教思想が支配的な地位を占めていた状況下では，中国は資本主義の壁を乗り越えることはできなかった[6]．

　なぜ，16～17世紀のオランダ，イギリスなどの西欧国家で資本主義は生み出されたのだろうか．ウェーバーは，オランダとイギリスがプロテスタント国家であり，プロテスタンティズムの倫理が資本主義を育んだと指摘した．プロテスタンティズムの倫理によれば，人は神様のしもべであり，誰もが罪を抱えているため，贖罪しなければならなかった．しかし，何を持って贖罪とするのか．それは，勤勉に仕事に取り組み，倹約な生活をすることで財産を蓄えることでもある．仕事は神様のためのものであるため，苦労をいとわず，勤勉に励まなければならないのである．倹約な生活は富を蓄積するためであるが，富の蓄積は事業規模を拡大するためのものであり，神様のために行う行動である．事業業績が大きければ大きいほど，神への奉仕も大きく，よい成果につながることになる．消費は富の蓄積に合わせて行うものであるとされた．清教徒たちは常に質素で贅沢をしないことを目指していた．一部の清教徒団体は，一生を通して倹約な生活をしながら勤勉に仕事に励むことで自分の宗教心を表した．しかし，この倹約の誓いと実践は，カトリックの苦行や中国の儒教思想を信仰する人たちの清貧生活に対する忍耐とは異なる．カトリックの苦行者は苦行により贖罪をするが，事業を創出することはせず，財産を蓄積して事業を拡大することもない．中国の儒家思想の人々が清貧でいるのは，個人モラルの完璧化を図るためであった．事業創出，富の蓄積より，彼らが崇め求めているのは清廉な官僚やよい官僚たること，君主への忠誠心や国民への愛のためであった．プロテスタンティズムの倫理である勤勉，倹約，富の蓄積は，すべての人々にとって最も理想的な贖罪方式であったが，勤勉と倹約は事業創出や財産蓄積につながったものであった．一生倹約した生活をしながら勤勉に働き，富もますます蓄積されるようになるので，人生の成果も大きくなるという価値観であった．

　ウェーバーは，西欧資本主義がこのようなプロテスタンティズム倫理に導かれて誕生し，発展したと考えた．この点についてウェーバーは，「清教徒の心の中では，すべての生活や現象は神によって規定されており，もしある特定の

6）　資本主義の起源と中国における長期的な封建社会との関係に関しては，拙作『資本主義的起源：比較経済史研究』（商務印書館2003年）で詳しく論述している．

第七章　モラルの再構築と社会経済発展　*193*

人物に利益を獲得する機会が与えられたのならば，それには必ず特定の目的が
あるとしている．したがって，敬虔なキリスト教信徒は神様の導きに従い，可
能な限り天から賜った好機を活用すべきであるとされる．神様が示した道に従
えば，より多くの利益を合法的かつ魂や他人を損じることなく得られるが，神
様の示した道を拒み，利益が得られない道を選んでしまったことは，職業目的
に反し，神様のしもべになること，神様の訓令に従いその贈り物およびその使
用を拒絶することである」と記述した[7]．この記述は，「神様のために勤勉に働
き富をなす」というプロテスタンティズムの倫理観を反映している．

　清教徒の貧困に対する認識を用いれば，より説明がたやすいように思われる．
「清教徒に常に自分が何一つ持たないほど貧しくいることを期待するのは，ま
さに自分が治らない病気を患うことを期待することのごときであり，善行を提
唱しているように見えるが，実は神様の栄光を損じることである．特に働く能
力があるにもかかわらず，物乞いをして生きるという行為は怠惰の罪を犯した
だけでなく，信徒としての博愛義務への冒涜でもあり，許されるものではない[8]」．
これが，まさにプロテスタンティズムの倫理と東洋倫理の大きな違いである．

二　「ウェーバーブーム」の原因

　ウェーバー理論をどのように評価すべきであろうか．資本主義の起源につい
てはさまざまな解釈があり，ウェーバーの解釈は倫理的要素，つまり文化的要
素を強調することで，他の学者と大きく異なっている．

　ウェーバー理論によれば，カトリックの倫理は資本主義と相容れないため，
カトリック国家では資本主義経済は発展しにくいと認識された．しかし，異な
る主張もあった．彼らはフランスも旧宗教国の一つであるにもかかわらず，フ
ランス経済が急速に発展したではないかと反論していた．なぜフランスはプロ
テスタント国家に見劣ることなく経済発展ができたのだろうか．フランスの資
本主義経済が急速な発展を遂げたのは，まず政治的要因に起因するものであっ
た．つまり，1789年の革命によって旧制度が崩壊し，フランス資本主義経済発
展の道が切り開かれた．これからも分かるように，倫理的要素を過度に強調す
ることは必ずしも正しい解釈を導かないのである．

7）　Max Weber：『新教倫理与資本主義精神』，生活・読書・新知三聯書店1987年，第127頁．
8）　同上，127頁．

ウェーバーの理論によれば，東洋国家では，儒教倫理が資本主義とは相容れないように，宗教倫理の影響で資本主義を発展させることは困難であるとされていた．しかし，歴史的事実が示しているように，資本主義経済の急速な発展は，プロテスタント国家だけでなく，東洋諸国では日本，韓国，シンガポールのような独自の伝統文化を持つ国においても起こったとウェーバーに反する現象も存在する．このように，資本主義は，プロテスタンティズム倫理とも儒教倫理とも相容れ，儒教倫理と資本主義との結合によって，さらに大きな奇跡を引き起こす可能性がある．

賛否両論がある中，ウェーバー理論は価値のある学説であると学術界で評価されている．ウェーバー理論に異論を持っている者でも，彼の理論が人々に多くの示唆を与えていることを認めている．倫理的要因，文化的要因の役割が強調されていたが，実際，ウェーバーが最も主張していたのは，さまざまな要素によって制度転換と経済発展が促されたとするモデルではないかと考えられる．つまり，倫理的要因，文化的要因が社会，政治，経済などの要素と統合し，総合的な役割を果たしてこそ資本主義の誕生と発展をもたらしたとし，経済と政治が単一の決定的要因とみなされる資本主義起源論を否定したとされている．

第二次世界大戦後，世界規模の「ウェーバーブーム」は，大戦後の政治・経済情勢に関わっていただけでなく，ウェーバーが倫理的要因，文化的要因に対する重視したこととも関連していた．敗戦後の日本，ドイツが国の再建に迫られた当時，アジア，アフリカではいくつか新しく形成した独立国家は経済発展を速め，近代化の道を歩もうとしていた．人々は，ウェーバーの著作から大事な示唆を得た．即ちそれは，経済を発展させるには一定の精神的モチベーションが必要であること．精神的なモチベーションがなければ，経済成長は成り立たない．この場合における精神的モチベーションは，ウェーバーが強調したプロテスタンティズム倫理に限らず，その民族の伝統文化に適応した倫理観などを含む可能性もあるが，プロテスタンティズム倫理にあわせてみれば，対応する概念が見つけ出せる．ここでは，プロテスタンティズム倫理の中にある「天職」という観念に注目したい．「天職」とは，すべての人が本職に励み，本職に忠誠を尽くすことを指し，これは個人のモラル的義務でもある．仕事は神様のためのものであり，世俗的な環境にあっても，すべての人が自分の職責を果たす必要が求められる．プロテスタンティズム倫理ではこのように提唱された

が，他の宗教的倫理観では「天職」という概念は用いられていないものの，それに対応する言葉は存在していた．それは，神に代わって，国家のため民族のため社会のために働き，国家を豊かにし民族を振興させ社会経済の発展を図ることが，誰もが果たすべき義務となり，本職に励み忠誠を尽くすことは国家，民族，社会への義務を果たすことである．このように，経済発展のためには精神的なモチベーションが必要なのである．

　また，プロテスタンティズム倫理では，個人による富の蓄積は決してモラルに違反するものではないとされている．富を蓄積すること自体は罪ではないが，富が淫らで贅沢極まりない個人の享楽に使用されることこそ罪であるとしている．富の蓄積が人類に幸福をもたらすものとして使われるならば，これは神様への恩返しであると考えられている．プロテスタント以外の倫理にもプロテスタンティズム倫理と似たような考え方が存在している．つまり，正当な方法で手に入れた富であれば，非難されることは全くなく，むしろ富を蓄積すべきである．さらに，富の蓄積が経済発展を促すのであれば，それは即ち社会への貢献でもある．このように，他の倫理とプロテスタンティズム倫理とは，形は異なるものの，本質的に区別はないことがわかる．ウェーバーの著作が読者の興味関心を集め，参考になると感じられた理由はここにある．

三　ウェーバー理論と歴史発展プロセスの合理性

　近代化のプロセスを研究する際，次のような問題が常に問われてきた．工業革命はなぜ国と地域によって，異なる発展プロセスをたどってきたのか．各国の産業革命を促す要因として何があるのか．工業革命を促す複数要素の中で最も重要なのは何か．研究者たちはそれぞれの視点からさまざま重要な要因をとり挙げてきた．ウェーバー理論も，このような近代化に関する理論の一つである．ウェーバーが我々に与えた主な示唆は，一民族が工業革命のための物質的・技術的条件が備わった発展段階に達したとしても，イデオロギー面の条件や倫理・モラル・思考などの条件が整っていない場合や，工業革命や近代化のための精神的モチベーションが不足している場合は，工業革命の発生は困難である上に，近代化が開始したとしても支障が生じ，中断する恐れがあることである．言い換えれば，ウェーバーは，工業革命・近代化プロセスの背後にある，目に見えない無形の精神的な力によって人々が経済的成果を目指して励み，弛まぬ努力を持って新しい分野を開拓し経営することで，利潤の獲得，富の蓄積，新

たな産業の創出に努めている，と説いたのである．

　ウェーバーの理論は，資本主義が一種の精神・理念を意味するものであり，この精神・理念が人々の開拓精神や進歩を促すとしていたが，そうであれば，資本主義が西欧プロテスタント文明特有な現象であるといえる理由は何だろうか，という内的な矛盾が生じてくる．その答えとして以下のことが考えられる．16〜17世紀の西欧で歴史上初の資本主義が誕生したが，倫理観が経済発展に対して重要な意義を持つことはこれで検証されたといえよう．しかし，プロテスタンティズム倫理のみによって資本主義が誕生し，近代化が推し進められたわけでない．従来のカトリック倫理が変化し，新しい角度から物事を解釈することも可能になった．具体的には，中世における教会から贖罪券を購入するやり方や苦行による贖罪と解脱などのやり方が放棄されるようになったため，結果としてその後，多くのカトリック教徒はこれらを手放したのではなかろうか．新しい視点によるカトリック倫理に対する解釈と悟りの下，資本主義はカトリック国家においても急速に発展を遂げたのではなかろうか．同様の理屈は儒教倫理と東洋国家の経済発展との関係に関する解釈にも適用できる．これは，まさに20世紀中期以降における学術研究の中心課題であった．

　ウェーバー理論によれば，工業発展のプロセスは同時に人間関係調整のプロセスでもある．工業社会以前の人間関係である等級・身分，世襲，家族統治，属人的な関係は工業発展には適さないため，資本主義が一国で支配的地位を獲得し工業が大きく発展した場合，人間関係もそれ相応の変革が必要とされ，このような変革は往々にして倫理観の変化とともに生じてきた．ウェーバーは，このような社会経済の発展と人間関係の変革，倫理観の転換を密接に結びつけて，正確かつ鋭い分析を行った．これは，いかなる重大な歴史事件の背後にも，ある無形の精神的な力が存在していることを意味する．民族として，このような精神力が不足している場合は，経済は落ち込んでしまうが，このような精神力に満ちている場合は，経済の急速な発展が期待できる．このように，経済をより速く発展させるには，こういった精神力を育成・発展させなければならない．第二次世界大戦後，アジア，アフリカにおける非プロテスタント文明地域の新独立国家は，かつてのプロテスタント倫理に該当する精神を持っていなければ発展は立ち遅れてしまうが，このような精神力が備わっていれば，後発国でも先進国に追いつくことは期待できる．

　ウェーバー理論の研究から得られる重要な示唆は，近代化の問題に対し，政

治や経済分野に限らず，社会，経済，文化，倫理など幅広い分野で深入りした分析を行うことが求められることである．中国の学術界においても，ウェーバーの著作に関心を持っている多くの学者たちは，既にこの点に気づいている．ウェーバー理論そのものより，ウェーバーの著作が中国における近代化研究者たちに与えた大きな示唆は，ウェーバーが提供した歴史プロセスに関する分析方法にあると考えられる．

　ウェーバー理論から歴史プロセスの合理性に対する認識という重要な課題が導き出される．ウェーバー理論によると，歴史プロセスの合理性とは，人々の行動や社会的行動が情熱的なものから理性的なものへの転換を指す．本来人間は特に明確な目標を持ってはおらず，原始社会から飢え死にせず，凍死せず，野獣に食われずに生きていけばそれでよかったのである．その後，社会が発展し経済活動も活発になっていったが，依然として人々は生存や子孫を残すことを目標としていた．個人の寿命には限りはあるものの，家族や家系は続いていくことが可能であるため，生存・繁殖していくことが伝統社会の目標となった．しかし，これも，依然として明確な目標とはいえなかった．社会が伝統的な段階を越え，現代文明の段階に入ることで，はじめて歴史プロセスの合理性が現れるようになるのは，こういう段階に到達しなければ，人々は自らの目標を真剣に考え，行動目標を合理的にすることはできないからである．例えば，プロテスタンティズム倫理では，職務に励み，倹約な生活をし，富を蓄積し，事業を創出することで「天職」を全うすることは行動目標の合理化である．プロテスタント文明以外の倫理観においても，ある目標を実現するために生活と仕事をする精神的なモチベーションがあり，行動目標の合理化傾向が見られている．このように，人類社会は常に明確な目標を持たない状態から明確な目標を持つ状態へと向かっており，歴史的プロセスの合理性はますます明らかになってきている．これこそが歴史発展の法則である．

　ウェーバー理論はこの点に関して，以下の示唆を与えてくれた．歴史プロセスの合理性が，人間の生存と繁栄に止まらず，人々の行動，社会的行動が明確な目標を持つようになることに反映され，精神的モチベーションや目標を理性化するための内的な力としての倫理観を持たなければ，社会の持続的な進歩はありえないのである．

198

第二節　モラル再構築が喫緊の課題

一　旧文化，旧倫理に代わる新文化，新倫理

　ここで，議論をウェーバー理論から中国近代化問題に移したい．現段階の中国にとって，モラルの再構築は喫緊の課題である．

　モラルの再構築とは，本質的にはいかに新文化・新倫理を用いて古い文化・倫理を代替するという問題である．古い文化は神や官を本位としていたが，新文化は人間本位を主旨としている．また古い文化が崇拝・権力・依存を強調していたのに対して，新文化は科学・知識・自立自尊を強調している．古い倫理が守ろうとしているのは古い文化・秩序であったが，新しい倫理が守ろうとするのは新文化・新秩序である．

　崇拝・権力・依存を強調するため，古い文化の本質は必然的に神格化・官僚本位となっていたが，新しい文化は，科学・知識・自立自尊を強調しているため，必然的に人間本位・科学・知識の尊重を出発点としている．これらは新旧文化における最も重要な区別である．

　政治的には1949年が一つの境界線として位置付けられる．しかし，文化的な観点からすれば，旧文化は1949年以前から長期間にわたって存在し，1949年以降も消失せず，その内容の一部が新たな形となって取り入れられたため，決してこの境界線をもって明確に区切られるものではない．1949年以前の旧文化も，1949年以降新しい形で現れた旧文化も，その共通点は，迷信・権力崇拝であり，科学を基本とせず，人間本位ではない点にある．旧文化が，中国の歴史上長期にわたって支配的な地位を占め，経済の中で強固な礎を築き，封建主義の土壌に深く根を下ろしていたため，1949年以降，そのまま存在していた旧文化に新たな形式を持つ旧文化が加わることとなった．筆者は著書『中国経済はどこへ行くのか』において，1949年以前の旧文化を「ノーマルな旧文化」と呼び，1949年以後における新たな要素が加味された旧文化を「改装された旧文化」と呼ぶことにした[9]．1950年代から1970年代にかけて，中国ではこの二つの旧文化がともに存在していた．その中で「文化大革命」の時期（1966〜1976年）は，「ノーマルな旧文化」と「改装された旧文化」が併存し，巧みに結合された典型的な

9）　厲以寧：『中国経済往何処去』，香港商務印書館1989年，第124頁.

時期であった．このような状況は，世界他の国においても散見されていたが，前世紀60〜70年代の中国では最も顕著に見られたのである．

当然，旧文化は一掃しなければならないが，何をもってそれを取り除くことができるのか．経済発展や一人当たり所得水準の向上が不可欠であり，経済が発展し所得水準が向上すれば，旧文化が依存する貧困状態がなくなり，旧文化を取り除くことは容易になるといった主張もある．このような考えには一理はあるものの，見落とされている大きな問題もある．即ち，経済発展と一人当たり所得の向上という力だけでは旧文化を取り除くことはできない．1949年に比べれば，1960年代半ば頃の中国は既に経済が発展し，一人当たり所得水準も向上したが，旧文化の影響は決してこれによって取り除かれたわけではなかった．「ノーマルな旧文化」が歴史の舞台から退かないまま，「改装された旧文化」がさらに加わっていたことは，我々にとって反省すべき問題ではなかろうか．

旧文化は，人間が社会的主体としての位置付けを認めず，無知，盲従，迷信を特徴としていたため，旧文化を一掃し，新文化の発展を促進するために最も重要なものとして，旧文化が依存していた体制の変革が求められる．特に，「ノーマルな旧文化」と「改装された旧文化」の両方が依存している体制の変革が重要である．経済発展に比べ，体制変革はより重要である．体制変革を踏まえた上で，経済を発展させると同時に教育を発展させ，一人当たり所得水準の向上と同時に，教育水準を向上させることは旧体制を取り除く効果的な方法である．また，知識や技能の伝授だけでなく，教育の目的としてより重要なのは，「人間本位」と「人間の近代化」を中心内容とする国民素養の向上である．これらの内容がなければ社会経済と科学技術の近代化は論外であり，新文化・倫理をもって旧文化を代替することもできない．

旧文化・倫理は人々の無知・盲従・迷信以外に，有形と無形の両方を含めた等級制度・身分関係によって維持されていたが，このような等級制度と身分関係は旧制度を構成する一部分でもあった．農村の状況をみれば分かるように，農村地域は従来「ノーマルな旧文化」の最も強固な地盤であり，最も身分関係が厳しい領域である．身分関係は伝統的な価値観・倫理観と密接につながっている．神権，郷紳権^{訳注)}，親族権，夫権などによる束縛が破られないのは，従来の

訳注　中国の明清時代，科挙に合格して官吏となることで特権を得て富裕となった地域支配
　　　層のことを郷紳と呼ぶ．

価値観, 倫理観に支えられた身分関係に関わっているからである. このように, 農村地域における伝統的な価値観や倫理観, 長年続いた身分関係を打破できなければ, 「ノーマルな旧文化」が存在し続けることになるであろう. 都市部では, 目に見えない無形の等級制度・身分関係によって, 人々は伝統的な価値観と倫理観に束縛され続けている. 都市部における等級制度・身分関係は無形で気づかれにくいだけに, 黙認されたり触れられない傾向がある. 制度変革の過程においては, 価値観, 倫理観の領域で長期にわたって軋轢が続く可能性がある.「人間本位」と「人間の近代化」は, 等級制度と身分関係を手放し, 個人と集団の間における共感関係, 協力関係, 契約関係などが含まれる新しい関係の構築を意味する. これらを理解できなければ, モラル再構築の深遠なる意味を理解できないと考えられる.

　旧体制や旧伝統, 旧勢力は, 自ら崩壊し消滅することはない上に, その形を変え, 「改装」された形で現れる可能性がある. 1960年代において, 若者たちは「四旧を打破しよう」(四旧とは旧思想, 旧文化, 旧風俗, 旧習慣を指す) という名目で文化大革命に身を投じた. 彼らが旧文化を打破するために参加した文革運動は, 実際は旧文化を打破するという名の下の旧文化を守る運動で, 「改装された旧文化」への逆戻りであった. これを知らずに当時の若者たちは愚弄され, 騙されていたのである. 無知・盲従・迷信, さらに過激さに左右され, 彼らは旧文化の維持者と新文化の破壊者になったのである. 幸いにも, 若者の多くは冷たい現実を目にして, やっと自分自身が旧文化の被害者であることに覚醒した. このように, 歴史は残酷そのものであったが, 1949年以降における, 「改装された旧文化」が育まれ誕生し成長する過程から, 我々全員が反省すべきではなかろうか.

　新文化・新倫理はどのようにして旧文化・旧倫理に取って替わることができるのか. 前述したように, 経済と教育の発展以外にも, 「ノーマルな旧文化」と「改装された旧文化」の弊害を人々に深く理解させなければならない. 旧文化に騙され, 愚弄された「上山下郷」(文化大革命期の中国において, 青少年の地方での徴農や下放を進める運動のこと) の知識階級の青年たちが, 後に旧文化を最も憎む社会の一員となったのは, 正にこの点を裏付けているのではないか.

　しかし, 新文化・新倫理が旧文化・旧倫理を代替するに至るのは決してたやすく実現できるものではない. これはモラルの再構築に関わる課題であり, 一世代, 二世代で達成できる目標ではない.

二　モラルの再構築と「第二次起業」

　1949年以降の経済発展が大きな成果を挙げたことは否定できないが，中国の文化領域はかなり長い期間にわたって，玉石混交の状態にあった．「ノーマルな旧文化」が継続し，その影響力を発揮していたと同時に，「改装された旧文化」が比較的速いスピードで伸び，その影響力を増してきた．一方では，時代精神を代表する新文化が芽生えて成長し，同様に人々に影響を与えてきた．この期間における中国の経済成長が遂げた成果は，新文化の影響と切り離すことはできない．

　具体的には長期にわたる戦乱を経て，ようやく中国で新政府が樹立されると，人々は国家強盛と民族復興を強く願っていた．この時期において，人々は強烈な起業精神，ポジティブマインド，奉仕精神を有しており，自らの努力で素晴らしい未来を創り出せると確信していた．この時期の起業精神，ポジティブマインド，奉仕精神が，当時成長していた新文化・新倫理の現れであることは疑う余地もない．ウェーバー理論によれば，当時の中国社会では，ウェーバーのいう「天職を全うする」に似た概念が生まれたと考えられる．国家繁栄と国民のよりよい生活のために，当時の多くの人たちが自発的に辺境や環境が厳しい辺鄙な地域に赴き，報酬を問わず勤勉に働いていた．彼らからすると，これこそが自分の「天職」であった．この精神を「第一次起業精神」と呼ぶことができる．この「第一次起業精神」が存在することで，それに関連する実践も可能となり，経済成長の成果も得られるようになったのである．

　「第一次起業精神」が長期間持続しなかったのはなぜなのか．さまざまな理由があるが，体制に目を向けると，計画経済体制によって人々の意欲・創造性が損なわれ，平均主義思想が生み出されたからである．一方，イデオロギーにおける重要な原因として，「右翼反対」から「文化大革命」まで，人々の意識が抑えられ，起業意欲・情熱が絞め殺されたことが挙げられる．白黒や是非が逆転されたり混同されたりしたような文化大革命期間中においては，経済を発展させる意欲など，とうてい持ち得なかったのである．創造性と積極性が踏みにじられ，しかもこのような傾向が広がっていくのを自分の目で確認したら，失望と絶望しか感じられず，ひたすらに経済発展に身を投げこむ情熱など生まれるわけはないであろう．精神的な傷は決して短期間で癒せるものではない．そこで，文化大革命後期の社会になると，多くの人々は精神的な空虚状態に陥り，何事に対しても無関心で，適当にやり過ごし，自ら進んで何かやろうとは

しなかった．このように空虚で消極的で頽廃的な思想は今でも一部残されているのが現状である．文化大革命が終わり，改革開放のプロセスがスタートを切ると，経済的インセンティブが働きかけ，一部の人が商業モラルや職業モラルを無視し金儲けに走ったように，文革時代と全く反対の極端的な動きが見られるようになった．個人利益至上主義，お金が万能で最優先であると公言し，これらを人生の信条とする者さえ現れるようになった．この極端な態度は両者とも近代化の目標と折り合わないものである．このような状況下で，「第二次起業」の育成と確立が求められ，「第二次起業精神」がますます重要で不可欠なものとなった．中国経済のさらなる発展には精神的なモチベーションが必要であり，近代化の目標実現のために，社会繁栄のために努力するモチベーションの確立が重要である．ウェーバー理論の中で最も参考になり示唆を与えてくれるのは，この精神的モチベーションに関する指摘であり，このような精神的力がなければ経済発展の新たなブレークスルーは実現できない．

　ここでは，最近盛んに議論されるようになったモラル喪失の問題に言及しなければならない．モラル喪失の理由については，感情的ではなく，より理性的な分析が必要とされる．ここで指摘しておかなければならないのは，時代や地域によってその数は異なるものの，いかなる時代，いかなる地域においてもモラルの乱れ，悪事を働く者が存在していることである．モラル喪失の原因は複雑で，しかも状況によってその原因が異なってくるため，ある要素のみ抜き出して分析しても総合的な分析とはいえない．歴史的な論証を行う必要もなく，何より明確にしなければならないのは，なぜ中国で1949年以降の一定期間において，よい社会的風紀が存在していたのに，その後モラルを無視する悪行が相次いで起こったのか，なぜ良好な社会的風紀が色あせていったのかなどの問題である．これらはよく考えなければならない課題であり，またモラルの再構築という問題提起に直接関わっている．

　良好な社会的風紀の衰退は偽りから始まるとされている．人々が偽り，嘘をつき，虚偽の姿で人に接するようになれば，モラルも歪められる．ではなぜ，人々は偽るようになったのか．実際，虚偽は意識的な虚偽と強要された虚偽の二種類に分けられる．自ら意識的に偽る人はあくまでごく少数であり，大多数の人は虚偽を強いられている．また，一部の人にとって，意識的な虚偽と強制的な虚偽の間，もしくは半意識的な虚偽と半強制的な虚偽の間に挟まれていることもあり得る．強要された虚偽は自己防衛，保身的な行動で，意図的に他人を害

しようとするわけではなく，やむを得ない行為としてとらえることができ，「モラルの歪み」と呼んでもよいであろう．意識的な虚偽は，自己防衛のために偽るのではなく私利私欲のために虚偽を利用するもので，「モラルの喪失」と呼ぶことができよう．強要されようが，意識的であろうが，虚偽は人の本性に反するものである．前者はおかれた環境によるものであるが，後者は私利・私欲が働いた結果である．当然，どのような環境におかれても偽らない人は存在する．しかし，環境が退廃していく局面においては，良好な社会的風紀が簡単に立て直せないため，社会における多くの人は偽りを余儀なくされるようになる．

　文化大革命後期の中国国内の政治経済状況はその典型的な例である．真実を語る人は粛清された．嘘をつく人の中には強要された人もいればそうでない人もいたが，強要されて偽るのは自分を守るための手段であり，偽ることによって，真実を話した人と同様の末路には至らずに済んだ．また，強要されて偽ることは，ある種の策略である可能性もあった．つまり，偽って嘘をついたとしても，いつか真実を話す機会に真実を話すことができる．そうしないと，真実を話す機会さえ手放してしまうことになる．やむを得ず偽ってしまったことは，当時の状況や環境を考慮すれば理解できるものの，これは良好な社会的風紀の退廃をもたらし，社会に悪影響を与えることになったことは認めざるを得ない．しかし，意識的な偽りはこれとは異なり，自己防衛や保身のためのものではなかった．彼らは当時の経済情勢が悪化していることを知りながら，経済繁栄と好景気を称え，歴史上こんなに好調な時期はなかったなどと偽り，お世辞や媚びを売って個人の利益を貪ろうとした．自ら意識的に偽った人の中には，事実を捏造し他人を陥れて個人の目的を達成しようとする人もいた．良好な社会的風紀の衰退，一部の人間のモラル喪失はさまざまな形があるが，その責任の多くは自覚的に偽る者にあり，偽る者が称えられ，奨励されるようになれば，それは社会に対するマイナスの模範効果として，社会的風紀の乱れモラルの頽廃を加速させてしまうようになる．

　二十年近くにわたる「右翼反対」，「文化大革命」などの政治運動を経て，社会モラルが著しく歪められた後に，モラル再構築の課題が提起されるようになった．特に改革開放路線を歩むようになってから，「第二次起業」の喫緊性および「第二次起業精神」を確立する必要性が再認識され，再度それが問題提起されるようになったのである．

第三節　モラル再構築の長期性

一　モラルの再構築と国民の素養向上

　以上の分析を通して，モラルの再構築が喫緊の課題であることは理解できたと思われる．モラルの再構築は，旧文化（「ノーマルな文化」と「改装された文化」が含まれる）の頑丈性およびその社会的影響に加えて，社会における空虚さ，頽廃・喪失感，懐疑，戸惑いなどの感情とその助長に関連している．モラルの再構築は，旧文化・旧倫理に代わる新文化・新倫理の創出や，「第二次起業精神」の育成・確立を意味し，国民素養の向上，近代化プロセスにおける精神的モチベーションを生み出すことを意味している．

　新文化・新倫理は，経済発展という礎の上に確立され，発展していくが，モラルの再構築は，経済が発展してからでは手遅れになってしまう．現実生活から着手し，国民素養を高めることでモラルの再構築を行うのが，中国の実情に合致した方法である．さらに，モラルの再構築や新文化・新倫理で旧文化・旧倫理を代替する変革は短期間で実現するのが困難であるため，長い期間にわたって取り組むことの必要性を理解しなければならない．モラルの再構築は，長い期間を必要とする課題であるがために，現在行われている取り組みが無駄であり，やってもその成果が得られないということにはならない．なぜなら，モラル再構築は喫緊の課題であるからこそ，早急に取りかからなければならないのである．

　消極的に待つという考えは無論間違っているが，あまりに焦って早めることも間違っている．新文化・新倫理が古いものに代わることは，歴史的なトレンドであるが，すぐに実現できるものではない．新文化が勝利を掴み取ることは社会が「物の時代」から「人の時代」へと移行したことを意味し，人の価値を発見・尊重し，物より人間本位であることが認められるまでは長い期間を必要としてきた．中国では，千年以上にわたって，封建主義によって社会のイデオロギーと人々の生活が支配されていた．また，計画経済体制の下では，「改装された旧文化」という形で存在していた旧文化は新しい文化そのものであると勘違いされていた時期もあった．このため，新文化が勝ち抜くことの難しさは，人々の想像を超えるものである．中国のモラル再構築過程においては，人間関係や人と物との関係の調整に着目する必要があるだけでなく，もっと重要なこ

とは人々にその信念を確立させることである．つまり，人生の価値と意義に対する新たな認識を持たせることこそ，真の「人の解放」につながり，内的モラルによるインセンティブと制約が自ら生まれることによって，強い起業精神・積極的なポジティブ精神を生み出すことができる．

　ここではモラルの基準について考える必要がある．我々の生活の中にはモラル基準が二つ存在していると考えられる．一つは内的モラル基準であり，もう一つは外的モラル基準である．内的モラル基準と外的モラル基準の区分については，ウェーバーが『世界経済通史』の中で以下のように記述している．「至る所で観察される原始的で厳密に統合された内部経済においては，同じ部落や氏族のメンバー間では経済行動の自由という問題は全く見られないが，対外貿易においては絶対的な自由がある」[10]．これは，一つの集団やグループ内部では，独自のモラル基準が存在し，何事に対しても独自なルールを持っている可能性を示している．原始的部落も同様であるが，対外的には内部基準と異なる別のモラル基準が適用され，それでメンバーの行動を規範化している可能性を示している．ウェーバーはこのことに関して，「西洋資本主義の第二の特徴として，内部経済と外部経済，内的モラルと外的モラルとの境界線を取り除き，商業原則およびそれに基づいて作られた労働組織を内部経済に組み入れることである」[11]と述べている．この記述はモラル再構築が長い期間を必要としていることを示している．

　内的モラル基準と外的モラル基準間にある境界線の解消は，社会・組織・集団の対外開放水準に関わっている．社会の対外開放水準が高ければ高いほど，内的モラル基準と外的モラル基準が同じレベルに統合しやすいことは既に資本主義の発展プロセスによって実証されている．これは組織の場合にも当てはまり，厳格で閉鎖的な組織であれば，その性質に関わらず内的モラル基準と外的モラル基準は明確に区別され，内部のモラルが対外には必ずしも適用できるわけではなく，内外のモラル基準は整合性を欠いている．そして，組織や集団における閉鎖性が軽減されるにつれて，内的と外的モラル基準の境界線はだんだん薄れていくと考えられる．

　中国は計画経済体制から市場経済体制へと転換しつつある．計画経済体制の

---

10)　Max Weber：『世界経済通史』，上海訳文出版社1981年，第265頁．
11)　同上，265頁．

下では，基本的に閉鎖社会であったため，人々にとって内外モラル基準の区別
は明確であった．同じ行動であっても，内部の基準ではモラル違反になるもの
が，外部の基準では許されることもあった．また同じ言論でも，内部では許さ
れても外部ではモラル違反とみなされる可能性がある．長年にわたって，人々
は既にこのような違いに慣れてきているため，この矛盾や食い違いが社会的風
紀にどのような影響を与えるかを考えるまでには至らなかった．つまり，人々
は社会の内部と外部の二つのモラル基準の存在を慣習として認めているのであ
る．そうであると，是非の判断よりも功利主義は優先され，モラル規範が政治
経済の必要に応じていかなければならないというモラルの歪みが生じる．

　問題はこれだけにとどまらず，既に指摘したように，真実を話せない状況で
は，社会の大多数は保身のために偽らざるを得ないため，不本意でも嘘をつい
たりすることになる．一方，少数ではあるが，私利私欲のために意図的に偽る
者もいる．このように虚偽を強制されることは「モラルの歪み」，意図的に偽
ることは「モラルの喪失」と呼ぶことができよう．つまり，誠意を持って互い
に接することができず，本音と建前が一致せず，内的モラル基準で判断し行動
調整ができないことに加え，社会において内外モラル基準の境界線が明確でな
い場合は問題がさらに複雑になる．これは，内外二重のモラル基準が存在する
こと自体がモラル的な歪みであり，人々が保身のために偽りを強いられている
ならば，このモラルの歪みはさらに悪化していくと考えられるからである．私
利私欲を得ようと意図して偽る人がいる場合は，モラルの歪みによるモラルの
喪失を引き起こす．したがって，二つのモラル基準は，多種多様なモラル基準
およびモラルの表現になる可能性がある．これでは何が真実で何が虚偽かわか
らず，また真実と虚偽が混ざってしまう恐れさえある．これは改革開放初期に
おいて，我々が直面しなければならない現実であったが，この現実を認識でき
れば，「右翼反対」，「文化大革命」以降の中国社会の心理状態に関して，理解
が深まるようになる．このように，モラル再構築には大きな困難が潜んでおり，
それには長い期間が必要とされている．

二　モラルの再構築：空想と現実

　ウェーバーは，ニューイングランド清教徒の起業過程を事例にとり，資本主
義の創出と発展促進にあたってプロテスタンティズム倫理が果たした重要な役
割について説明し，モラル規範を確立する意義を論じた．ウェーバー理論が我々

に与える示唆は既に説明したとおりである．ここで一つ付け加えたいのは，経済発展におけるプロテスタンティズム倫理が積極的な役割を果たすことを妨げるわけではないものの，清教徒の「天職」の考え方と彼らの倫理には空想的な要素が含まれていることである．ダニエル・ブーアスティン（Daniel J.Boorstin）が『アメリカ人：開拓のプロセス』で，北米のニューイングランド清教徒思想の基礎は，誰よりもユートピア思想に近いと記述していた．『聖書』には「美しい社会」という青写真がある．彼らは苦難を乗り越えて北米アメリカに渡り，人間社会にあるこの地で「天国」を創り出せると確信していた[12]．ニューイングランドが当時イギリスの植民地であったため，移民はこの地でイギリスの法律に従わなければならなかった，が，同時に法律によって利益は保証されていた．このような現実を目の前にすれば空想の色合いはどうしても褪せていくが，彼らが遥か彼方から海を渡って北米にきた時に，人間社会で「天国」を創り出そうという夢を持っていたことは否定できない．

　清教徒たちが移民と起業を通して北米で「天国」を創り出そうと考えたことは空想的要素を含んでいるが，モラルによるモチベーションとモラルによる制約は常に現実的なものであると指摘しておかなければならない．中国が現在進めている「第二次起業」のプロセスにおいて，モラルの再構築が必要とされるが，性質，条件，取組，目標などが異なるため，北米の開拓移民と同様に考え論じることはできない．我々がモラルの再構築を実現できれば，モラルによるモチベーション，モラルによる制約がより現実的になるだけでなく，建設目標も達成できるであろう．つまり，現代社会はユートピアとは異なり，空想や現実的でない天国を創るのでなく，モラル再構築によって国民モラルと素養を高めることが重要である．モラル再構築と国民素養の向上は，現実的な生活から着手すべきであり，目標やステップも現実的でなければならない．「ノーマルな旧文化」と「改造された旧文化」に対するさまざまな嫌悪は，感情的な憎しみや理論認識だけによるものであってはならない．実際の生活における個人の身の回りから，個人が行動規範をもって，良好な社会的風紀を育成できる．このようなモラル再構築による成果は，偶然で個別なものに止まることなく，良好な社会的風紀も空洞的，抽象的ではなくなるはずである．

　モラル再構築から空想的な要素を取り除くために，もう一つ重要なのは，現

---

12)　Daniel J. Boorstin：『美国人：開拓歴程』，生活・読書・新知三聯書店1993年，第32頁．

実から逸脱した「理想的な社会」を設計しないことである．歴史上にあった「理想的な社会」はすべて机上の空論であり，思想家の頭の中にしか存在せず，実行困難で実現不可能なものであった．小規模な試みはせいぜい一，二世代しか続かず，最終的には失敗に終わってしまったのである．さらに注目すべきは，政治家が広く「理想的な社会」の設計を政策として掲げ実行しようとしても，その結果として人々を「天国」に導くことができないだけでなく，必然的に社会に災難を招いてしまう恐れがある．

フリードリヒ・フォン・ハイエク（Friedrich A.von Hayek）はこれに関する分析を行い，人類の歴史においては，理想を掲げた政治家が「理想社会」を実現するためのさまざまな主張や政策を打ち出し，多くの努力を積み重ねてきたが，その結果から見れば，理想主義者が人々にもたらしたのは決して幸福ではなく，むしろ災難であると断言した．彼らは自らが掲げた理想が崇高であると考えていたため，結果に構わず，手段を選ばず，恥じることなく行動をしていた．彼らが自分の理想と目標に忠実であればあるほど，自分の主張を極力推進し，社会経済生活で支配的な役割を果たしている無形の力，自発的な力を干渉し，破壊しようとした．無形の力，自発的な力に対する制限・破壊力が大きいほど，社会にもたらす悪影響も大きくなる[13]．

ハイエクが言及した社会経済生活で支配的な役割を果たしている無形の力，自発的な力はいったい何だったのか．一般的には市場メカニズムであると認識されているが，市場による調整は「見えざる手」であり，あらゆる取引活動において，そのメカニズムが自発的に働いている．これは，ハイエクの論説に対する通常の理解であるが，この解釈は狭すぎるように考えられる．社会経済生活の中で支配的役割を果たしている無形の力，自発的に働く力は市場メカニズムの他に，慣習とモラルによるものもある．市場による調整の存在の有無に関わらず，特に非取引活動分野では慣習とモラルによる調整がより明確に確認できる．夢や理想を持っている政治家がある種の「理想社会」モデルを実現するために推進しようとしている改革措置は，市場メカニズムという無形で自発的な力だけでなく，慣習とモラルによる調整で形成された文化的な伝統も破壊す

---

13)　F. A. Hayek：*The Road to Serfdom. Second edition.* London: Routledge,1976;100-101. および "The Mirage of Social Justice", *Laws, Legislation and Liberty*, vol. 2 , Chicago, 1976: 142. を参照.

ることになる．彼らは個人と政府の力だけを信じて，しかも政府の力だけに頼って，自分が信じた綱領を強引に推進しようとした結果，社会秩序の混乱を招き，さらには国民を餓死，凍死，家をなくし路頭に迷う事態に陥れてしまった．このような例は稀ではなく，古今東西よくみられる．

　ではなぜこのような状況が起こったのか．ハイエクからみれば，これらの政治家には，個人の意志を最優先するという共通の理論的過ちを犯していた．これはあたかも自分が救世主や人々の神様であるかのように，自分が「天」に代わって正義を貫き，自らの意思によって当然のように世界が変えられるという思い込みであった．また，これらの政治家は，政府による調整は「社会百病」（病でないものが含まれているにもかかわらず）を直す万能薬であると勘違いをし，自分の意志を徹底し，政策や措置を厳しく実施できれば，社会によりよい生活をもたらし，国民を「天国」に導けると考えていたようである．しかし，よりよい生活を国民に約束したものの，非常に高い代償を払わせるだけでなく，多くの後遺症を残し失敗に終わるかもしれないことを彼らが全く気にしていなかったようである．これは市場メカニズム，特に慣習とモラルによる調整を手放すことが，社会にとって「生活の崩壊」を意味し，一種の災難だからである．社会経済生活は通常取引活動領域と非取引活動領域を含み，市場メカニズムが手放されれば，取引活動領域は人為的に歪められ，非取引活動領域へと変わって消滅していくのである．慣習とモラルが手放されれば，非取引活動領域におけるさまざまな関係も人為的に歪められ，虚偽で偽りの関係へと変わってしまう恐れがある．これこそ災難ではなかろうか．

　「理想的な社会」の中には往々にして空想的な要素があることで，理想的な政治家がその信念を貫こうとする頑固さは社会に思わぬ災難をもたらす．このため，モラルを再構築・育成し，良好な社会的風紀を構築する場合，現実的な分析を出発点とし，問題を単純化してはならないと主張したい．焦らずに，長期的に一歩一歩漸進的に進める計画と法律で人々の行動を規範化し，教育で啓発し，大多数が本心で社会モラルを守る必要性を重視するように取り組んでいくべきである．行政措置を持って人々の思想を統一し，行動を規範化させるような目的を達成しようとすべきではない．特に重要で，正確な発想は，未来社会のあるべき姿の細部を細かく規定するより，常に物質的な生活水準の向上を目指すとともに，精神的な満足感と楽しみが得られるように進めていくことである．私は，著書『社会主義政治経済学』で，これと関連して以下の二点を述

べている．ここで参考として引用しておきたい．「それぞれの世代に生きてい
る人間にはその世代の歴史的な使命を持っている．現世代の経済理論学者とし
て，我々が重点的に研究をすべきことは，発展段階にある社会主義経済の問題
である」[14]，「自分の力を誇示し，将来世代のために社会経済とその発展の細部ま
で設計をしようとするならば，結局将来世代の笑いものになってしまうであろ
う」[15]．

第四節　法治，民主制とモラルの再構築

一　法治と対立する非法治

　現実におけるモラルの再構築を議論する際，我々は法治と人治の対立に直面
しなければならないが，まず，この論争の本質についてみていきたい．法治の
対立概念となるのは人治なのか，徳治なのか．人治だという者もいれば，徳治
だという者もいるが，どちらも論拠として一理あると思われる．

　人治を法治の対極とする理由には，主なものとして以下のいくつかが挙げら
れる．法治の下では，すべては法によって実行され，法律が最優先され，法律
の前ではすべての人間は平等であり，法に則らなければならず，法に違反した
場合は罰せられる．これと対照的に，人治の下では，法律より人の指示や行為
が優先され，法律を凌駕し，法律が踏みにじられてしまう．このため，人々に
とって必要なのは人治ではなく法治であり，そして法治の対極は人治となる．

　徳治を法治の対極とする理由は，法治の起点が「性悪説」であるのに対し，
徳治の起点は「性善説」であるということにある．法治は性悪説からの発想で
あるため，戒めや処罰が強調され，処罰でもしなければ社会を安定させ秩序を
保つことはできない．そのため，法を根拠に，法による厳格な執行と違法の場
合の処罰が求められる．徳治は性善説から生まれたため，モラルによる共感や
教化を強調している．人々に受け入れられるようモラルを広げることは，社会
の安定や秩序をもたらし，社会の構成員を高尚なモラルを持つ人間に育成でき
るとされている．このような考え方の違いがあるため，法治と徳治は対立して
いる．

---

14)　厲以寧：『社会主義政治経済学』，商務印書館1986年，第455，457頁．

15)　同上．

法治対人治，法治対徳治の論争をどのように受け止めるべきか．本節冒頭で述べたように，それぞれの主張には一理はある．しかし，詳しく分析してみれば気づくと思われるが，この二つの主張にはどちらも偏っているところがあり，法治の対立面となるべきものは何かを明らかにしていない．

つまり，法治は非法治と対立し，非法治こそが法治の対立概念である．法治が要求するのは法律の存在と法律に従うことであり，法律違反は追及され，法律の前ではすべての人は平等である．非法治の場合は，法律が存在しても従わなくてよく，法律を違反しても追及されず，法律の前で人々は平等ではない．法律を踏みにじるという意味においては，これは他でもなく非法治である．

次に，人治をみていきたい．人治を法治の対極とする解釈では，人治は非法治として扱われている．非法治の特徴は統治の任意性であり，これは人治の特徴でもある．この意味では，人治と法治を対立させても特に問題は生じない．しかし，人治では法律は人によって制定され，執行されるという理解もある．仮に人治を法解釈の任意性や法律を踏みにじる行為ととらえず，人が法律を制定・実行し，人によって法を貫徹すると理解するならば，法治と人治は統合可能であり，対立するものではない．しかし，このような視点で人治を理解することに対して，賛同しかねるとの意見もある．彼らは解釈の任意性を否定し，個人の意思が法律を代替することを認めない．彼らは人およびその素養が法治にとって重要な意義があることを強調している．このように，人治に対する理解は分かれており，論争が終わることなく続いている．人治が非法治であり，解釈の任意性と法律を踏みにじることであると明確に定義できれば，このような論争はなくなると考えられる．

再度，徳治に対する理解をみてみよう．性善説，性悪説のどちらが正しいのかという問題が長期間にわたって解決できない問題であったためここでは論述しないが，法治と徳治はすべての点において対立しているわけではない．これは法治を主張する側が道徳教化の役割を否定しておらず，徳治を主張する側も法律による規制と制裁の意義を否定していないからである．法治と徳治の論争は結局「法治本位」と「徳治本位」の争いに帰結することになる．「法治本位」は道徳教化の役割を排除し否定するものではなく，法治を主役・徳治を脇役にすることを意味するが，「徳治本位」は，徳治を主役・法治を脇役にすることである．このように，法治と徳治の争いが，最終的にどちらが主役でどちらが脇役かという議論に帰結した以上，法治と徳治がお互いに対立するという考え

は的外れである.

　このようにみていくと，法治と対立する概念は非法治であると理解したほうがより現実的で説得力があると思われる.

　中国の歴史において，長期間続いた封建的な統治は，人治というより非法治といった方が適切である. 非法治こそが封建統治の本質であることは最も正確な理解であるといえよう. 封建体制においては，皇権が至上的，絶対的であり，冒涜されてはならなかったので，典型的な非法治であった. これを人治として定義をするならば，人治は「皇権」や「王権」を隠したまま，その飾りとして用いられたものに過ぎない. つまり，皇権や皇帝本人の行為を規制できる法律でなければ，法治原則に合致する法律とはいえないのである. さらに重要なのは，最高権力者の権力と法律制定者の行為を規制できる法律が実施されることで，はじめて名実相伴う真の法治といえよう.

　商鞅が推し進めたのは人治に代わる法治であり，秦の始皇帝が実施したのは法を持って国家を治める法治であるといった，一見正しそうであるが間違った認識も存在している. このような論点は適切でないことは明らかである. 当時の秦王朝，秦国では，皇権が至上的で最優先されていたため，決して「皇帝統治」，「君主統治」を脱却できるものではなかった. 皇帝・君主による統治こそ事実上の人治ではなかろうか. 商鞅の言動からも分かるように，君主統治を利用しなければ，彼は何か成し遂げることはできたのだろうか. いわゆる皇権や王権の下での法治は真の法治とはかなりかけ離れていた. これは既に秦王朝・秦国の歴史によって証明された事実であり，さらなる記述の必要はないと思われる.

　封建時代では，人治は皇帝統治や君主統治である以上,「皇権の下の官僚統治」が必然的に存在していた. 官僚は君主の代理として統治を行っていたが，活用できる法律が存在する場合，官僚は君主に代わって法律を執行していた. このような時代では，官僚は制定された法律に従い，法を執行していたが，この法律が皇権の下にあるため，決して法治とはいえなかったのである.

　つまり，人治の概念自体がそれほど明確ではないのである. 皇権が至上で法律を凌駕するような状況は非法治と言わざるを得ず，（人治を非法治と同義でとらえる場合を除き）人治とは言い難いものである. 1949年以降の「改装された旧文化」が支配してきた中国社会は人治というより，むしろ非法治であったといえる.「反右翼」,「文化大革命」や統治の任意性，法律を踏みにじる行為などに反映

されたのは非法治であるという理解が最も正確だと考えられる．それならば，「中国は非法治から法治に向かわなければならない」，「中国は非法治に代わって法治社会へと転換しなければならない」という言い方をした方がよいのではないか．「人治から法治に向かう」や「人治に代わって法治を行う」といった表現の方がより国民に受け入れられやすいのではないか．このような表現の方が論争を引き起こすことはなく，仮にあったとしても少なくて済むのではないように思われる．

二　法律に則っているすべてが法治であるとは限らない

　法治問題に関してはさらに検討する必要がある．現実生活では，法律の権威を確立し，法に従わなければならない．しかし，法律に基づいて行ったすべてのことが法治であるといえるのか．これは真剣に考えなければならない問題である．この問題に関しては既に議論したが，もう少し詳しく述べてみよう．例えば，1930年代においては，ヒトラーが政権を握って行った政治は，ドイツ憲法によるものであった．しかし，政権を握った後に，ヒトラーは法律に則って，絶大な権力を獲得した．彼は法律に基づき，自分に反対し，ナチス統治に対して異論を唱えた人たちを逮捕し，裁判にかけ有罪判決を言い渡していた．法律そのもの観点からすれば，少なくとも1930年代中期から後期にかけては，ヒトラーの行為は合法的なものであった．彼は法に従わずに行動をしていたのではなかった．しかし，これで当時のヒトラードイツ社会は法治社会であったと判断してよいのか．合法と法治が等しいわけではないように，法律に則って行ったことが必ずしも法治であるとは限らないのである．

　合法性を盾にして，一部の人が既存の法律を専制支配や強者政治を推進するための手段として利用することがみられるが，そのために必要となる法律が欠けているならば，即座に制定・施行・発効できるよう仕組む可能性も排除できない．このため，法的根拠を持って専制政治や強者政治を実行しようとする場合，合法的であるという建前で推進できるのである．従来の憲法や法律条文に専制政治や強者政治に不利な条件があれば，法的手続きを経て改訂することも可能である．これは法律に従うことと矛盾するわけでもない．このように，専制政治が合法的な専制支配に，強者政治も法律に基づき，法律に従う形で行われることが可能である．このような事例は国内外で多くみられる．

　このため，「法治」という言葉の真の意味合いを科学的に解明する必要がある．

法は民主主義が生み出したものであると同時に，民主主義を保障するものでもある．問題の鍵は正にここにある．法治の意味に関しては，法律の本質に着眼し分析しなければならない．民主制のもたらした成果であり，民主主義を保障するために実施されている法律でなければ法治の根拠にはなれない．民主主義が奪われてしまえば，法律はあっても，名実相伴う法治は実現できないのである．このため，法治とは何かを議論するにあたって強調すべきは，法律自体が民主的な精神と合致せねばならないこと，しかも民主的な状況の下で制定され，民主的な監督の下で法律が執行されなければならないことである．そうでなければ，たとえ依拠すべき法律があり，法に基づいて行動をしても，必ずしも法治であるとはいえない．

民主主義は絶えず発展し，そのプロセスの中で日々改善されていくものであり，法律は民主化が改善されていくプロセスの中で制定・施行されるものであるため，いかなる時点においても完璧で完全な法律は存在しないと主張する人もいる．一定期間が経てば，客観的情勢の変化，民主主義の発展と改善に伴い，法律は改訂，充実，補足されていくのである．このような動きに法治が影響を受けるのではないかという疑問が生まれるが，それは明確に説明し解釈することが可能である．民主主義には発展と改善の過程が必要であるが，一定の時期と条件の下で，法律は民主主義の産物であると同時に，民主主義を保障するものであり続けられる．これは，民主主義を破壊しながら，専制政治や強者政治を合法的に見せかける「羊頭狗肉」なやり方とは全く異なる．法律の修正，充実，補足は民主主義に基づいて行われるため，これは民主制を無視して法律を強行して改正する専制的な行動とは本質的に異なっている．

「合法であれば何をやっても許される」という主張は，法治を愚弄し，合法の形を持って専制政治・強者政治の擁護を粉飾するものである．中国では，政治分野に残された封建主義の影響もこれに相当する．1980年代末の中国では，一時期騒がれていた「新権威主義」が実際「開明専制主義」に過ぎないことも明らかになっている．「新権威主義」は合法性を主張しながら，法治という名の下で，改良版専制統治を推し進めていた．これこそ「開明専制主義」であった．「新権威主義」が誕生した当初は一部の人から賞賛されるほどであったが，このことが私たちに民主制と法整備の必要性，民主主義と法治の関係への理解を促した．

民主は決して無秩序ではなく，むしろ秩序の現れである．法治と民主主義は

切り離せず，民主主義がなければ，法治もありえない．したがって，法治の下
では，合法性を見せかけ，専制支配や「開明専制」を行うことは許されず，存
在しえないのである．1980年代末「新権威主義」が出現した当時，支持者の言
い訳の一つが行政機関の非効率性の問題であった．「新権威主義」を推進する
目的は，行政効率を向上させることであると主張されていたが，この理由は不
十分で成り立ちようがない．実際，行政の非効率はどのようにして生まれたの
かを問いたい．これは長年にわたって，民主主義，法治，政府に対する制約と
監視・監督メカニズムの不足による必然的な結果である．行政部門自身の管理
能力が不足し，関連監督規制がない上に，行政従事者の自律性も足りない状況
では，効率性低下は避けられず，マイナスの効率性さえ生じる恐れがある．こ
のため，行政の非効率性やマイナス効率を改善するには，「新権威主義」が主
張した民主主義や法治を破壊するような方法を選択してはならない．「新権威
主義」の方法をとれば，表面的には急速な効果が得られ，仕事の効率も向上で
きるが，法治の基礎である民主制が破壊されたため，表面上の高効率は持続で
きないだけでなく，独断的で非民主的，非科学的な意思決定によって，より大
きなマイナス効率性をもたらす可能性がある．現在の中国にとって，民主制と
法治は漸進的に進められている過程にあり，少しずつではあるものの，停止や
後退することなく進んでいる．「新権威主義」の主張は後退を意味し，時代の
流れに逆らうものである．近代化を加速させようと声高に主張しているが，「新
権威主義」では近代化の目標を全く実現できない．そして，民主主義が破壊さ
れ，法治を実現できないため，近代化の目標に近づくどころか，遠のいていく
恐れさえある．

三　モラルの再構築と民主主義の整備

　前述したように，法律の制定や執行は人と切り離しては考えられない．法律
を制定・執行する人が民主思想に欠ける場合，法治社会を実現することは困難
であるため，人間の役割を過小評価してはならない．それだけでなく，国民に
も民主的な思想が求められる．国民が民主的思想を持つことで，はじめて法律
の尊厳や法律を守る必要性を理解でき，さらに法律執行者に対する監督が可能
になる．公衆による監督は法治を実現するための必要条件であり，民主主義構
築における公衆が果たす役割は，その法治観念と民主意識の強さに依存する．
地方政府の役人を「父母官」と呼ぶ伝統的な思想は，「ノーマルな旧文化」の

現れであると同時に，それを継続させる支えでもある．

　法治が容易に実現できないのは，国民の民主意識の確立が困難であるからだけでなく，長期間で培ってきた国民の官僚への依存とも関連している（中国は長年封建思想に支配されており，古い文化を取り除くことは容易ではないことは理解できよう）．国民の官僚に対する依存思想は昔から存在し，これは国民が長い間軽視された地位におかれていたことの反映でもある．例えば，庶民が行政部門から不公平な対応を受けた際，自分を守り，汚職官僚や私利私欲を肥やした官僚を懲らしめる正義の官僚リーダーの出現を願ってやまないが，民主主義が欠けた状態では，庶民はこう願うしか他なかったのである．責められるべきものは，庶民のこのような依存思想ではなく民衆を軽視する制度である．

　民主制の構築は制度に関わる問題である．民主主義制度を確立するためには，効果的な政治体制改革が必要である．国民を名ばかりの主人公ではなく，自分の権利を行使できる真の主人公にしなければならない．これは時間がかかることではあるが，私たちはこの方向に向かって努力していかなければならない．この過程において，国民の民主主義意識は徐々に高まるにつれ，官僚への依存思想も克服され，除かれていくであろう．モラル再構築の際に重要な内容として以下の点がある．まず，モラルの再構築には民主的思想の構築が必要である．国民に奉仕できる人を国民代表と政府部門の責任者として選び，不適格な場合は罷免するよう，いかに政治・政策，官僚の能力と実績評価を評価するかを含めて，国民としての権利を正しく行使できることである．これらの内容を取り入れれば，モラル再構築がより包括的で充実したものになる．モラルの再構築には，個人としてのポジティブ精神と起業精神の育成，集団意識の確立，自律の促進，社会的・商業的・職業的モラルの遵守，正義の維持と他者の扶助なども必要とされるが，これらは民主主義の構築や民主制に基づいた法治社会の整備，さらには法治社会・法治国家の実現には大して役立たない．

　前述したように，法治の対極は非法治であり，非法治の特徴は法律より君主・官僚の権力は強く，これら個人の行為が法律を凌駕し，法律が踏みにじられることである．モラルの再構築には民主思想の確立，国民としての権利を行使する理念の確立が含まれていなければ，非法治の構造が自ら消え去ることはありえない．非法治の下では，人々がポジティブな精神と起業精神（挫折する場合もある），自律，社会的モラルを持って正義のために戦ったり他者を扶助したりすることだけでは，法治は実現されない．このことは我々に，モラルの再構築

には包括的な理解が必要であり，民主主義思想の構築を除外できないことを教えてくれている．国民がポジティブ精神と起業精神を確立し，公益事業への貢献，民主的な意識の確立，政治への積極的な参加，官僚を監督する権利の行使などを実行することで，モラルの再構築は可能となる．つまり，法治が実現すれば，法律は権利を保障するための手段にとどまらず，権力を制約するための根拠ともなれる．

第五節　社会信用の再構築

一　企業の生き残りと発展からみる社会信用再構築の必要性

　市場経済において，どのような所有制であろうと，どのような組織形態であろうと，企業は経済の細胞として，誠実と信用をその根本としなければならない．投資家，顧客，同業者からの信頼を失ってしまえば，企業は生き残って発展することはできない．

　これは取引領域において，企業は取引者として市場に存在するためである．企業と企業，企業と取引先は取引同士の関係とみなすことができる．企業と投資家の関係でさえ，取引関係とみなしてよいであろう．信頼が弱くなったり，失われたりしてしまえば，取引関係は薄まり，最終的には破綻に至ってしまう．最も典型的なのは古代から現代まで続いてきた企業組織形態であるパートナーシップ制企業であり，パートナーが無限責任と連帯責任を負うとされ，パートナーの間には十分な信頼が必要とされていた．十分な信頼がなければ，仲間であるパートナーのために無限責任を負うものはいないであろうし，パートナー制企業は生き残れないであろう．広い意味での有限責任制企業（有限責任会社，株式会社など）形態においても，信頼が大変重要な礎である．株主会社に対する信頼として，株主総会に企業の経営責任，利益配分案に対する審査権行使の有無があり，会社の増資，株式発行，合併，譲渡，解散，清算などの重大決議事項に対する審査などを履行する権利がある．有限責任会社と株式有限会社の経営管理層は株主の信頼を得てはじめて就任し，職務を履行できるようになる．企業は投資家に信頼されなければ，大きく発展できない．

　日常的な取引活動において，企業の信用危機はさまざまな面で引き起こされる恐れがある．例えば，ある企業は粗悪な製品ないし偽物の製造・販売で顧客の信頼を失うこと，業者への支払いの遅延，借入金や銀行からの融資返済を怠

たることにより企業としての誠実さと信用を失うこと，一方的に契約を破り取引先に損失を被らせ取引先や顧客からの信頼を失うことなど，他にも多くの場合が挙げられる．帳簿を偽造したり，虚偽広告や不正確な情報を開示したりした場合は，企業としての信頼を失うだけでなく，同業者の反発を招き，名誉・イメージを損ない，発展もできなくなってしまう．

　現代経済学では，企業の生存と発展には三つの資本が必要であるとされている．第一は物的資本である．工場，機械設備，原材料，部品，エネルギー供給などはすべて物的資本に属している．第二は人的資本である．労働者や管理職としての技能，知識，知恵，経験，精神などは人的資本に含まれる．第三は社会的資本である．本書では，社会的資本とは，企業の生存と発展に適した社会的関係，人間関係，ブランド，信用などを指している．社会的関係と人間関係は相互信頼のもとに成り立つものであり，ブランドも信頼によって支えられるものである．信用は人間関係を拡大し，良好な社会的関係を確立するための基礎となる．企業と企業を率いるリーダーが信用されれば，他社が好んでこの企業と取引・協業をするであろう．特に企業のリーダーとして個人的な信用が高ければ，他人から好んで付き合いや取引をしてもらえるようになり，たとえ苦境におかれても他人から助けられることになる．これこそが社会的資本である．企業に社会的資本が不足すれば，いくら豊富に優れた物的資本があっても発展は困難であり，このような企業は通常業界で孤立してしまう．社会的資本がなければ，企業は簡単にはビジネスチャンスを見つけられず，市場開拓も困難になる．

　一部の企業やそのリーダーは，信用喪失と社会的信頼の欠如が，企業を苦境に陥れ管理者を失墜させることを知っているが，依然として偽物や粗悪品の生産・販売をやめず，借金を返済せず，虚偽の広告を行い，顧客を欺く行為をするのはなぜであろうか．考えられるのは以下の二つの理由である．一つは私利私欲であり，もう一つは気付かれないであろうという僥倖を願う心理である．私利私欲に惑わされるのは根本的な問題であるが，僥倖な心理に左右され，企業とそのリーダーは，リスクを冒しながらも気付かれないだろうと考え，私利私欲のために間違った行動に走ってしまうのである．したがって，誰もが僥倖を願い，またそれに惑わされて誤った行動をしてはならないのである．

　実際に企業とそのリーダーの前には，法律とモラルを守るという二つの最低基準が敷かれており，この二つともが守らなければならない一線である．法律

の一線を越えることは法的に許されず，企業とそのリーダーは法的一線を越えた場合の法的責任を負わなければならない．ここで無視できないのは最低限のモラルを守ることである．企業とそのリーダーは法律とモラル両方のボトムラインを破ることもあれば，法律のボトムラインを破っても，モラルのボトムラインは守るということもある（いわゆる法律のグレーゾーンを利用すること）．企業やそのリーダーは法律だけでなく，モラルの一線も越えてはならないという認識が必要である．法律で定められたことは当然であるが，最低限のモラルを破る行為も禁止されるべきである．企業経営において，企業と管理者は，この二つの制約が併存していることを理解しなければならない．つまり，法律とモラルによる制約を守ってこそ，自分自身の信用が維持され，社会の信用も得られるようになる．中国の明から清の時代にかけての商業史で，安徽省と山西省の商人が長期的に商売繁栄し続けてきたのは，儒教思想に由来するモラルやビジネスにおける誠実さや信用をしっかり守ってきたからである．

　私営企業とその管理者だけが私利私欲に惑わされ，法律とモラルの一線を越え，危険を冒すと考えてはならない．国有企業とそのリーダーもそうなる可能性があることを理解すべきである．ここでいう私利私欲は物品や金銭による誘惑だけでなく，役職・ポストの昇格，昇給・ボーナスの増額なども含まれている．信用毀損という代償を支払い，国有企業の生産額・利益を増加させた場合，国有企業のリーダーや管理職はこれで昇格や昇給・ボーナスの増額が得られるが，これも私利私欲の範疇に入ると考えられる．一部の国有企業が法律・モラルの制約を破って，企業の信用を損なうような行為をする原因はここにあると解釈できよう．

　私営企業，国営企業に関わらず，企業の信用を損なう行為をし，気付かれまいと考える僥倖を願う心理には二つの原因がある．一つは単純に気付かれまいという考えであり，もう一つは気付かれ，摘発されたとしても罰則が軽微なためである．「リスクと収益の非対称性」が存在するため，リスクを冒してでも企業にとって利益の方がリスクを上回り，成功すれば大きな利益が手に入る可能性さえある．たとえ違法行為が発覚され，処罰されたとしても，それほど大きな損失にはならないため，違法行為は禁止されていても頻発するようになる．特に国有企業のリーダーや管理者の場合，罰金は国有企業から支払われるため，個人にとって，実質的に大した大きな損失にはならない．

　上記のような状況に対しては，企業の法律・モラル違反への処罰はより厳し

くする必要があり，経済的な「コストと収益の非対称性」を解消しなければならないことを示している．また具体的な責任者を処罰の対象とすることで，気付かれまいという僥倖を願う心理を失くすことも求められる．

　企業間の社会的信頼を再構築するには，業界団体や協会の役割を強化する必要がある．業界団体・協会は，各企業の生産・経営を指導し，企業間の相互協力の調整や自律性および相互的な自律を促進する役割を持っている．自律および相互的な自律は企業のコンプライアンス意識とモラル意識を高める手段である．法律的・道徳的規制を遵守する企業が，同業他社との間で法律・モラルを守り，協力・注意喚起・監督しあうことで，業界全体の信用を向上させることができる．同じ業界団体・協会に参加する企業はすべて平等であり，所有制や規模，資本金，設立期間などで差別しないことは，企業間の相互的な自律を保つうえで有利である．業界団体・協会に参加する各メンバー企業の自律性には，法律・モラル上の制約が含まれているものの，各企業の自律性がどの程度であるかなどは業界団体・協会から制約と監視・監督を受けなければならず，これは企業の自律性の向上に役立つと考えられる．

　企業の社会責任は，社会のために良質な製品とサービスを提供するだけでなく，絶えず自主的にイノベーションを行い，社会のためにより多くの財や就業機会を創り出すことにある．また，公益事業や貧困層の救済だけでなく，信用・誠実の原則を堅持し，顧客，公衆，取引先のすべてに誠実に対応することも求められている．企業が社会的信頼に反する行為をすれば，社会的責任を果たすどころか，むしろ社会的な信用を損ない，社会の信用危機を引き起こしかねない．

　ここで，「企業の生存と発展を通じて社会的信用を再構築することの必要性」を強調したい．これは現実的な意義を持っている．国際経済の観点からすれば，2007年〜2008年に発生したアメリカ発のサブプライムローン危機とそれによる国際金融危機は本質的には，深刻で広範囲にわたる信用危機，社会的信用危機であった．銀行の長期的低金利による投資家の利潤最大化欲望の膨張，金融デリバティブ商品の氾濫による金融バブルの悪化で，貸付融資の質は次第に悪化し，企業と銀行の倒産によって信用制度は一気に崩壊していった．人々は銀行や他の金融機関を信用しなくなり，取引先の承諾や契約書でさえ信じられなくなった．このため，国際金融危機は止まることなく，実体経済への影響もますます顕著になり，アメリカおよび欧米先進国における国民消費観の変化や消費

第七章　モラルの再構築と社会経済発展　*221*

行動パターンの調整を引き起こすほどであった．中国国内の問題について考察してみよう．中国において，社会の普遍的関心を引き付けている現象の一つは食品安全の問題である．粉ミルク，白酒，コメ，豚肉，醤油，アヒルの卵，食塩などの食品問題が報道されたのをきっかけに，食品安全は人々の関心を集めるようになった．例えば，問題のある粉ミルクは一部のメーカーだけが生産したものであったが，問題が発覚すると，すべての粉ミルク業者に大きな影響を及ぼし，国産粉ミルクの評判は地に落ちたようなダメージを受けて，販売量も激減した．消費者は争うように外国産粉ミルクを買い求めるようになった．政府関連行政部門が迅速な対応を怠っていれば，国産粉ミルクをめぐる信用危機はますます広がったであろう．この事件は社会の信用を再構築することの重要性，喫緊性を示してくれた．

　市場は社会的信用によって維持されており，企業は自らの信用で支えられ，多くの消費者は信頼によって消費財生産企業を選択している．これらのことからも分かるように，企業や市場の運命と繁栄は企業の自律性および相互的な自律，企業の道徳的・法律的制約に関わっているのである．

二　人間関係の調和からみた社会的信頼再構築の必要性

　前述したように，人は誰もが特定の集団や組織の中で生活している．集団には大小さまざまなものがあるが，少なくとも一人以上で組織や集団を構成している．人と人の間には常に信用の問題があり，集団の存在と人間関係の維持は信用と切り離すことができない．信用がなければ，人間関係の調和は乱れ，社会的な組織も存在できず，社会運営まで難しくなる．

　取引活動は信用が働く前提で行われる．取引活動における取引者の関係は商品とサービスの取引，雇用と被雇用，金銭の貸し借り，不動産の賃貸・譲渡，信託，保険，委託代理などさまざまであり，これらはすべて相互信頼を前提としている．これと同様に，取引者同士の協業，共同出資，企業設立，企業買収，プロジェクトの共同開発，市場シェアの割当と協調，利益分配，取引者同士が一致した行動で他の取引者と対抗する場合，従業員が団結して雇用主に対する要求の提出などもすべて信用を基本としている．信用の下において合意や暗黙の了解が得られるが，信用が弱まれば，これらの取引関係や協力関係の継続は難しくなる．

　社会生活における非取引分野が通常の取引分野よりはるかに大きいことは，

既に述べたとおりである．非取引分野には，家庭，親族，近所，同郷関係，同級生，先生・教え子などさまざまな関係がある．これらはすべて市場取引のルールに従うものではないが，信用は常にその役割を果たしている．信用がなければ，これらの人間関係は成り立たない．家庭，村，コミュニティといった極めて小さな分野においても，基本的秩序と生活の維持などはすべて社会的信用の確立が必要とされる．社会的信用があれば，基本的秩序は安定し，維持されていく．近所同士や同郷，同級生の間においても金銭のやり取りはないわけではないが，市場のように一定の取引ルールに従って行われているわけではない．例えば，緊急な事態で同じ村の住民，親しい友人からお金を借りなければならないとき，先立って証書，金利，抵当，担保などの交渉は必要であろうか．普通はそうする必要はないのである．相互信頼で成り立つ関係に基づいたやり取りとして進められる．また，夫婦二人だけの小さな家庭でも，互いに信用できなければ，その関係は長く維持できず，いずれ別れることになるであろう．

　人と人の関係には調和が必要であり，調和は必ず相互信頼を基本としている．また，人と人の間には協力が必要であり，協力関係の構築は決して単なる利益関係だけでなく，まず社会的なコミュニケーションが求められる．つまり，人々は生存のため自ら他人と協力し，他人と共に困難を乗り越え，共に発展していこうとする．自分自身は他人と協力しようとすると同様に，他人からも協力が求められる．この視点からすれば，信用は内在な需要として内生的な性質を持っているととらえることができる．

　ここでは，具体的な状況を以下の二つに区分できる．一つは信頼に基づく協力で，もう一つは協力による信頼である．両者には違いはあるが，前者は常に主要な部分である．人類が誕生した当初の生活や生産活動から分析してみよう．古代では，人々は生存していくという強い願望から相互信頼を持たなければならなかった．当時は人々が一つの集団で生活し，市場や政府は存在せず，全員が厳しい環境でどのようにして生き残れるかということを考えなければならなかった．「他人も私も，皆が生きていかなくてはならない」という考えは信用が生まれるモラル的基礎を成していた．そうでなければ，一人の力では食べ物を手に入れることも，野獣の攻撃から身を守ることもできず，また一人では，厳冬，吹雪，山火事，洪水などの被害に耐えることもできなかった．猟は殊更，皆で協働しなければ，捕獲に成功できるわけがなかった．このように，協働が必要不可欠であり，それによって信頼が生まれ，信頼に基づいたさらなる協働

が可能となったのである.

人類の活動範囲が徐々に広くなるにつれ,自分のいる集団では子どもが産まれることで人数が増えていくだけでなく,その活動領域もさらに広がっていった.他の集団メンバーとの接触もより頻繁になりそれに伴う個人間のコミュニケーションも盛んになっていった.しかし,この時点では,違う集団メンバーあるいは集団リーダーとの間に信頼があったとはまではいえないが,協力や協働の必要性は自然と生じたのである.例えば,外部から財産・人・土地が略奪されそうになったとき,他の集団と連携して勇敢に抵抗していかなければならず,協力・協働の必要性が優先されなければならなかった.この場合も先に信用があるという前提で,協力・協働が実現可能になったと考えられる.つまり,別々の集団同士でも過去のコミュニケーションから信頼関係が確立しており,協力・協働は信頼関係に基づいて行われていたのである.しかし,これとは異なる可能性もある.つまり別な集団とは過去にそれほど関わりが多いわけではなく,信頼関係も確立できていないが,攻撃してきた外部の集団に対抗する場合には,まず協力して,その後少しずつ信頼を築いていくことも可能である.これは協力に基づく信頼である.

人間関係が広がり,非取引領域における他人との交流や協力が増加していくにつれ,常に特定の知り合いとのみ協働・交流するわけにはいかず,人はこれまで接点のなかった人とも知り合うようになった.それに伴い,交流し協働していく必要性がうまれたので,信用に基づく協力・協働と協力・協働に基づく信用が共存していたのである.どちらにせよ,信用はなくてはならないのである.信用がなければ協力・協働は実現できないか,実現できたとしても一時的なものでしかない.

集団の規模の大小や組織形態の有無に関わらず,構成メンバーによる協議と選挙は,常に相互に補完的な関係にあることで集団が安定して発展していくための条件である.協議と選挙は民主制を意味している.選挙のみを認め協議を認めないこと,またその逆も誤りである.人類社会の発展プロセスからみれば,協議による民主制の歴史は選挙に比べずいぶん古く,大昔に集団内部において最初に形成されたのは協議による民主制であり,その後に選挙による民主制が生まれ,協議と選挙という二つの方式が併存するようになったのである.この二つの方式を比較すれば分かるように,協議方式では,比較的気楽で張りつめることなく各当事者が十分に意見交換し,それぞれが納得できる方法を模索し,

その過程で信用と相互理解を得ることができる．選挙の具体的な方式は協議の成果としてとらえることができ，民主的選挙の長所や民主主義的意義を否定するものではない．一方選挙方式では，結果的に多数決の原理となり，少数は多数に従わなければならないため，協議と選挙による民意を両方採用する結果に比べ，劣ってしまう恐れがあると考えられる．

　このように，社会各集団内部あるいは集団同士の間で長期に渡り採用されてきた原則は協議方式である．集団規則および公約の作成・修正・廃棄，リーダーや主要責任者の選出・罷免，他の特定集団あるいは複数の集団との協議，制定・廃止，組織・集団への加盟・脱退などの場合にのみ選挙方式が採用されるが，協議による民意と選挙が通常併用され，それが最も一般的である．

　人間関係における協議と選挙による民主制は人類発明が生み出したシステムであり，数千年ないしもっと長い歴史を経て受け継がれてきたものである．このシステムではそれぞれの歴史的時期において，独特の特徴付けられた，つまり，各民族・国家およびそれぞれの慣習に合った，協議と選挙方式が採用されてきた．統一された方法などは存在していないものの，どの方法も相互信頼を基本としなければならない．集団と構成メンバーによる最低限のモラルの遵守は，協議と選挙が正常に運営されるための必要条件である．

　実際，非取引領域における人間関係は協議や選挙による民主制よりも広く行きわたっており，信用は人間関係が協調的になる基本的な要素である．非取引領域における人間関係は信用によって維持されている．例えば，家族の中で両親が子どもの意思を顧みず結婚を強要し，勝手に結婚を決めた場合，子どもが家出や自殺を持って抵抗しようとすることは，子どもが両親を信用できなくなったことを意味する．また家族の中で，家長や族長が家族の財産を独占したり，片親や孤児をいじめたりする場合，家族の抵抗を受けることは家長や族長を信用できなくなったことを示している．友人，同僚，近所同士でも信用を無視し，他人を騙したり，陥れたりすれば，信用を失ってしまうことになる．学術団体において，盗作，剽窃，データ偽造など悪質な行為をした当事者が摘発されれば，他人の信用を失い孤立させられてしまうに違いない．このような違反行動に対して違反者の所属する学会が放置したままで責任を問わなければ，学術団体としての名声に大きなダメージを与えることになりかねない．これにより，このような学術団体に人々は参加しなくなるであろう．このように，非取引分野における信用・相互信頼の重要性は決して取引分野に劣らず，一度信

用を失った場合の深刻さも取引分野と同様に大きいものである．

このように，取引分野から非取引分野まで含めて，社会的信用の問題は至るところに存在している．取引分野では社会的信頼を失うことによって市場秩序は乱され，将来予測が難しくなる．このため，信用取引に代わって，現金取引がメインになり，もっと深刻な場合，現金取引に代わって現物取引が再登場するようなことになれば，人間社会は原始的な物々交換の段階に戻ってしまう恐れがある．これはいかにも不思議な状況ではあるが，非取引分野ではさらに想像しがたい状況となるであろう．社会の信用がなくなれば，誰もが他人を信用できず，また他人からも信用されなくなり，すべての人間関係や社会組織が崩壊していくであろう．この状況では，社会が安定的に発展していくこともできないと思われる．

三　政府の公的信用を高める必要性

社会的信頼の構築にはプロセスが必要とされる．このプロセスにおいて，個人と個人のコミュニケーションや企業間の取引活動は，信頼の積み重ねに伴い展開し拡大していく．政府は行動主体として，公衆や企業と接触するにあたって，相互信頼の問題に直面する．国民，企業が政府を信用すると同時に，政府も国民と企業を信用し，相互信頼が積み重なっていく．政府を含めた各行動主体に相互信頼がなければ，社会的風紀は乱れてしまう恐れがある．この点についても，取引領域と非取引領域を区別して分析することができる．

取引領域では，すべての人は取引者として参加し，他人との関係は取引規則を基準とし，最低限の法律とモラルを守らなければならず，政府も主体の一つとして同様に行動しなければならない．例えば，政府調達として企業から必要な製品とサービスを購入する場合，政府は購入者として，企業は売り手として取引に関連する法律と規則に従わなければならないが，信用は双方にとって守られるべきものである．また，政府が土地の売り手として不動産業開発業者に土地を提供し，不動産業者が購入者として法律と規則・制度に従い土地を取得する場合，誠実さと信用に基づいて取引を行うという点では，政府も例外ではない．取引領域では取引活動を行う双方は平等であり，政府は購入者としても売り手としても，取引相手に押しつけをしてはならない．双方が平等な地位に立ち，取引ルールを遵守しなければ，相互の信頼関係が確立できない．

一方，取引領域に比べ非取引領域はより複雑である．非取引領域では，他人

との交流,家族間の付き合い,家族内部や各種社会団体のメンバー同士のコミュニケーションなどに加え,政府とコミュニティ・社会団体・家族・家庭・個人の関係も含まれている.しかし,個人は政府や政府管轄下組織に税金や料金を納めているが,双方が取引関係にあるわけではない.また,社会には被災者,孤児,低所得家庭なども存在するが,それらに対して,政府とその管轄機関が規定に従い救済を行うことも取引関係とはならないのである.同様に,政府司法機関や治安機関などが住民トラブルを処理する際に果たす役割も取引ではないが,政府とその管轄組織は信用を重んじ,当事者と相互信頼関係を構築し,法律と規則・制度に従い行動をしなければならない.

　さらに議論が必要とされるのは,取引領域にせよ,非取引領域にせよ,政府がいかにして国民と企業からの信頼を集められるかという問題である.政府と国民,企業の間でいかにすれば相互信頼関係が構築できるのかという問題は専制社会においても存在していた.専制制度下の中国においては,皇権至上で,臣民は朝廷の命令にひたすら服従していたが,明清の時代に科挙制度が重視され,また,ルール違反や違法行為に対して厳格な処罰を課すようになったのは,皇権が科挙制度の公平・公正を保とうとしたことを示している.これは皇権としての公的信用を守るためのやり方であった.公的信用が下がることは,皇権維持にとっての脅威であった.また,中国の歴代王朝で「清官」が賞賛されてきたのも,同様に朝廷の公的信用を高めるためであった.公衆の立場からみれば,「清官」は皇権としての信用を示すものであったからである.民主制度の下では,資本主義国家においても,社会主義国家においても,政府としての公的信用が社会的な注目を集めているため,政府自身は絶えず公的信用の向上を図らなければならない.民主制度と専制制度の重要な区別は,専制制度に比べ民主制度の下では,国民と企業が自由に選択できる機会をより多く持っていることにある.「ここに自分の居場所がなければ,よそで自分の居場所を見つける」という表現のように,外国への移民,別の都市への移住,転職,投資先の変更や投資の撤退などはすべて自由である.国民と企業が自分の意見を訴え,政府主管部署のやり方にクレームをつけ,特定組織やスタッフの汚職を摘発することができるよう,多くの機会とルートが用意されている.このように,政府が公的信用を維持することは,今まで以上困難になっている.民主制度下では,従来の専制制度でよく使われてきた情報封鎖,強制措置の執行,強硬手段による世論の制圧などのやり方は,その制度的な支えが既に存在しえなく

政府は常に警戒をしておかなければならない.

　政府の公的信用力を向上させるには，以下の四つの切り口がある.

1. 法律法規，政策は必ずしもその制定段階から完全なものである必要はないが，従うべき法的根拠や政策がなければ，政府職員の公共管理における任意性が拡大し，政府公的信用の低下を招く恐れがある. 当然，法律法規，政策は科学的・合理的でなければならない. そのためには専門家，学者，経験豊富な政府職員，国民代表などの意見を取り入れる必要がある. 法律法規や政策の施行後はさまざまな角度からその実施状況を調査し，課題や改善点を見つけ，所定手続きによって改正をしなければならない. 法律法規を改正するにあたって，政府信用を損なわないよう留意しなければならない.

2. 政府職員の誠実さと信用意識を強化することが求められる. 公共管理は政府職員が国民と直に接する現場第一線で，政府のイメージを代表している. 多くの場合，政府の信用にダメージをもたらし，公的信用の低下を招くのは，政府職員が法律・政策に従い仕事を進めないことに端を発している. 政府職員が権力を濫用し，贈収賄を行い，私利を得ようとすれば，さらなる公的信用の低下につながりかねない. このため，政府職員のイメージと政府信用を維持できるよう，政府職員が誠実さと信用をもって，公正廉潔に業務を行っているかを確認・監督するメカニズムが必要である.

3. 中国は社会主義計画経済体制から社会主義市場経済体制への転換過程にあり，さらなる改革を進めていかなければならない. そのためには，政府公的信用の向上と体制改革の深化を結び付ける必要がある. 計画経済体制で実施されてきた公共管理は市場経済体制には適合できない. 取引領域における取引に権力が介入すれば，レントシーキングが生じるようになると思われる. これは計画経済と経済体制転換期に起こりやすい現象である. 計画経済体制では，割当の確定と分配が盛んに行われていたが，すべては権力を通して実現されるため，レントシーキングの温床が生まれることになる. 体制転換時期では，依然として割当制度が一部の業界で残っているため，レントシーキングが生じやすい. 二つの体制が同時に施行されている体制併存期においても，レントシーキングが誘発されやすく，これらは政府への不信感を増大させる. 非取引領域内では，

第七章　モラルの再構築と社会経済発」

なっていた.

　言い換えれば，民主制度の下では，国民と企業には自由選択の機会が
め，政府は常に新しい状況に合わせ，自身の信用を高める取り組みを行
ければならない．これこそ，法治社会と非法治社会の区別である．取引
おいて，売り手，また買い手としても，投資家としても，政府は法律注
守し，契約を履行しなければならない．こうしなければ，取引相手や挂
から信用されないのである．契約がまだ結ばれていない段階では，取引
携先は，政府の今までの契約履行状況によって契約するかしないかを
る．また，既に契約が結ばれ，取引が行われている場合，取引相手や
一度でも損を被れば，二度と政府と取引や提携はしないだろうと思わ
府が契約を履行せず，約束を守らなければ，自らの信用を損ない，国
から信用されなくなる．取引領域では取引双方は平等であり，買い手
は互いに取引相手を選択できるため，法律とモラルが守られ，守るへ
をあえて越えようとする者はいない.

　非取引領域における政府は特別な役割を果たしている．前述した
府は取引参加者ではなく，通常公共管理者やサービス提供者として
る．この場合における政府の公的信用の維持・向上は，取引規則の通
政府としてのポジショニングを正しく認識することの方が重要に
取引領域においては，政府は取引主体あるいは投資主体であるが，
管理者と公共サービス提供者でもある．取引する双方あるいはその
であっても，政府は常に公共管理者とサービス提供者としての機育
る一方，非取引領域では，政府は公共管理者・サービス提供者と
果たし，国民のために公共管理と公共サービスを提供している．
取引領域では政府は主に公共管理とサービスを国民に提供するこ
維持・向上させるべきである．政府職員による権力濫用，不公平
隠ぺい，さらに公共管理の権限を濫用して，法律やモラルを破っ
を満たすなどの行為は，国民の政府に対する信用や信頼の大幅な
こしかねない.

　取引領域であれ，非取引領域であれ，政府の公的信用は少し
ていくものである．日々の積み重ねが大変重要であるが，長期
き上げた堤防が大雨で一気に崩壊してしまうように，せっかく
信用も一瞬にして崩れてしまう恐れがある．このような事態が起

なっていた.

　言い換えれば，民主制度の下では，国民と企業には自由選択の機会があるため，政府は常に新しい状況に合わせ，自身の信用を高める取り組みを行なわなければならない．これこそ，法治社会と非法治社会の区別である．取引領域において，売り手，また買い手としても，投資家としても，政府は法律法規を遵守し，契約を履行しなければならない．こうしなければ，取引相手や投資相手から信用されないのである．契約がまだ結ばれていない段階では，取引先や提携先は，政府の今までの契約履行状況によって契約するかしないかを選択できる．また，既に契約が結ばれ，取引が行われている場合，取引相手や提携先は一度でも損を被れば，二度と政府と取引や提携はしないだろうと思われる．政府が契約を履行せず，約束を守らなければ，自らの信用を損ない，国民や企業から信用されなくなる．取引領域では取引双方は平等であり，買い手と売り手は互いに取引相手を選択できるため，法律とモラルが守られ，守るべき境界線をあえて越えようとする者はいない．

　非取引領域における政府は特別な役割を果たしている．前述したように，政府は取引参加者ではなく，通常公共管理者やサービス提供者として存在している．この場合における政府の公的信用の維持・向上は，取引規則の遵守により，政府としてのポジショニングを正しく認識することの方が重要になってくる．取引領域においては，政府は取引主体あるいは投資主体であるが，同時に公共管理者と公共サービス提供者でもある．取引する双方あるいはその片方が企業であっても，政府は常に公共管理者とサービス提供者としての機能を有している一方，非取引領域では，政府は公共管理者・サービス提供者としての役割を果たし，国民のために公共管理と公共サービスを提供している．このため，非取引領域では政府は主に公共管理とサービスを国民に提供することで，信用を維持・向上させるべきである．政府職員による権力濫用，不公平な対応，事実隠ぺい，さらに公共管理の権限を濫用して，法律やモラルを破って，私利私欲を満たすなどの行為は，国民の政府に対する信用や信頼の大幅な低下を引き起こしかねない．

　取引領域であれ，非取引領域であれ，政府の公的信用は少しずつ積み重なっていくものである．日々の積み重ねが大変重要であるが，長期間にわたって築き上げた堤防が大雨で一気に崩壊してしまうように，せっかく積み上げられた信用も一瞬にして崩れてしまう恐れがある．このような事態が起きないように，

政府は常に警戒をしておかなければならない.

政府の公的信用力を向上させるには,以下の四つの切り口がある.

1. 法律法規,政策は必ずしもその制定段階から完全なものである必要はないが,従うべき法的根拠や政策がなければ,政府職員の公共管理における任意性が拡大し,政府公的信用の低下を招く恐れがある.当然,法律法規,政策は科学的・合理的でなければならない.そのためには専門家,学者,経験豊富な政府職員,国民代表などの意見を取り入れる必要がある.法律法規や政策の施行後はさまざまな角度からその実施状況を調査し,課題や改善点を見つけ,所定手続きによって改正をしなければならない.法律法規を改正するにあたって,政府信用を損なわないよう留意しなければならない.

2. 政府職員の誠実さと信用意識を強化することが求められる.公共管理は政府職員が国民と直に接する現場第一線で,政府のイメージを代表している.多くの場合,政府の信用にダメージをもたらし,公的信用の低下を招くのは,政府職員が法律・政策に従い仕事を進めないことに端を発している.政府職員が権力を濫用し,贈収賄を行い,私利を得ようとすれば,さらなる公的信用の低下につながりかねない.このため,政府職員のイメージと政府信用を維持できるよう,政府職員が誠実さと信用をもって,公正廉潔に業務を行っているかを確認・監督するメカニズムが必要である.

3. 中国は社会主義計画経済体制から社会主義市場経済体制への転換過程にあり,さらなる改革を進めていかなければならない.そのためには,政府公的信用の向上と体制改革の深化を結び付ける必要がある.計画経済体制で実施されてきた公共管理は市場経済体制には適合できない.取引領域における取引に権力が介入すれば,レントシーキングが生じるようになると思われる.これは計画経済と経済体制転換期に起こりやすい現象である.計画経済体制では,割当の確定と分配が盛んに行われていたが,すべては権力を通して実現されるため,レントシーキングの温床が生まれることになる.体制転換時期では,依然として割当制度が一部の業界で残っているため,レントシーキングが生じやすい.二つの体制が同時に施行されている体制併存期においても,レントシーキングが誘発されやすく,これらは政府への不信感を増大させる.非取引領域内では,

社会で供給されている公共財が社会的需要を下回って，需給が逼迫する時期に，行政主管部門と関連部署の政府職員が権力を利用し，公共財の需給に介入する恐れがあると思われる．また近年よく見られる事例として，小中学校の進学，幼稚園への入学，病院と担当医師の選択，公営住宅立地の選択などにおける問題である．このように取引・非取引領域に限らず体制改革をさらに深めることが求められている．取引領域における割当制度，政府調達制度，公的と私的所有制の併存，業界独占の継続は体制改革が完全でないことと関連している．非取引領域における公共財の供給とその分配における公平性の問題は体制改革をもって解決を図るしかない．このように体制改革の深化は政府の公的信用向上に密接に関わっている．

4．現代の経済は信用経済であるため，政府は経済主体の一つとして取引・非取引領域の両方において，誠実さと信用を守らなければならない．一つの行動主体だけで完備した信用システムを構築することはできない．政府は取引主体としてだけでなく，公共管理・公共サービスの供給者として，社会的信用システムの一端を担っているので，公共管理者・サービス提供者としての政府は，社会的信用の構築を支援・推進することで，政府と企業，政府と国民の間における信頼・信用を高めるのに役立つ．言い換えれば，社会的信用システムの構築は，政府の公的信用力を向上させる施策の一つとして採用できるのである．

社会的信用システムとは何か，いかに社会的信用システムを構築するのか，また政府がどのような役割を果たすかなどについては以下で述べてみよう．

四　社会的信用システムの構築

社会的信用には，個人の信用，信用仲介機構の信用，企業の信用の三つに分けられる．

社会の構成メンバー，市場の取引者としての個人の信用について，他者，信用仲介機構が把握し理解していなければ，信用社会・信用経済の中で，他者や取引相手から認められず，他者との関わりや取引はできないと思われる．社会的信用システムの構築には，個人の信用に対する適切な評価制度や，個人の信用記録の作成が求められる．

信用仲介機構の信用とは，信用調査，信用コンサルティングサービス，信用

評価，信用担保などの業務を行う信用仲介機構自身の信用を指す．この場合の信用とは，信用仲介機構自身が信用されているかどうか，公平公正であるかどうか，信用評価機構として行った評価の結果が権威的であるかどうかを意味する．また，その機構に与えられた権利と責任は対等的であるかどうかも注目されている．銀行，保険，証券，信託などに設立された個人や企業の信用情報を収集・評価する部署も信用仲介機構システムの一部としてみなされるべきである．

　企業の信用とは，信用仲介機構を除くすべての企業および銀行，保険，証券，信託など金融機関の信用を指す．企業にとって，資産・負債状況，返済能力，収益状況，企業イメージおよびその信用管理状況など，すべては社会から関心が寄せられている要素である．金融業界の企業はこれらの要素に加えて，企業への融資リスク，クレジットカードの発行リスク，個人融資のリスク，場合によって国際的な金融ショックなどのリスク回避能力など，独特で注目される課題を抱えている．

　このように，社会の信用システムは，個人の信用システム，信用仲介機構信用システム，企業の信用システムから構成されている．信用仲介機構の信用システムに関しては，信用評価機構に加え，資産評価機構，会計事務所，監査機構，弁護士事務所などといった業務内容が信用評価と関連する機構まで，その範囲を広げるべきだと主張する見方もある．これらの機構はその業務アウトプットの一つとして，個人や企業の信用状況を社会に公開することであるため，専門機構としての信用は非常に重要である．もっとも，信頼されない仲介機構の公表した業務成果は信用されるとは考えにくい．

　では，社会信用システムの構築において，政府はどのような役割を果たすべきか．政府自身の信用も社会信用システムに組み入れられるべきでろうか．この二つの問題は性質が異なっているため，区別して論述しなければならない．

　まず，政府は社会信用システムの構築において，どのような役割を果たすべきか．要点を取り上げてみれば，以下四つの点があると考えられる．

1. 法律法規を制定し，社会信用システムを構築するための法整備を行うことである．個人の信用システム，信用仲介機構の信用システム，企業の信用システムを構築するための法律を整備することで，法律法規に則った信用システムの構築がはじめて可能になる．

2. 社会信用システムを構築するための技術的サポートを提供することであ

る．最も大事なのは政府主導の下で信用データベースの構築を早期に完成させることである．信用データベースの構築は信用仲介機構の力だけでは不十分であり，政府のサポートをもって，情報リソースの社会的共有を図らなければならない．

3 政府職員に誠実に職務を遂行させることで，政府の公的信用力を向上し，さらに各業界で信用業務に関わる者の誠実さを高めることである．法律とモラルを守らせることは業界従業者と国民の間における相互信頼の向上に寄与できる．

4．政府は社会信用に対する監督・管理を強化することである．今は，特に信用仲介機構の信用状況と企業の信用状況に対する監督・管理が求められているが，いかなる社会団体（業界協会などを含む）であっても政府に代わって監督・管理の役割を果たすことはできない．企業の信用情報が銀行，税務，税関，品質監督，司法，工商管理など複数にわたる行政部門に散在しているため，各部門の情報を統合的に整理・分析しなければ，特定企業の信用状況を把握することはできず，実際状況と合致した信用評価を行うことも困難である．信用仲介機構自身の信用状況を監督・管理するのが政府関連部署であるため，信用仲介機構であっても政府を代えることはできない．

次に，政府自身の信用も社会信用システムに組み入れられるべきかについては，以下二つの視点から議論を展開できると思われる．

第一の視点は，政府信用は即ち国家信用であるという見方である．国家信用を守るために，国内では自国国民から，対外的には世界各国や国際機関から信用される必要がある．しかし，これらは上述した社会信用システムを構築することで解決できる問題ではない．企業への信用評価は各種信用仲介機構によって行われているため，企業と信用仲介機構の評価結果を統合し，一定基準に基づき企業の信用状況と信用仲介機構の信用状況を評価することは技術的に可能であるが，政府信用に対する採点や評価はいかにすればよいのか．信用仲介機構に任せてよいのか．政府信用の評価はどのような基準や指標を評価の根拠とするのか．また，関連の評価が信用できるのか．これらはまだ解決されていない課題であり，より深い議論が必要とされる．特に，海外の評価機関による中国国家信用に対する評価はどれだけの信憑性があるのかといった問題も研究や議論を要する難しい課題である．

第二の視点は，いかなる政府職員あるいは地方政府の信用状況を用いても，国全体の信用状況を表すことはできないということである．個々の政府職員はそれぞれの品行を有し，滅私奉公をする職員もいれば，違法，汚職，贈収賄を行う職員もいるであろう．後者が政府のイメージを損なうだけでなく，対外的には国家のイメージにダメージをもたらすことさえ考えられる．しかし，これは決して国家・政府の信用と同じものではない．また，地方政府（省，市レベルから県，郷，鎮レベルまで）が契約を違反・破棄し，借金を返済しない場合，地方政府自身のイメージを傷つける．この被害が外国企業に及ぶ場合は，国家イメージを損なうことになるが，国家的信用と混同されてはならない．いかなる地方政府の信用も，中央政府・国家の信用を代えることはできないためである．

政府のイメージが損なわれないように，政府職員の品行と行動に対して監督・管理が行われねばならない．地方政府が国内外の企業に対して信用をなくした場合は，政府・国家のイメージにダメージを与えるようなことが生じないよう，法律に基づいて処分しなければならない．これは，政府と国家の信用を高めるための必要措置である．外国企業の場合，特定の政府職員と仕事をしたり，特定の地方政府と商談をしたりしているため，これらの政府職員や地方政府の違法行為，信用喪失行為，贈収賄行為は国家のイメージに泥を塗ることになる．

最後に，業界団体や協会の社会信用システム構築における役割について分析する必要がある．業界団体と協会は，社会の仲介組織として，業界の自律性や自己管理能力を高め，業界における企業の相互信頼，相互規律，相互扶助，相互融資などの活動を展開し，自ら一部の政府機能を担い補完することで，社会信用システムを構築するために大きな役割を発揮している．協会のメンバーあるいは多くの企業が信用損失を被った場合，業界団体と協会は，業界を代表し，メンバー企業の権利や要求を訴え業界の利益を守ると同時に，業界が急速に発展し新しい業界が次々と誕生する場合にあっては，新しい業界組織や協会の創設を推進していかなければならない．業界団体や協会を設立する原則として，自発的な発起，選挙による会長の選出，自主的な資金調達・職員採用・事業展開などがある．つまり，企業の自律を強化するために，民間企業の発展を支持・奨励し，民営企業家の素養を高めなければならない．完備された社会的信用システムの構築にとって，業界団体や協会はますます大きな役割を果たすことができる．

後　書　き

　本書の序章と全七章を読み終えれば，経済学が慣習とモラルによる調整という課題に取り組むべきであるという結論に対する賛同が得られると信じている．

　一般的にはモラル，倫理の問題は経済学の研究対象ではなく，経済学の枠組みで議論すべき領域でもないと思われている．経済学の主な関心は資源配分である．資源配分が効率的に行われているかどうかは経済活動の効率に直接影響を与えるだけでなく，社会経済運営の健全性，生活水準の向上などにも影響を及ぼす．このため，長期間にわたって経済学が重視してきた問題は以下の四つである．

（1）　ある一定の生産性の下では，どのような経済体制・経済制度が最も効率的な資源配分を実現可能で，社会経済の健全性を保ちながら，生活水準をより速いスピードで向上できるか．

（2）　ある一定の経済体制・経済制度では，どのような規制方法や手段が資源配分の効率性を高め，社会経済の健全性を高め，生活水準をより速いスピードで向上できるか．

（3）　ある一定の生産性では，ある経済体制・経済制度が現行の制度に比べ，効率的な資源配分を実現可能で，社会経済の健全性を高め，生活水準の向上に寄与できる場合，どのように現行の経済体制・制度からより効率的な制度にシフトできるか．

（4）　ある一定の経済体制・経済制度では，ある調整方式や規制手段が現在のそれに比べ，より効率的な資源配分が実現可能で，社会経済の健全性を保ち，生活水準を向上できるなら，どのようにして現在の調整方式や規制手段からより効率的な方式へと移行できるのだろうか．

　それぞれの学問に，それぞれ特定の研究対象や課題がある．経済学者の従来の関心や研究課題は，倫理学者を含む他の学者たちが研究対象として扱ってこなかったものである．

　しかしながら，本書で私が明らかにしてきたことは，資源配分，社会経済の運営，生活水準の向上などに影響を与えるのは市場や政府のみではなく，慣習

234

やモラルによる働きによるものもあるということであった．また，市場や政府
による調整のみではなく，慣習やモラルによる調整もあるため，資源配分，社
会経済の運営，生活水準の向上に焦点をあててきた経済学は，経済における慣
習とモラルによる調整機能の役割を研究しなければならなくなった．この意味
においては，経済学者が慣習やモラルによる調整機能を研究することは，市場
や政府による調整機能に関する研究と同様に，資源配分，社会経済の運営，生
活水準の向上をより深く，より徹底的に，より客観的な実証に近付けるように
進めることである．したがって，これらも経済学者の研究対象となる．少なく
とも，これらの関連研究は経済学者と倫理学者の共同の研究課題であるといえ
よう．

　慣習とモラルによる資源配分，社会経済の運営，生活水準の向上への重要な
役割に関する研究は経済学の研究課題として取り上げられる価値は大いにある
が，経済学の使命と経済学の研究次元という二つの視点から考察すれば，さら
なる認識が得られる．

　私は，経済学の使命について著書『社会主義政治経済学』で以下のように述
べている．「経済学を学んだ者は，経済学が目指すべきものとそうでないもの，
求めるべきものとそうでないものを理解できなければならない．具体的に言え
ば，経済学を学ぶ目的は，経済における是と非，肯定と否定を，明確に判別で
きるようにすることにある．それができなければ，方向性を見つけること，ま
た正しい判断を行うことはできない．これは経済学の果たしている社会啓発の
役割である．……経済学を学ぶことは，目指すべき，求めるべき目標を明らか
にした上で，その理解を深め，より早くその目標を実現するために，何をいか
にすべきかを心得なければならない．これはいわゆる経済学の持つ社会設計機
能である[1]．」

　このため，私は経済学を社会啓発と社会設計の科学であると定義している．
この定義に基づき，モラル規範，倫理基準，価値判断を理解することは，経済
生活おいては無論，経済研究においても重要な役割を果たしている．周知のと
おり，経済学には規範研究と実証研究の両方ともが必要不可欠であり，それぞ
れ適用できる範疇がある．実証研究と異なり，規範経済学は価値判断に関わる
ものである．また価値判断は通常，実証研究の前提として位置付けられている．

1）　厲以寧：『社会主義政治経済学』，商務印書館1986年，第532頁.

後 書 き　*235*

規範経済学による研究で，ある経済行動がモラル上明確に肯定・否定できれば，この経済行動に関する実証研究はより有意義なものになると考えられる．つまり，既に定められた価値判断という前提の下で行われる経済学的実証研究は規範研究とともに，果たすべき社会啓発や社会設計の機能を果たせるのである．

　マクロ的な視点からすれば，経済学は社会啓発の科学であり，制度・体制に対する評価方法や，社会発展目標の設定方法，いかにモチベーション，創造性を持って，自ら努力して社会発展の目標を実現させるべきかを教えてくれる学問である．この場合におけるモラルの役割は人々の自覚・モチベーションとして表われる．経済学は社会設計の科学として，社会発展目標を現実にすべく，実行可能な方策を教えてくれる学問でもある．しかし，これらは経済学における価値判断と切り離すことはできない．なぜなら，社会発展の目指すべき目標を明確にできなければ，実施方策も意味を持たないからである．

　次に，経済学の研究次元の視点から経済学研究におけるモラルによる働きを重要視する必要性を考察してみよう．

　この点について，私は『体制・目標・人：経済学が直面している挑戦』の中で以下のように述べた．「体制・目標・人という三つの次元の問題はこの時代における重要な研究課題である．科学技術が迅速に発展している視点からも，それぞれのレベルにおいて，科学技術と社会経済変化の特定部分として反映されており，各レベルの研究は科学技術の発展と直接関連している．「体制」に関する研究課題を取り上げてみると，効率的で科学技術の発展を促すことができる資源配分を実現させる経済体制は何か，科学技術発展のニーズを満たすことができる経済体制は何か，科学技術が発展するに伴う経済体制が変化する方向性はどのようなものかなどが挙げられる．「目標」に関する研究課題としては，科学技術の発展を考慮し，いかに経済目標と社会目標を結びつけるか，企業が目標を設定する場合，いかにより現実的で科学技術の発展趨勢に適していくのかなどが挙げられる．科学技術が日々発展している中にあって，「人」に関する研究課題としては，福祉の意味合いにどのような変化がみられるか，生活の質をどう認識するか，科学技術の発展が，人々に犠牲を支払わせるのではなく，人々の利益になるように実現する方法はあるのかなどが挙げられる」[2]．

---

2)　厲以寧：『体制・目標・人：経済学が直面している挑戦』，黒竜江人民出版社1986年，第12頁．

この三つの研究次元の中で，「人」は最も高いレベルにあると思われる．1949年以降，「ノーマルな旧文化」が残存し，「改装された旧文化」に人々の行動や思想が左右されていた長い期間では，「人」に関する研究は踏み入ることができない禁止領域であった．『体制・目標・人：経済学が直面している挑戦』の中では，私は以下のように記述した．「餓死さえさせなければよいというのは福祉の持つ意味になりえるのか，最低限の生活しか維持できない消費があればそれで充分なのか，中国設立以前より生活が良くなればそれで満足し，さらに生活水準の向上を目指さなくてもよいのか．これらの問題にはいったいどのような論理が隠されているのか．禁欲主義は決して社会主義のモラル規範ではなく，基本生活水準は人民が越えてはならない限界では決してない．あの前代未聞の時代にあっては，人民と革命の利益に反する行動がまさに，「人民のため」「革命のため」という口実の下で行われていた．「人民のため」という大義の下であれば，堂々と正義を振りかざして，労働者に禁欲と節制を求めることもできていた．「革命のため」という言葉が用いられれば，国の財産を無駄にしても平気でいられた．民衆が苦しい生活に耐えるのも，彼らが気ままに享楽するのも「人民の利益」のためであった．当時至るところで存在していたこれらの現象を合理的なものであるとするためには，愚民政策は必要不可欠であった．このようなイデオロギー政策のもとでは，生活の質の向上や社会主義生産の目標など，とうてい実現できるものではなかった[3]」．

　経済学が人に対する関心尊重および人の育成を重要な課題として位置付けなければならないことは，以上の分析からも読み取れるであろう．経済学における根本的な問題は，「人」の次元で考察しなければ説明できない．また，経済学は「人」によって行われる研究であり，「人」は経済学の研究主体であると同時に，その研究対象でもあると理解すべきである．つまり，経済学は「人」によって「人」を研究するものであり，前者の「人」は経済学の研究主体を指し，後者の「人」は経済学の研究対象を指している．前者の「人」も，後者の「人」も現実社会で生活し，自分なりの考え，目標，喜怒哀楽を持っており，独自な価値判断・取捨選択を行い，独自な経験や教訓を持つ「社会的人間」で

3）　厲以寧：『体制・目標・人：経済学が直面している挑戦』，黒竜江人民出版社1986年，第314-315頁．See Li Yining, System, *Target & People: Challenges of Economics*, Heilongjiang People's Publishing House, 1986: 314-315.

ある．同時に，「人」は常に特定の集団や組織に属し，グループの一員として他人および集団と協調・共存し，共有のアイデンティティーに基づいた集団としての共通目標の実現に向けて努力している．モラルは経済学の研究主体としての「人」と，経済学の研究対象としての「人」に対して常にその力を働き，「人」の発想や行動に影響を及ぼしている．経済におけるモラルの働きを研究しなければ，「人」の次元におけるさまざまな課題を明確にすることはできず，「体制」，「目標」の次元における課題に関しても，正確で深い解釈を行うことは困難になると思われる．このように，経済学研究はモラル倫理の研究がなければ成り立たない．

改訂版への後書き

　『市場と政府を越えて——経済におけるモラルの役割——』は1999年に出版されて以来，十年以上の時が経過した．この十数年間は中国経済が急速に成長した期間であり，民生問題が重視されている期間であり，学術界がモラル，倫理などの課題に注目するようになった期間でもある．十年来の研究で，書きおろした当初には分からなかったことが分かるようになり，過去に見落とした分野の知識も勉強してきた．そこで，本書を修正し，改訂版を出版することになった．

　改訂版で出版されても，本書における多くの表現はまだ未成熟であることを承知している．読者に期待を託し，修正や推敲が必要箇所について，ご意見ご指摘をいただければ幸いである．

　改訂版の早期出版のために，経済科学出版社の孔平和，羅志栄，郭兆旭，金梅，斉偉娜など多くの方々に御尽力いただいたことに，謹んで謝意を表す次第である．

　　2009年7月10日

北京大学光華管理学院

厲　　以　寧

訳者後書き

本書『市場と政府を越えて』の著者である厲以寧教授（1930年〜2023年）は，改革開放初期の中国において最初に市場改革，特に企業株式改革を提唱した著名な経済学者であり，北京大学経済管理学部学部長，光華管理学院院長，北京大学社会科学系学部長，中国企業投資協会副会長を歴任し，長年全国人民代表大会で中国経済政策や関連法案の策定に携わって来られた学者として国内外でつとに知られている．市場メカニズムの導入を提唱し，経済政策に関わってきた著者が，なぜ今，『市場と政府を越えて』を記し，改めて経済活動におけるモラルの役割について論じるのだろうか．

本書は，近代化のプロセスにおいてモラルや慣習が深く関わっていることに焦点を当て，社会学の視点を取り入れた分析を展開することを通じて，長期的な視点から中国の経済発展およびその持続性を考察する基本的な理論体系を築いたものであると評価されている．経済の近代化に比べ，政治の近代化は難しく，社会や文化の近代化はさらに困難であるとされる．技術や産業の発展に比べ，人々の生活を支配しその奥深くまで浸透している構造を変革するにははるかに大きな時間とエネルギーを要することから，慣習やモラル割が重要な役割を果たす．その結果，後発国の近代化は経済の先行と他分野の遅れといった跛行性が生まれ，社会全体に軋轢をもたらす恐れがあることがしばしば指摘されてきた．中国の経済社会の発展を分析するにあたっては，より長いタイムスパンでより多元的に考察を行うことが必要であり，本書はそのための視点と方向性をわかりやすい形で提供してくれる．

本書は，初版から修正を経て中国国内で再版され2013年には第五回国家図書賞に選ばれるなど，多くの人々に読まれてきた．そして，産業政策，環境と貧困問題，食品安全など多くの発展途上国が抱えている諸課題を解決するためには，市場と政府を越える考察が必要であることなど，人々に多くの示唆を与え続けた．昨今，中国では，産業政策を巡る大論争が，経済発展における市場と政府の果たすべき役割への認識の相違を浮き彫りにした．市場メカニズムが強調され，企業改革が提唱されるが，中国経済政策の策定に深く関わってきた著者はかなり早い時期から，社会問題の解決には社会構成員個々のモラルや慣習が大きな役割を果たすこと，市場か政府かといった従来の二分法や二極対立の

図式を越えた視点による分析の重要性を深く認識していた.

著者は, 本書を自分の経済思想を最もよく表している著作と位置付け,「見えざる手」と「見える手」の間にあるもう一つの力であるモラルと慣習が社会形成において今後ますます大きな役割を果たすとし, 国内外の事例を交え, 分かりやすい形で論じている. 著者は, 本書を通し, 中国経済社会の持続的発展には市場・政府・モラルがいずれも必要不可欠であることを踏まえ,「他律と自律」,「法律とモラル」,「経済と文化」の織り成す協調的発展のあるべき姿を浮かび上がらせている. その経済理論が中国の経済改革と発展に大きく寄与したと評価され, 孫冶方経済学賞, 国家教育委員会科学研究一等賞など多くの賞を受賞された.

この度本書は, 中華社会科学基金 (18WJL003) の助成を受け, 日本語でも刊行される運びとなった. 翻訳にあたっては, 監訳をお引受けくださった荒山裕行教授から日本語表現に関する丁寧なご教示を賜った. また, 犬塚章栄様には, 読みやすい日本語するための貴重なご助言をいただいた. 原著の中国側出版社である外語教学・研究出版社の易璐様, 北京外国語大学呉浩准教授に助成金の申請から出版までの諸事務手続きなどでお世話になった. 初期段階の翻訳にあたり, 渡辺禄朗様 (当時北京大学校光華管理学院修士課程), 蔡璟昱様 (当時北京外国語大学北京日本学研究センター修士課程, 現パナソニックホールディングス株式会社勤務) に一部下訳をお願いした. 日本での刊行にあたり, 晃洋書房の西村喜夫編集長には, 多大なご尽力いただいた. この場をお借りし, 関係者に心から御礼を申し上げたい.

本書は, 経済活動におけるモラルの意味を解き明かそうと言う大胆な試みを体現した著作であり, 原著は既に英語, フランス語, スペイン語など八か国語以上に翻訳されている. 厲以寧先生は, ご生前, 日本語での刊行に向け大きな期待を寄せられていた. それをご存命中に実現させることができず残念ではあるが, 企業株式改革の提唱者が解き明かす中国の経済社会におけるモラルによる調整, 社会的信頼の再建および中国のめざすべき姿などを日本の読者に理解いただくための一助となれば, 訳者としてこれに勝る喜びはない.

2024年 9 月30日

丁　　紅衛

監訳者紹介

荒 山 裕 行（あらやま　ゆうこう）
1951年 8 月21日生まれ

略　歴
1975年　京都大学卒業
1986年　Ph.D.（Economics）シカゴ大学
1986年　名古屋大学経済学部講師
1990-1991年　北京外国語大学日本学研究中心修士課程（専家　日本経済担当）
1997年　北京大学現代日本研究コース（主任教授　日本の現代化過程担当）
1999年　北京大学現代日本研究コース（主任教授　日本経済研究法担当）
2003年　名古屋大学大学院経済学研究科教授（社会経済システム専攻農業経済担当）
2006-2008年　名古屋大学大学院経済学研究科長
2016-2022年　京都産業大学　客員教授

主要著書
『中国の不平等』薛進軍・荒山裕行・園田正編著，日本評論社，2008年.
『中国西部経济发展理论与实证研究』吴海鹰・荒山裕行・张卫国，刘炜，中国経済出版社（中国語）
　　2004年.
『中国的経済発展与環境問題——理論，実証与案例分析』薛進軍・彭近新・荒山裕行．東北財形出版社
　　（中国語）2002年.
Yuko Arayama and Panos Mourdoukoutas, *The Rise and Fall of Abacus Banking in Japan and China*,
　　Quorum Books, 2000.
Yuko Arayama and Panos Mourdoukoutas, *China against Herself: Innovation or Imitation in Global
　　Business*, Quorum Books, 1999.

訳者紹介

丁　紅衛（DING Hongwei）

1999年1月名古屋大学大学院経済学研究科経済学博士号取得.

現　　職　北京外国語大学北京日本学研究センター教授・博士指導教官

研究分野　日本経済，労働経済学，環境問題

所属学会　日本経済政策学会，中国日本経済学会（常務理事）

【主要学術論文】

日本語論文

「中国における家計生産関数に関する研究」『経済学研究』2016年3月.

「中国における女性就業の変化とその要因分析」『中国21』2021年3月.

主要中国語論文

「アベノミクスの女性経済学は何を意味するか」『世界知識』2014年8月.

「アベノミクスと中国企業の対日M&A」『現代日本経済』2014年11月.

「日中両国の省エネ環境協力」『日本経済青書』社科文献出版社 2015年5月.

「日本における若者の就業問題と就業意識」『中国青年社会科学』2015年8月.

「若者の消費行動と意識の変化」『中国青年社会科学』2016年11月.

「日本の大気汚染防止経験の中国への示唆」『環境保護』2019年11月.

「改革開放後の日中環境協力とその転換」『環境保護』2020年11月.

「日本における中国環境問題に関する研究」『国外社会科学』2021年8月.

「中国企業の対日M&A及びその後の生産効率向上に関する分析」『現代日本経済』2022年12月など.

主要翻訳書

《日本的貧富差距》（橘木俊昭著『日本の経済格差』）商務出版社 2003年.

《东北大振兴 长春崛起》（遠藤誉著『中国の自動車産業が日本を乗り越える日』）長春文史出版社 2005年.

《环境与资源经济学》（时政勗・藪田雅弘など編著『環境と資源の経済学』）中国环境出版社 2009年.

《反古典政治经济学》（村上亮泰『反古典の政治経済学』）（下）北京大学出版社 2013年.

《日本的综合商社》（三菱商事『新・現代総合商社論』共同翻訳）知识产权出版社 2013年.

《透视日本经济》（三橋規宏など『新日本経済入門』共同翻訳）清华大学出版社 2018年.

著書

『経済発展と女性就業』（単著）中国市场出版社　2007年3月.

『日本経済新論』（加藤弘之と共著）中国市场出版社　2008年3月.

『日本低炭素社会の構築』（単著）中国社会科学文献出版社　2020年12月.

市場と政府を越えて
――経済活動におけるモラルの役割――

2024年11月10日　初版第 1 刷発行	＊定価はカバーに 　表示してあります

著　　者	厲　　　以　　　寧
監訳者	荒　山　裕　行
訳　　者	丁　　　紅　　　衛
発行者	萩　原　淳　平
印刷者	河　野　俊一郎

発行所　株式会社　晃　洋　書　房

〒615-0026　京都市右京区西院北矢掛町 7 番地
電話　075(312)0788番(代)
振替口座　01040- 6 -32280

装丁　尾崎閑也　　　　　　印刷・製本　西濃印刷㈱
ISBN 978-4-7710-3865-3

JCOPY 〈㈳出版者著作権管理機構　委託出版物〉
本書の無断複写は著作権法上での例外を除き禁じられています.
複写される場合は，そのつど事前に，㈳出版者著作権管理機構
(電話 03-5244-5088，FAX 03-5244-5089，e-mail:info@jcopy.or.jp)
の許諾を得てください.